GRAMMAIRE FRANÇAISE
SIXIEME-CINQUIEME

Initiation
au latin et au grec

Françoise DESCOUBES
Agrégée de Grammaire
Professeur au collège Claude Debussy
de Saint-Germain-en-Laye

Joëlle PAUL
Certifiée de Lettres classiques
Professeur au collège Colette
de Sartrouville

Bordas

Abréviations

S	sujet
V	verbe
adj.	adjectif
prop.	proposition
sub.	subordonnée
pron.	pronom
GN	groupe nominal
GV	groupe verbal
CO	complément d'objet
COD	complément d'objet direct
COI	complément d'objet indirect
COS	complément d'objet second
Attr.	attribut
c. circ.	complément circonstanciel
CDN	complément de détermination du nom
CDA	complément de détermination de l'adjectif
App.	apposition
CA	complément d'agent

Le signe * précède une phrase ou une tournure incorrectes.

Dessins : Vincent Penot
Conception de la maquette : Jehanne-Marie Husson
Couverture : Gilles Vuillemard

© Bordas, Paris, 1985
ISBN 2-04-015884-7

Avant-propos

Ce manuel s'efforce de répondre de **façon pratique** aux problèmes rencontrés par les professeurs de 6ᵉ et de 5ᵉ dans l'enseignement de la grammaire. Il a pour principal objectif de proposer une vision cohérente des faits grammaticaux en les rendant accessibles aux jeunes élèves.

UTILISATION EN CLASSES DE 6ᵉ ET DE 5ᵉ

Il existe un programme de grammaire commun aux classes de 6ᵉ et 5ᵉ. En 5ᵉ les cours de grammaire sont consacrés à une révision et à un approfondissement des notions acquises en 6ᵉ. Seuls quelques points précis sont réservés à la classe de 5ᵉ. Les chapitres ou paragraphes destinés à cette classe sont clairement indiqués.

Ainsi chaque enseignant utilisera l'ouvrage en fonction du niveau et des besoins de sa classe. Par exemple, le chapitre consacré à la phrase complexe pourra, suivant les cas, être étudié en début ou en fin de 6ᵉ ou en classe de 5ᵉ.

PROGRESSION

Nous avons adopté une progression allant de l'étude de la **langue** à celle de la **phrase** puis du **groupe nominal** (fonctions, expansions, équivalents), pour finir par le **verbe** (morphologie, tournures, emplois des temps et des modes). Le professeur pourra sans inconvénient progresser parallèlement dans l'étude du groupe nominal et du verbe, tout en conservant une démarche logique.

Au cours de l'ouvrage, à trois reprises (après l'étude de la phrase, du nom et du verbe), sont proposées des pages d'**exercices de révision** qui permettront de faire le **bilan** des connaissances acquises dans les leçons précédentes.

Nous avons pensé qu'il était utile que les élèves trouvent dans ce manuel quelques notions simples de **versification**, précieuses pour l'explication poétique, et qui leur font souvent défaut.

L'initiation au latin et **au grec**, réservée aux classes de 5ᵉ, permet aux élèves de faire rapidement connaissance avec ces deux langues, avant d'en approfondir l'étude, éventuellement, l'année suivante.

Enfin l'ouvrage est complété par de **nombreux tableaux** : conjugaisons, verbes irréguliers, prépositions, ponctuation, phonétique.

PLAN D'UN CHAPITRE

Chacun des chapitres s'ouvre par un rapide **exercice d'observation et de réflexion** permettant d'introduire, de manière concrète, la notion étudiée. La leçon, divisée en grandes parties, développe ensuite cette notion. Elle est jalonnée de **questions posées à l'élève** pour l'inciter à mettre en application ce qui vient d'être démontré.

Un **encadré récapitulatif** conclut la leçon et permet à l'élève d'en retenir les points essentiels.

Les exercices sont **variés** : exercices de manipulation, d'analyse, d'expression, de substitution, d'orthographe, exercices « à trous », etc. Ils sont **gradués** d'une à trois étoiles selon leur difficulté et sont présentés dans l'ordre de la leçon. Parmi les exercices ★ ★ ★, certains se rapportent à des notions réservées à la classe de 5ᵉ, d'autres présentent des difficultés mais sont accessibles à de bons élèves de 6ᵉ.

Une **dictée** d'auteur ou un texte d'étude suivis de questions clôt chaque chapitre.

OBJECTIFS

Être accessible à tous les élèves, quel que soit leur niveau

Une des difficultés généralement rencontrées par les enseignants est la différence de niveau existant entre les élèves d'une même classe de 6ᵉ ou de 5ᵉ et parfois entre les classes d'un même établissement. Notre grammaire s'adresse à **tous les élèves**. En effet toutes les **notions fondamentales** sont clairement expliquées dans le détail pour permettre de combler d'éventuelles lacunes. Nous avons particulièrement insisté sur certains points tels que la **conjugaison** ou les **difficultés orthographiques**. Quant aux élèves possédant déjà ces notions fondamentales, ils pourront également trouver, dans les leçons comme dans les exercices, matière à approfondir leurs connaissances.

Rendre l'heure de grammaire active et efficace

Le texte initial et les questions figurant dans chaque leçon sont destinés à solliciter la **participation** des élèves en les faisant **observer, réfléchir** et **raisonner**.

Au cours de la leçon, de nombreux tableaux, en particulier sur les **confusions à éviter**, et des **procédés pratiques** permettent aux élèves de venir à bout des points délicats.

Le **tableau récapitulatif**, clair et **illustré d'exemples**, qui clôt chaque leçon, évite au professeur d'en dicter un à ses élèves. Le temps ainsi gagné pourra être consacré aux exercices d'application oraux ou écrits.

Favoriser l'acquisition de l'orthographe

De très **nombreux exercices** en relation avec l'**orthographe** figurent dans la plupart des chapitres et dans les exercices de révision. Une dictée, suivie de questions, termine chaque chapitre. Cette **dictée**, comme les autres exercices, est graduée en fonction de sa difficulté et de celle de ses questions. De plus, les textes d'auteurs qui donnent matière à des exercices peuvent également être dictés en classe.

Les auteurs.

Sommaire

L'alphabet phonétique international

Selon les langues, il existe de nombreux sons ou **phonèmes** et de nombreuses manières de les écrire. Un même phonème peut se retrouver dans plusieurs langues mais s'écrire différemment : *ch* en français, *sh* en anglais, *sch* en allemand représentent le même phonème.

Pour mettre de l'ordre, on a établi un **alphabet phonétique international** (A.P.I.) qui permet de répertorier tous les phonèmes de toutes les langues et de les écrire de manière uniforme.

Tout ce qui est écrit en A.P.I. se met entre crochets [ ].

Voyelles

Voyelles orales (prononcées avec la bouche)

[a]	la, patte		[i]	si, lys
[ɑ]	âne, pâte		[y]	su
[ɔ]	col, port		[u]	sou
[o]	eau, mot		[œ]	peur
[e]	les, thé		[ø]	peu, vœu
[ɛ]	lait, père		[ə]	le, se

Voyelles nasales (prononcées avec le nez)

[ɑ̃]	dans, vent		[ɔ̃]	son
[ɛ̃]	lin, daim		[œ̃]	un, parfum

Consonnes

[p]	pain		[ʃ]	chat
[t]	ta		[v]	vin, wagon
[k]	colle, quart		[z]	tisane, bazar
[b]	bon		[ʒ]	jour, geai
[d]	dur		[l]	loi
[g]	gare, gui		[ʀ]	roi
[f]	fort, pharmacie		[m]	ma
[s]	son, cela		[n]	ni
			[ɲ]	ligne

Semi-consonnes

Ce sont des phonèmes intermédiaires entre voyelles et consonnes.

[j]	lieu, maille, yaourt
[ɥ]	bruit, suer
[w]	watt, ouate, oie

1
La communication

les signes

Les hommes et les animaux communiquent avec leurs semblables à l'aide de **signes,** qui peuvent être des gestes, des expressions du visage, des sons émis par la voix ou par des instruments, des dessins ou même des odeurs.

Un naturaliste allemand a découvert que les abeilles se renseignent entre elles sur la localisation d'un butin par des vols dansés précisant la distance et la direction du butin.

Un chat qui frotte sa tête contre les jambes de son maître ou contre les meubles de la maison dépose des marques odorantes avertissant les autres chats que la personne ou les meubles sont sur son territoire.

Chez l'homme, ces signes sont encore plus variés.

▶ *Que signifient cette expression du visage (fig. 1) et ce geste (fig. 2) ?*

fig. 1

fig. 2

▶ *Quelle information recevez-vous lorsque vous entendez six coups à l'horloge ?*
▶ *Comment interprétez-vous un feu clignotant sur l'aile droite de la voiture qui vous précède ?*

le langage

Les signes manquent souvent de précision : la sirène annonce aux pompiers bénévoles qu'un incendie vient d'éclater mais ne leur dit pas où il se trouve ! Heureusement, les hommes disposent d'un système de signes qui leur est propre, beaucoup plus complexe, émis avec la voix : le langage.

Il leur permet d'exprimer une infinité de messages, c'est-à-dire d'informations, de sentiments ou d'idées. Celui qui parle est appelé locuteur, celui qui reçoit le message destinataire. Un échange de messages se fait entre deux ou plusieurs interlocuteurs.

Les hommes parlent grâce à leurs **organes vocaux** : poumons, cordes vocales, nez, bouche et ses annexes (langue, dents, lèvres, palais). L'air passant dans ces organes forme des sons ou phonèmes (du grec *phônè* : la voix).

Ces phonèmes se combinent entre eux pour former des syllabes puis des mots et des phrases.

les langues

Tous les hommes ne parlent pas de la même manière : pour que la communication soit possible, il faut que les deux interlocuteurs parlent la même langue. Or il y a plusieurs milliers de langues dans le monde parmi lesquelles certaines sont comprises par des groupes très restreints, d'autres par des millions d'hommes.

▶ *Citez quelques langues très répandues.*

Une langue est d'abord orale c'est-à-dire parlée ; puis les hommes éprouvent le besoin de fixer leurs messages sur des supports matériels (pierre, terre cuite, bois, papier, etc.) c'est-à-dire d'écrire. Ils utilisent des dessins représentant des objets, des idées ou des phonèmes.

Les lettres de l'alphabet sont des dessins représentant des phonèmes. Pour nous, un cercle figure le phonème [o]. Dans l'écriture hiéroglyphique des anciens Égyptiens,   figurait la chouette et le phonème [m].

L'art de transcrire correctement la langue orale est l'orthographe.

Attention ! Il y a beaucoup de langues qui se parlent sans s'écrire : patois, certaines langues d'Afrique... Il y a aussi des langues qu'on ne parle plus actuellement mais qu'on connaît bien, parce qu'elles nous ont été transmises par l'écriture : latin, grec ancien. Ce sont des langues mortes qu'on oppose aux langues vivantes parlées de nos jours.

diversité de la langue française

1. La langue française est parlée depuis un millier d'années ; aussi sa pronociation, son vocabulaire, sa grammaire ont-ils évolué depuis ses origines ; le français que vous parlez est assez différent de celui que l'on parlait sous François Ier au XVIᵉ siècle.

2. Le français est actuellement parlé par des millions d'hommes en France et sur les cinq continents ; il connaît de légères variations selon les régions du monde ou de France ; si vous avez entendu parler des Canadiens, vous avez pu être déroutés par l'emploi de certains mots (*char* pour *voiture* par exemple) ou par leur accent. Un habitant de Strasbourg, Paris ou Marseille est reconnu à son accent en dehors de sa région.

3. Les niveaux de langue
Le français présente plusieurs **registres** ou **niveaux de langue** caractérisés par leur prononciation, leur vocabulaire et leurs constructions propres. On distingue principalement trois niveaux :
— **langue familière**, souvent orale, parfois écrite, comportant des déformations, des abréviations, des mots populaires, des tournures grammaticales incorrectes ;
— **langue courante**, dans laquelle on vous demande de vous exprimer en classe ou de rédiger vos devoirs ;
— **langue soutenue** que vous rencontrerez dans les textes littéraires (théâtre classique, poésie, certains romans, etc.) et que vous emploierez éventuellement si vous devez écrire à un personnage important. Le choix de ces différents niveaux dépend des interlocuteurs et des circonstances de la communication : on n'emploie pas le même registre pour demander un service à un camarade ou pour présenter par écrit une requête au maire de la commune.

Comparez :

	familier	**courant**	**soutenu**
prononciation	*j' sais pas* *un p'tit* *què'qu' chose*	*je ne sais pas* *un petit* *quelque chose*	
vocabulaire	*une baffe* *se tirer* *marrant*	*une gifle* *partir* *amusant*	*un soufflet* *se retirer* *divertissant*
construction	*Nous, on veut* *des bonnes* *places*	*Nous, nous* *voulons de* *bonnes places*	*Nous voudrions* *de bonnes* *places*

Récapitulons

■ La communication s'établit à l'aide de **signes** variés : gestes, sons, dessins, etc.

■ Le système de signes le plus complet est le **langage** humain, dont les sons ou **phonèmes** sont produits par les organes vocaux.

■ Parmi les très nombreuses langues, certaines sont seulement orales, d'autres peuvent s'écrire.

■ La langue française est parlée depuis mille ans en de nombreux pays et présente de légères variations suivant les époques et les pays.

■ On distingue aussi trois principaux **niveaux de langue**, selon les interlocuteurs et les circonstances :
- **familier**   *marrant*
- **courant**   *amusant*
- **soutenu**   *divertissant*

Exercices

★ **1.** Expliquez ce que signifient ces gestes à l'aide d'une phrase.

Ex. : figure 1
→ *Un élève veut prendre la parole*

fig. 1   fig. 2

fig. 3   fig. 4

fig. 5

★ **2.** Essayez de mimer les sentiments suivants : frayeur, joie, anxiété, dégoût, étonnement. Un élève choisit de mimer l'un de ces sentiments devant ses camarades qui doivent deviner ce qu'il mime.

★ **3.** Dites quels sont les signes sonores annonçant :

1. Le départ d'un bateau. — 2. Le début d'une représentation théâtrale. — 3. L'arrivée d'un visiteur à la maison. — 4. La sortie des mariés de l'église. — 5. La fin du cours.

★ **4.** Selon les circonstances, un même signe peut avoir différentes significations. Comment interprétez-vous le coup de sifflet qui vient :

1. Du chef de gare. — 2. Du gendarme s'adressant à l'automobiliste. — 3. De l'arbitre après quarante-cinq minutes d'une partie de football. — 4. Des spectateurs s'adressant au chanteur.

★★ **5.** Cherchez quatre langues qui s'écrivent avec des alphabets différents du nôtre.

★ ★ ★ **6. Enquête :** cherchez dans un dictionnaire ou une encyclopédie la liste de tous les pays du monde où l'on parle français et situez-les sur une carte.

★ **7. Dites à quel niveau de langue appartient chacune de ces phrases.**

1. J'en ai assez de ces histoires. — 2. J'en ai ras le bol de ces salades. — 3. Auriez-vous l'amabilité de me prêter un livre ? — 4. Passe-moi ton bouquin ! — 5. Leur mariage aura lieu à l'église Saint-Louis. — 6. La bénédiction nuptiale leur sera donnée en l'église Saint-Louis. — 7. J'avais la trouille de monter dans ce vieux tacot. — 8. J'avais peur de monter à bord de cette vieille voiture.

★ **8. Même exercice.**

1. A quelle heure termines-tu ton travail ? — 2. A quelle heure tu finis ton boulot ? — 3. Voulez-vous manger avec nous ? — 4. Nous ferez-vous l'honneur de partager notre repas ? — 5. Même si je dois m'en mordre les doigts, je ne veux plus le revoir. — 6. Dussé-je m'en repentir, je le bannis à jamais de ma vue.

★ ★ **9. Étude de texte.**

Démêlés d'un maître avec son chat

L'autre jour, je replaçais des dossiers dans le bahut de ma chambre — un fourre-tout de romanichel où j'entasse ce qui n'a pas trouvé place ailleurs... J'allongeai le bras et ma main rencontra un paquet de poils... Moune, bien entendu, qui s'était faufilé à mon nez et à ma barbe dans ce fascinant habitacle... Je l'éjectai malgré ses protestations :
« C'est quand même un monde. Y a pas moyen de s'isoler pour méditer dans cette baraque ! Je dérange qui, veux-tu me dire ?
— Tu déranges mes affaires, voilà !
— *Dites-moi que je rêve. Pour déranger, faudrait d'abord que ce soit rangé.*
— Ça, c'est pas tes oignons.
— *C'est bon, je vais me trouver une autre planque. »*
Je lui fais confiance : ce n'est pas l'imagination qui lui manque. Je le retrouverai dans un rayon de la bibliothèque ou au fond de la corbeille à papiers.

Philippe Raguenau,
Les Nouvelles Aventures du chat Moune,
Albin Michel.

1. Quels sont les deux registres de langue utilisés dans ce passage ? Quel effet produit leur mélange ?
2. Relevez dans les pensées attribuées au chat (en italique) deux noms très familiers. Donnez leur équivalent en langue courante et si possible en langue soutenue.
3. Dans les propos du maître, relevez une expression populaire imagée. Donnez son équivalent en langue courante.
4. *Y a pas moyen de s'isoler... Faudrait d'abord...* Que manque-t-il dans la première phrase pour rendre la construction correcte ? Et dans la deuxième ?

★ **10. Rédaction.**

Vous avez été témoin d'un accident de la circulation, en allant à l'école.
1. Vous racontez la scène à un camarade. Essayez de reproduire par écrit le récit tel que vous l'avez fait.
2. La police vous demande un compte rendu de ce que vous avez vu. Rédigez-le en langue courante ou soutenue.

11. Lecture.

Il y a des gens assez naïfs pour se moquer de l'accent des autres alors qu'eux-mêmes roulent, sifflent, chuintent, zézaient ou hennissent avec une parfaite inconscience. On ne songe pas à s'étonner qu'un Anglais ou un Allemand parle français avec l'accent de son pays. Mais qu'un homme du Midi fasse sonner l'e muet et tous les Français du Nord ont envie de sourire. Il y a des accents qui passent pour distingués ou précieux, d'autres pour vulgaires et grossiers, le diable sait pourquoi.

J'aime tous les accents. C'est le sel de la parole et la seule différence qui la sépare de l'écriture. Non seulement l'accent révèle un être humain, mais je me plais à croire qu'il traduit un peu le pays où il vit, les forêts, les pâturages, le soleil ou la brume, le vent sur les plaines nues, l'assaut des vagues sur les rocs, le torrent sur les galets, les conversations à voix basse ou haute selon la nature des lieux et des modes de vie. Outre le plaisir d'entendre une musique particulière, il me semble que j'entre plus vite dans la familiarité de l'interlocuteur.

Pierre-Jakez Hélias
Lettres de Bretagne, Galilée.

2
La phrase simple

| Le cheval blanc | galopait à travers la prairie. |

▶ *De combien de groupes de mots cette phrase est-elle constituée ?*
▶ *Quelle est la fonction du premier groupe de mots ?*
▶ *Quel est le verbe de cette phrase ? Par quels mots est-il complété ?*

la phrase simple et ses constituants

La phrase simple est le plus souvent constituée d'un groupe nominal et d'un groupe verbal.

1. Le groupe nominal (GN) sujet

| Le **cheval** blanc |

Le mot le plus important de ce groupe, c'est-à-dire son noyau, est un **nom** : *cheval*. Il s'agit donc d'un groupe nominal (GN). *Le cheval blanc* est le GN sujet du verbe *galopait*.

▶ *Qu'est-ce qu'un* noyau *au sens propre et au sens figuré ?*

12

2. Le groupe verbal (GV)

> **galopait** *à travers la prairie*

Ce groupe de mots est un **groupe verbal** (GV) car son noyau est un **verbe** : *galopait*.

Ce GV est composé :
— d'un verbe : *galopait*,
— et d'un GN complément : *à travers la prairie*.

On dit que ce GN complément est **l'expansion du verbe**. Une phrase composée d'un GN sujet et d'un seul GV est appelée **phrase simple**.

3. Autres cas de phrases simples

1. Phrases sans sujet exprimé :

> **Entrez !**
> **Prendre** *à droite au carrefour.*

Ces deux phrases simples ne contiennent pas de GN sujet. En effet, le verbe de la première est un impératif et celui de la deuxième un infinitif.

▶ *Trouvez d'autres phrases du même type.*

2. Phrases sans verbe exprimé :

> *Voici mes* **parents.**
> *Quel* **temps** *!*
> *Au* **feu** *!*

Ces phrases ne contiennent pas de verbe. Le noyau de chacune d'elles est un **nom** : *parents, temps, feu.* C'est pourquoi on dit que ces phrases sont des **phrases nominales**.

▶ *Trouvez d'autres phrases nominales.*

la phrase minimale

1.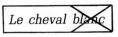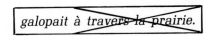

Ôtons du GN et du GV tous les mots qui peuvent être supprimés sans nuire à la correction de la phrase. Le groupe de mots restant : *le cheval galopait* est appelé **phrase minimale**. La phrase minimale est **une réduction de la phrase simple** : c'est une phrase dont on ne peut plus retrancher un seul mot sans nuire à sa correction ou à son sens.

2.   *Le cheval blanc est fatigué.*
              Maintenant le cheval blanc aperçoit son maître.

Procédons à la réduction des phrases simples ci-dessus. Lisez les phrases obtenues.

On ne peut réduire le GV au seul verbe : la phrase n'aurait plus de sens.

expansion du GN et du GV

Un GN et un GV peuvent s'enrichir d'un ou plusieurs mots ou groupes de mots.

1. Expansion du GN

        *Une **tarte**.*
        *Une **tarte** aux fraises.*
        *Une appétissante **tarte** aux fraises garnie de chantilly.*

▶ *Prenez un GN de votre choix (article + nom) et procédez à des expansions sur le modèle ci-dessus.*

2. Expansion du GV

        *Sébastien **rit**.*
             ***rit** de bon cœur.*
             ***rit** de bon cœur devant la télévision.*

▶ *Prenez un sujet et un GV de votre choix et procédez à des expansions sur le modèle ci-dessus.*

déplacements dans la phrase simple

1.   *A la récréation, Frédéric croque une pomme avec appétit.*

Déplaçons le groupe de mots *à la récréation* à l'intérieur de la phrase. Nous obtenons plusieurs phrases possibles. En voici deux :

        Frédéric croque une pomme avec appétit, à la récréation.
        Frédéric croque une pomme, à la récréation, avec appétit.

▶ *Trouvez vous-même deux autres phrases possibles.*

14

2. Maintenant réduisons la phrase à sa forme minimale.

Frédéric croque une pomme.

Tentons des déplacements à l'intérieur de la phrase :

*Une pomme croque Frédéric.
*Frédéric une pomme croque.
*Croque Frédéric une pomme.

Ces phrases n'ont pas un sens satisfaisant. En effet, en dehors de certains cas (voir page 54), le sujet se place généralement avant le verbe et le complément d'objet direct après lui.

Récapitulons

■ La **phrase simple** est une phrase qui ne contient qu'un seul verbe :
*Le cheval blanc **galopait** à travers la prairie.*

■ Ses principaux constituants sont le **groupe nominal** (GN) **sujet** : *le cheval blanc* et le **groupe verbal** (GV) : *galopait à travers la prairie.*

■ On appelle **phrase minimale** une phrase dont on ne peut plus retrancher un seul mot sans nuire à sa correction ou à sa signification :
Le cheval galopait.

Exercices

★ **1.** Encadrez les GN sujets et les GV constituant les phrases suivantes.

Ex. :

Le paysan	ramène ses vaches à l'étable.
GN sujet	GV

1. Les enfants éparpillés sur la plage cherchent inlassablement des coquillages. — 2. Jean parcourt les petites routes de Haute-Provence sur son vélo. — 3. J'irai voir, ce soir, le coucher du soleil à la pointe de l'île. — 4. Alice et sa sœur ont changé la décoration de leur chambre avec l'aide de leur mère. — 5. Nous étions très occupés par la récolte des noisettes. — 6. Un livre passionnant sur la vie des abeilles m'a tenu éveillé jusqu'à minuit passé.

★★ **2.** Même exercice que le précédent.
1. La rivière en crue est sortie de son lit. — 2. Les branches flexibles de l'arbre se courbaient sous le poids léger de l'écureuil. — 3. Posez votre manteau sur le dossier de la chaise. — 4. Je l'aperçois en haut de la côte. — 5. Quel âge avez-vous ? — 6. Ce livre est introuvable dans la plupart des librairies. — 7. Que fais-tu ? — 8. Sa voiture a été sérieusement endommagée hier sur le boulevard périphérique, au cours d'un carambolage.

★ **3.** Complétez les GN sujets qui suivent par les GV de votre choix.

Les élèves... — Mon chien... — Cette émission de télévision... — Louis XIV... — Le pont...

★ **4.** Trouvez un GN sujet correspondant à chacun des GV suivants.

... est tombé en panne. — ... arriverons demain. — ... ressemblait au château de Versailles. — ... ont été retrouvés deux jours plus tard.

★★★ **5.** Transformez les phrases suivantes pour qu'elles ne contiennent plus de GN sujet et que leur noyau verbal soit à l'impératif.

Ex. : *Je vous demande de me laisser entrer.*
→ *Laissez-moi entrer.*

1. Pour réaliser cette recette, il faudra utiliser une casserole à fond épais. — 2. Il est interdit de stationner. — 3. On est prié d'apporter son repas. — 4. Vous devez prendre garde à la peinture.

★★ **6.** Reprenez les phrases de l'exercice précédent et transformez-les pour que le noyau verbal soit à l'infinitif.

Ex. : *Il ne faut pas se pencher à la portière.*
→ *Ne pas se pencher à la portière.*

★★★ **7.** Transformez les phrases suivantes en phrases nominales (sans noyau verbal).

Ex. : *Je te présente mon frère.*
→ *Voici mon frère.*

1. Il est interdit de fumer. — 2. Il y aura des virages sur 3 km. — 3. Prenez garde à la peinture. — 4. Le prix des carburants augmentera mardi. — 5. Les émissions télévisées finiront ce soir à 23 h 30. — 6. Ce sont mes parents. — 7. On m'a volé !

★ **8.** Découpez ou relevez dans des journaux des titres composés d'une phrase nominale.

★ **9.** Réduisez les phrases suivantes à la forme minimale.

1. Depuis très longtemps Florence réclame à ses parents un magnétophone pour son anniversaire. — 2. Il aime bien faire des farces à ses camarades. — 3. Vraiment, je suis perplexe devant la difficulté de ce problème. — 4. Le chat des voisins dort sur la terrasse chauffée par le soleil. — 5. Mon professeur d'anglais a un caractère jovial.

— 6. Où est donc mon pull à raies vertes et blanches ? — 7. Votre idée de remplacer en ville les automobiles par des calèches, pour réduire la pollution, ne me semble pas très convaincante. — 8. Écoutez avec la plus vive attention.

★ **10.** **Même exercice.**

1. Pendant le trajet de retour, le pneu avant gauche de ma voiture a éclaté, en pleine forêt. — 2. Tes skis sont trop grands pour ta taille. — 3. Ce pâtissier fabrique des tartes au citron délicieuses et des mille-feuilles remarquables. — 4. Mon professeur de physique réalise au milieu d'un silence inquiet une expérience particulièrement délicate. — 5. Que faire avec cette pluie ininterrompue ? — 6. Je suis vraiment content d'avoir gagné ce concours.

★ **11.** **Développez les phrases minimales suivantes en les enrichissant d'éléments divers.**

1. Un arbre se dresse. — 2. Un chien passe. — 3. Le marchand est satisfait. — 4. La photo est ratée. — 5. J'ai acheté un disque. — 6. Une voiture est garée. — 7. Les légendes plaisent. — 8. Un magasin s'est installé.

★★ **12.** **Développez progressivement les GN suivants sur le modèle ci-dessous.**

Une maison → Une maison basse → Une maison basse au toit d'ardoise → Une maison basse au toit d'ardoise qui se blottissait au creux du vallon.

1. Un cheval. — 2. Un bateau. — 3. Une danseuse. — 4. Un film. — 5. Une rivière. — 6. Un clown.

★ **13.** **Complétez à l'aide de plusieurs GN les noyaux verbaux des phrases suivantes.**

Ex. : *Jean conduit* → *avec prudence.*
→ *un autocar.*
→ *dans le brouillard.*

1. Les enfants attendaient... — 2. J'écris... — 3. L'avion décolle... — 4. Il chante... — 5. Le vent hurle... — 6. Les campeurs s'installent...

★ **14.** **Refaites chacune des phrases suivantes en déplaçant un mot ou un groupe de mots.**

Ex. : *La foule envahissait les stands dans un brouhaha joyeux.*
→ *Dans un brouhaha joyeux, la foule envahissait les stands.*

1. Je finirai cet exercice demain. — 2. Depuis ce matin la pluie n'arrête pas de tomber. — 3. Vous comprendrez bientôt votre erreur. — 4. Au détour d'un sentier une biche et son faon apparurent. — 5. Les enfants croquaient leurs tartines avec appétit. — 6. Les moustiques attaquaient sans répit les pique-niqueurs. — 7. Les premiers invités arrivaient déjà.

★★ **15.** **Même exercice, mais dans certaines phrases on ne peut opérer de déplacement.**

1. Elle fit avec soin une liste des objets à emporter. — 2. Dès les premiers accords de guitare, le chien se mit à hurler. — 3. Ils ont acheté un appartement de quatre pièces avec une terrasse. — 4. Nous restâmes bouche bée devant le spectacle qui s'offrait à nous. — 5. Ils avaient décidé une partie de pêche sur la rivière. — 6. Michel et Cécile ont été élus délégués de la classe de 6ᵉ. — 7. Il s'est confectionné un énorme sandwich avec du pain, du saucisson, du fromage et des cornichons.

★ **16.** **Dictée et questions.**

Les volcans du Petit Prince

Je crois qu'il profita, pour son évasion, d'une migration d'oiseaux sauvages. Au matin du départ il mit sa planète bien en ordre. Il ramona soigneusement ses volcans en activité. Il possédait deux volcans en activité. Et c'était bien commode pour faire chauffer le petit déjeuner du matin... S'ils sont bien ramonés, les volcans brûlent doucement et régulièrement sans éruption.

A. de Saint-Exupéry,
Le Petit Prince, Gallimard.

1. Réduisez les trois premières phrases à leur forme minimale.
2. Déplacez un groupe de mots à l'intérieur de la troisième phrase.
3. Quelles sont les expansions des verbes : *mit, ramona, possédait, brûlent* ?

3
La phrase complexe

Dictons anciens

> 1. S'il gèle à la Saint-Gontran
>   Le blé ne deviendra pas grand.
>
> 2. A la Saint-Jean
>   Les groseilles vont rougissant.
>
> 3. Quand reviendra la Saint-Henri
>   Tu planteras le céleri.
>
> 4. S'il pleut à la Saint-Germain
>   C'est comme s'il pleuvait du vin.

▶ *Relevez une phrase simple. Quel est son verbe ?*
▶ *Quelles sont les phrases qui contiennent plus d'un noyau verbal ? S'agit-il de phrases simples ? Chacune d'elles est formée de deux parties contenant un verbe. Quelles sont ces deux parties ?*
▶ *Remplacez* Quand reviendra la Saint-Henri *par un groupe nominal de même sens.*

la proposition

Tout groupe verbal accompagné d'un sujet porte le nom de **proposition**.
Une phrase qui contient plusieurs propositions dépendant les unes des autres est appelée **phrase complexe** :

> *Je crois* | *qu'il sera trop tard* | *quand ils arriveront.*

▶ *Combien de propositions cette phrase contient-elle ? Quel est le noyau verbal de chacune d'elles ?*

Une proposition dont le noyau verbal est à l'impératif ne comporte pas de sujet exprimé :

> *Attendez ! Ne partez pas.*

18

la proposition indépendante

> *Les nuits sont longues en hiver.*

Cette proposition se suffit à elle-même. Elle ne dépend d'aucune autre proposition et aucune autre proposition ne dépend d'elle. C'est une **proposition indépendante**.

Une **phrase simple** est obligatoirement une **proposition indépendante**.

la proposition subordonnée

1. Elle est l'**équivalent d'un groupe nominal** dans la phrase simple.

Partons de la phrase simple :

> *Nous attendons l'arrivée du bateau.*

Substituons au GN complément d'objet direct *l'arrivée du bateau* une proposition de même sens et de même fonction :

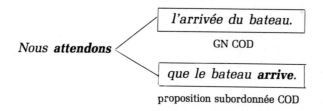

La phrase obtenue n'est plus une phrase simple puisqu'elle contient deux noyaux verbaux, donc deux propositions qui dépendent étroitement l'une de l'autre.

La proposition *que le bateau arrive* joue un rôle fonctionnel dans la phrase : elle est COD. On dit que c'est une **proposition subordonnée**.

2. Elle est **sous la dépendance d'une autre proposition** sans laquelle elle ne peut exister. En effet, dans l'exemple précédent, la proposition subordonnée *que le bateau arrive* n'aurait aucun sens, isolée de la proposition qui la précède : *Nous attendons.*

▶ *Cherchez dans le dictionnaire le sens du mot* subordonné *(nom et adjectif). Pourquoi s'applique-t-il bien à ce type de proposition ?*

19

3. Elle est **introduite par un subordonnant** qui la relie à la proposition dont elle dépend :

Les rues sont désertes → **parce que** → la chaleur est torride.

Achète du pain → **quand** → tu sortiras de l'école.

4. Elle peut avoir **presque toutes les fonctions du nom**. Par exemple, elle peut être

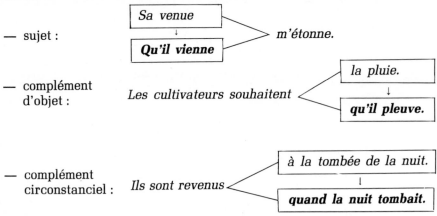

— sujet :　　　Sa venue / **Qu'il vienne** 〉 m'étonne.

— complément d'objet :　Les cultivateurs souhaitent 〈 la pluie. / **qu'il pleuve.**

— complément circonstanciel :　Ils sont revenus 〈 à la tombée de la nuit. / **quand la nuit tombait.**

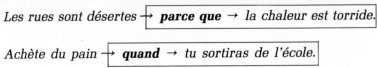

la proposition principale

La proposition dont dépend une proposition subordonnée est appelée **proposition principale** :

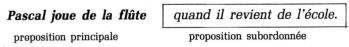

Pascal joue de la flûte　quand il revient de l'école.

proposition principale　　proposition subordonnée

▶ *Pourquoi donne-t-on à ce type de proposition le nom de principale ? Réfléchissez bien au sens de ce mot.*
▶ *Supprimez la proposition subordonnée, la proposition* Pascal joue de la flûte *reste-t-elle une principale ?*

La proposition principale peut précéder ou suivre la proposition subordonnée. La place de la proposition subordonnée dans la phrase varie suivant sa fonction, tout comme les groupes nominaux :

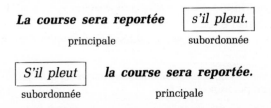

La course sera reportée　s'il pleut.

principale　　subordonnée

S'il pleut　**la course sera reportée.**

subordonnée　　principale

Récapitulons

■ On appelle **proposition** tout groupe verbal accompagné d'un sujet. Une phrase qui contient plusieurs propositions dépendant les unes des autres est appelée **phrase complexe**.

Je crois | qu'il sera trop tard | quand ils arriveront.

■ Il existe trois grandes catégories de propositions :

    la proposition indépendante qui se suffit à elle-même ;

    la proposition subordonnée qui dépend d'une autre proposition. Elle est l'équivalent d'un GN et peut avoir presque toutes les fonctions du nom ;

    la proposition principale dont dépendent une ou plusieurs subordonnées.

Pascal joue de la flûte   *quand il revient de l'école.*

    principale   subordonnée

Exercices

★ **1.** Après avoir recopié le texte, soulignez en rouge tous les verbes conjugués à un mode personnel. Soulignez les phrases simples en noir et les phrases complexes en bleu.

Au milieu d'un pré, apparaissait une plaque de neige entourée de fleurs. Le feuillage naissant des bouleaux et des trembles suspendait un pointillé vert tendre dans l'air bleu. De loin en loin, surgissait la barque à voile d'un pêcheur ou un énorme radeau de forestier, qui descendait le courant avec sa cargaison de planches et de rondins. Sur tout ce bois de construction et de chauffage, solidement assemblé, se dressait une isba, habitée par les mariniers et leur famille. Quand le steamer les dépassait, une grande vague soulevait le radeau.

Henri Troyat,
Sophie ou la Fin des combats,
Flammarion.

★★ **2.** Après avoir recopié le texte : a) Soulignez en noir les propositions indépendantes ; b) Soulignez en bleu les propositions principales et en rouge les propositions subordonnées. Encadrez leur subordonnant.

Bien que j'eusse été surpris par cette chute inattendue, je n'en conservai pas moins une impression très nette de mes sensations.
Je fus d'abord entraîné à une profondeur de vingt pieds environ...
Deux vigoureux coups de talon me ramenèrent à la surface de la mer...
Les ténèbres étaient profondes. J'entrevis une masse noire qui disparaissait vers l'est, et dont les feux de position s'éteignirent dans l'éloignement. C'était la frégate. Je me sentis perdu.

Jules Verne,
20 000 Lieues sous les mers,
Hachette.

★★ **3.** Transformez les phrases complexes suivantes en phrases simples, en substituant aux propositions subordonnées en italique un GN de même sens et de même fonction. Attention, la phrase obtenue ne doit plus comporter qu'un seul verbe.

Ex. : Une sonnerie annonce *que les cours sont finis.*
→ Une sonnerie annonce *la fin des cours.*

1. Mon père part travailler *quand le jour se lève.* — 2. Tu as peu d'amis *parce que tu as mauvais caractère.* — 3. *Au cas où il pleuvrait,* la fête aurait lieu dans la salle municipale. — 4. Je me rappelle *que cette rue est très étroite.* — 5. Des travaux ont été décidés *pour que les vieux quartiers de la ville soient restaurés.* — 6. *Depuis que nous sommes arrivés,* il ne cesse de neiger.

★★★ **4.** Transformez les phrases simples suivantes (propositions indépendantes) en phrases complexes en substituant au GN complément en italique une proposition subordonnée de même sens et de même fonction, dont vous soulignerez le verbe et encadrerez le subordonnant.

Ex. : Nous devons rentrer *avant la tombée de la nuit.*
→ Nous devons rentrer ⟨avant que⟩ la nuit *tombe.*

1. Il a tendance à se tenir voûté *à cause de sa grande taille.* — 2. Je suis sûr *de l'exactitude de ce renseignement.* — 3. *Dès l'annonce des résultats,* ce fut une explosion de joie. — 4. Ce commerçant se donne beaucoup de mal *pour la satisfaction de ses clients.* — 5. Nous sommes arrivés *après la fin du match.* — 6. Ils sont venus me voir *à leur retour de vacances.*

★★★ **5.** Même exercice.

1. *En raison de la neige,* le car de ramassage scolaire n'est pas passé ce matin. — 2. On prévoit *une augmentation du prix de l'essence la semaine prochaine.* — 3. *Malgré sa sévérité,* ce professeur est aimé de ses élèves. — 4. On craint *une rupture du pont sous la poussée des eaux.* — 5. J'apprécie ce camarade *pour sa franchise.*

★ **6.** Réunissez chaque principale du groupe A à une subordonnée du groupe B. Écrivez les phrases complexes obtenues. Soulignez le subordonnant.

Groupe A

1. Je me demande. — 2. Le train démarra. — 3. Il paraît. — 4. Envoie cette lettre dès ce soir. — 5. Delphine est sûrement chez elle. — 6. Mes parents m'ont acheté des cassettes d'anglais.

Groupe B

1. ... puisque la fenêtre de sa chambre est ouverte. — 2. ... afin que j'améliore mon accent. — 3. ... pour que son destinataire la reçoive à temps. — 4. ... où est passé Julien. — 5. ... dès que nous arrivâmes sur le quai. — 6. ... qu'un parking souterrain va être construit place du Marché.

★ **7.** a) Dans les phrases suivantes relevez les propositions subordonnées. Soulignez leur verbe. b) Quelle est la nature des autres propositions ? Relevez-les. Soulignez leur verbe.

1. Il restaure une commode qu'il a achetée chez un brocanteur. — 2. Je ne sais pas si elle a bien compris mes explications. — 3. Quand les beaux jours reviendront nous recommencerons à jouer au tennis. — 4. Comme il a beaucoup grandi, je ne l'avais pas reconnu. — 5. Achetez ce tableau puisqu'il vous plaît tant. — 6. Bien que ce soit faux, l'âne est souvent considéré comme un animal stupide. — 7. La lune était si claire qu'on y voyait comme en plein jour. — 8. Elle attend son frère pour qu'il l'aide à faire son exercice.

★★ **8.** Transformez les propositions indépendantes suivantes en propositions principales, en les faisant suivre d'une proposition subordonnée que vous encadrerez et dont vous soulignerez le verbe.

Ex. : *Il fait froid.*
→ Il fait froid | parce que la chaudière *est* en panne. |

1. Prête-moi ton appareil. — 2. Le chien aboie. — 3. Agnès et Virginie jouent au tennis. — 4. Je n'aime pas cet acteur. — 5. Prends un parapluie. — 6. La rue est déserte.

22

★ **9.** Imaginez des propositions principales qui seront complétées par les propositions subordonnées suivantes.

1. ... que tu aurais un meilleur bulletin trimestriel. — 2. ... parce que la foudre a détruit la grange. — 3. ... bien que la tempête souffle. — 4. ... dont on aperçoit les deux tourelles. — 5. ... afin que la série soit complète. — 6. ... comme tu le voudras. — 7. ... quoiqu'elle soit très ancienne. — 8. ... si cette maladie n'est pas trop grave.

★ **10.** Transformez en phrases complexes les couples de propositions indépendantes suivants. Soulignez en bleu les propositions principales et en rouge les propositions subordonnées.

Ex. : *Vous viendrez me voir ; je l'espère.*
→ *J'espère* **que vous viendrez me voir.**

1. N'arrivez pas en retard ; je ne l'accepterai pas. — 2. Hervé et Valérie vont se marier ; le saviez-vous ? — 3. Le nécessaire sera fait ; ils me l'ont affirmé. — 4. Elle était au bord des larmes ; j'en ai eu l'impression. — 5. Vous êtes deux frères ! Je ne m'en serais jamais douté.

★ ★ ★ **11.** Classez les propositions constituant le texte ci-dessous sur le modèle suivant :

Indépendantes	Principales	Subordonnées
...	...	...

Dans ce même temps vivait à la cour de Hongrie une jeune fille d'une pure et éclatante beauté : Berthe, fille du roi Floire et de Blancheflor. La renommée de ses vertus et de sa beauté parvint jusqu'aux oreilles de Pépin, qui était devenu un roi très puissant. Il envoya des messagers à Floire, lui demandant la main de sa fille. Et Floire la lui accorda volontiers.

La reine Blancheflor s'attristait beaucoup du départ de son unique enfant. Elle voulut au moins l'accompagner durant une partie de ce long voyage. Quand elle dut enfin la quitter, elle la confia aux bons soins d'une servante qu'elle avait affranchie, et qui lui devait une grande reconnaissance.

H. et G. Huisman, *Contes et légendes du Moyen Age*, Nathan.

★ **12.** Dictée et questions.

L'île

— Mais, Roland, ton île est une presqu'île... Tu vois bien qu'elle est rattachée à la terre...

L'île de Roland était une souche d'aulnes qui avançait dans le lit du ruisseau.

— La terre est trop humide pour que nous goûtions là...

Roland commença de pleurer : elle avait promis qu'ils goûteraient dans l'île...

— D'où nous sommes, nous pouvons juger du travail qu'il faudrait faire pour que ta presqu'île devienne une île... Il faudra percer cet isthme[1], creuser un canal. A nous deux, nous y arriverons.

François Mauriac, *L'Agneau*, Flammarion.

1. Écrire ce mot au tableau.

1. Quelles sont les propositions indépendantes du texte ?
2. Relevez les propositions subordonnées ; soulignez leur subordonnant.
3. Quelles sont les propositions principales ?
4. Remplacez les groupes infinitifs *percer cet isthme, creuser un canal* par deux propositions subordonnées.

4

Juxtaposition, coordination, subordination

▶ *Dans la première bulle, par quoi les mots en caractères gras sont-ils séparés ?*

▶ *Dans la troisième bulle, les mots en caractères gras ont-ils la même nature et la même fonction ? Par quel mot sont-ils reliés ?*

▶ *Quelle est la nature de chacune des deux propositions de la deuxième bulle ? Par quelle locution la deuxième est-elle rattachée à la première ?*

la juxtaposition

Juxtaposer deux choses signifie : placer ces deux choses l'une à côté de l'autre sans aucune liaison. En grammaire, la **juxtaposition** consiste donc à mettre à la suite les uns des autres des mots, des groupes de mots ou des propositions de **même nature** et de **même fonction** simplement séparés par une **virgule**.

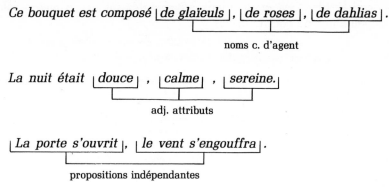

Ce bouquet est composé | de glaïeuls |, | de roses |, | de dahlias |.

noms c. d'agent

La nuit était | douce |, | calme |, | sereine. |

adj. attributs

| La porte s'ouvrit |, | le vent s'engouffra |.

propositions indépendantes

la coordination

La **coordination** est ce qui permet de coordonner, c'est-à-dire de **relier** entre eux des mots, des groupes de mots ou des propositions. Les outils de liaison utilisés sont les **conjonctions de coordination** et les **adverbes de liaison**.

1. Les conjonctions de coordination

Et, ou, ni, mais, or, car, donc.

Ces conjonctions relient entre eux des mots, des groupes de mots ou des propositions qui ont souvent la même nature et toujours **la même fonction**.

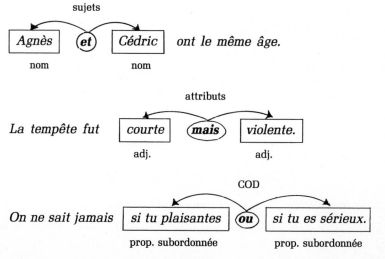

sujets

Agnès **(et)** *Cédric* *ont le même âge.*

nom — nom

attributs

La tempête fut *courte* **(mais)** *violente.*

adj. — adj.

COD

*On ne sait jamais | si tu plaisantes | (**ou**) | si tu es sérieux. |*

prop. subordonnée — prop. subordonnée

2. Les adverbes de liaison

Certains adverbes et locutions adverbiales jouent le même rôle que des conjonctions de coordination :

> *Alors, cependant, pourtant, en effet, c'est pourquoi, ensuite, aussi, ainsi, puis, enfin, soit... soit, etc.*

Ils permettent surtout de relier entre elles des propositions :

> *Elle aime beaucoup le café,* (*cependant*) *elle ne le supporte pas.*

▶ *Remplacez l'adverbe* cependant *par une conjonction de coordination.*

la subordination

1. Définition

Comme nous l'avons vu au chapitre précédent *(la phrase complexe)*, la subordination consiste à faire dépendre une proposition (la subordonnée) d'une autre proposition (la principale ou une autre subordonnée).

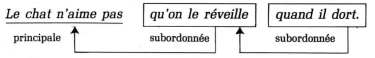

> *Le chat n'aime pas*   *qu'on le réveille*   *quand il dort.*
>
> principale   subordonnée   subordonnée

La subordonnée est reliée à la principale par un subordonnant. Les subordonnants sont :

— **les pronoms relatifs**

> *Luc a pêché un poisson* **qui** *pèse plus de trois livres.*

— **les interrogatifs**

> *Dites-moi* **quel** *âge vous avez.*

— **les conjonctions de subordination**

> *On aperçoit le mont Blanc* **lorsque** *le temps est clair.*

2. Les conjonctions de subordination

1. Formes simples.

> *Que, comme, puisque, quoique, si, quand, lorsque.*

2. Formes composées : **locutions conjonctives.**

> *Afin que, pour que, parce que, dès que, bien que, de sorte que, etc.*

Les propositions introduites par une conjonction de subordination portent le nom de **propositions subordonnées conjonctives**. Elles ont les mêmes fonctions que le nom.

Les spectateurs attendent | *que le match commence.*

subordonnée conjonctive COD

équivalence entre les trois procédés

A l'aide des trois procédés (juxtaposition, coordination, subordination), il est possible d'exprimer le même rapport entre deux propositions :

L'eau est trop froide, je ne me baigne pas.
propositions indépendantes juxtaposées

*Je ne me baigne pas **car** l'eau est trop froide.*
propositions indépendantes coordonnées

*Je ne me baigne pas **parce que** l'eau est trop froide.*
prop. principale   prop. subordonnée conjonctive

▶ *Bien que chacune de ces phrases exprime la même idée, quelle différence ressentez-vous entre chacune d'elles ?*

Récapitulons

■ Des mots ou des propositions de même nature et de même fonction peuvent être :

juxtaposés, c'est-à-dire séparés par une simple virgule :
La porte s'ouvrit, le vent s'engouffra.

coordonnés par une conjonction de coordination *(et, ou, ni, mais, or, car, donc)* :
*Agnès **et** Cédric ont le même âge.*

■ La **subordination** consiste à faire dépendre une proposition (subordonnée) d'une autre proposition par l'intermédiaire d'un **subordonnant**.

■ Les **conjonctions de subordination** *(que, comme, puisque, quoique, si, quand, lorsque)* et les **locutions conjonctives** *(afin que, dès que, parce que,* etc.) introduisent des **propositions subordonnées conjonctives** :
*Le chat n'aime pas **qu**'on le réveille **quand** il dort.*

Exercices

★ **1.** Dites si les mots ou groupes de mots en italique sont juxtaposés ou coordonnés. Indiquez leur nature.

Ex. : *L'odeur était* **âcre** *et* **forte.**
→ adjectifs coordonnés.

1. Les enfants avaient beau tendre le cou, ils *ne voyaient ni n'entendaient* ce qui se passait. — 2. Les serveurs évoluaient *prestement et efficacement* à travers la salle du restaurant. — 3. *Blancs ou noirs,* tous les hommes sont égaux. — 4. *Le rideau s'ouvrit, le spectacle commença.* — 5. *Ma voiture est en panne, donc je prendrai un taxi.* — 6. Ce tissu n'est *ni bleu ni vert mais plutôt gris.* — 7. Préférez-vous *rester debout ou vous asseoir ?* — 8. *La chaleur, la soif* torturaient les voyageurs. — 9. *Il est temps de rentrer car la nuit commence à tomber.* — 10. *Vous et moi* sommes du même avis.

★ **2.** Dites si les propositions indépendantes contenues dans les phrases suivantes sont coordonnées par des conjonctions de coordination ou par des adverbes de liaison.

1. Devant les taquineries de ses camarades, Yves se rembrunit puis éclata de rire. — 2. Nous arriverons soit par le train de 10 h 25 soit par celui de 12 h 40. — 3. Écrivez-moi ou téléphonez-moi. — 4. Le loup avait grand-faim, or un lapin vint à passer. — 5. La maison des Lejeune a été cambriolée, pourtant leur chien n'a pas aboyé. — 6. Nous avions une carte détaillée de la région mais nous n'avons pas retrouvé le site recherché. — 7. Les transports urbains seront perturbés car on prévoit une grève. — 8. M. Martin s'est cassé une jambe, c'est pourquoi nous ne le voyons plus depuis quelque temps.

★ **3.** Remplacez les points de suspension par les conjonctions de coordination qui conviennent. Vous emploierez une fois chacune d'elles.

1. Cette idée est géniale ... tout à fait irréalisable. — 2. Ce paquet ne pourra être expédié par la poste ... il est trop lourd. — 3. Apportez-moi en même temps l'entrée, le plat principal ... le dessert. — 4. On dit que Marie-Laure est en voyage ... j'ai cru l'apercevoir hier. — 5. Guy a oublié son livre d'anglais au collège, il n'a ... pas pu faire l'exercice. — 6. Je n'ai ... le temps ... l'envie de faire du sport.

★★ **4.** Composez sept phrases contenant chacune des sept conjonctions de coordination. Soulignez les éléments coordonnés.

★ **5.** Remplacez les points de suspension par les adverbes de liaison suivants : *par conséquent, néanmoins, c'est-à-dire, soit... soit, enfin, en outre, puis.*

1. Le tigre observa sa proie, ... il tendit ses muscles, prêt à bondir, ... il s'élança. — 2. Vous devriez embaucher ce jeune homme ; il est très compétent, ... il est fort sympathique. — 3. Frédéric est nerveux et coléreux, ... il est très patient avec son petit frère. — 4. Une dépression arrive par l'ouest du pays, ... le week-end sera pluvieux. — 5. Un prix a été décerné au meilleur photographe amateur, ... M. Legrand. — 6. Achète ... une brioche ... des croissants.

★★ **6.** Dites si les propositions qui composent les phrases suivantes sont juxtaposées, coordonnées ou subordonnées à une principale.

1. Demain est un jour férié, mais les magasins seront ouverts le matin. — 2. Le train avait trois minutes d'avance lorsqu'il entra en gare. — 3. Le téléphone sonna, François et Nicole se précipitèrent en même temps. — 4. Bien que nous soyons en automne, les fleurs sont encore très abondantes dans les jardins. — 5. Je t'emprunte ton vélo car les pneus du mien sont dégonflés. — 6. Le soleil brilla dès que les brumes matinales eurent disparu. — 7. Ce siège est inconfortable, celui-ci l'est encore plus.

★★ **7.** Remplacez les points de suspension par les conjonctions ou locutions conjonctives de subordination suivantes : *pour que, alors que, dès que, ainsi que, quoique, comme, si.*

1. ... ce soit extrêmement dangereux, Luc continue à rouler sans casque. —

2. Mathieu se précipite sur son goûter ... il rentre de l'école. — 3. Faisons un feu dans la cheminée ... la maison soit moins humide. — 4. Il ne devrait pas s'obstiner à vouloir faire du ski nautique ... il n'a aucun sens de l'équilibre. — 5. ... je vous l'ai écrit, nous serons de retour fin septembre. — 6. ... vous passez par Lyon, venez nous voir. — 7. Il ment ... il respire.

★★ **8.** Remplacez les points de suspension par les conjonctions ou locutions conjonctives de subordination de votre choix. Soulignez la subordonnée conjonctive.

1. Patrick n'est pas au collège ce matin ... il s'est blessé en jouant au rugby. — 2. Le public a réservé un excellent accueil à ce film ... les critiques aient été très sévères. — 3. ... elle arriva devant sa porte, elle se souvint qu'elle avait laissé ses clés au bureau. — 4. Philippe grimpe aux arbres ... le ferait un singe. — 5. Je crois me souvenir ... cet article est encore disponible. — 6. Les gelées ont été nombreuses ... la production de fruits ne sera pas très abondante dans la région.

★ **9.** Composez une phrase avec chacune de ces conjonctions ou locutions conjonctives de subordination : *pendant que, au cas où, si bien que, depuis que, puisque*. Soulignez la principale et encadrez la subordonnée.

★★★ **10.** Apprenez à distinguer les conjonctions de coordination des conjonctions de subordination : inventez une phrase composée de deux indépendantes coordonnées par *car*, puis transformez-la en une principale et une subordonnée introduite par *parce que*. Ensuite, faites de même avec les conjonctions de coordination et de subordination suivantes : *donc → si bien que ; mais → bien que*.

★★★ **11.** Transformez les propositions indépendantes juxtaposées qui composent les phrases suivantes : a) en indépendantes coordonnées ; b) en principale et subordonnée conjonctive. Vous pouvez inverser l'ordre des propositions.

1. La Loire est en crue, les pluies ont été abondantes. — 2. Le matin ma mère se réveille, elle fait sa gymnastique. — 3. Il n'a pas travaillé, il a été reçu à son examen ! — 4. Mets-toi à l'abri, tu ne seras pas mouillé.

★★ **12.** Dictée et questions.

Souvenirs d'écolier

Il demanda à Loulou des nouvelles de l'école, des copains, de Bibiche l'instituteur, du « dirlo » et des jeux de la « récré ». Tandis que Loulou racontait avec force boutades des farces de préau, des plaisanteries d'écoliers, des menus riens innocents et même un peu bébêtes qui les faisaient rire, Olivier revivait des sensations déjà lointaines : le crissement de la craie sur le grand tableau noir, la poudre blanche autour du chiffon quand un enfant avait la charge d'effacer les textes et les opérations d'arithmétique, les pupitres entaillés avec les reflets mordorés des taches d'encre, luisantes comme des mouches bleues, le fond pâteux des godets en plomb...

R. Sabatier,
Les Allumettes suédoises,
Albin Michel.

1. Relevez les mots et groupes de mots juxtaposés. Indiquez leur nature. Attention, à chaque virgule ne correspond pas forcément une juxtaposition.
2. Relevez des conjonctions de coordination. Que relient-elles ?
3. Relevez deux subordonnées conjonctives. Quel est leur subordonnant ?
4. Remplacez « *dirlo* », « *récré* » et *bébête* par leur équivalent en langage courant.
5. Remplacez *force boutades* par une expression équivalente.

5
Les types de phrases
déclaratif, impératif,
exclamatif, interrogatif

En montagne

> Depuis une heure, de lourds nuages plombés s'amoncelaient derrière la ligne des crêtes ; les deux jeunes alpinistes n'avaient pas encore atteint le refuge où ils devaient passer la nuit.
> — Comme le ciel s'est couvert ! Combien de temps nous faut-il encore monter pour arriver ?
> — Quelques minutes, je crois. Forçons l'allure !
> — Pourvu que l'orage n'éclate pas !
> — Ne crains rien. Vois-tu cette cabane après le mamelon ? C'est notre refuge.
> — Sauvés !

▶ *Relevez les phrases terminées par un point ou un point-virgule et dont le verbe est à l'indicatif. Elles sont déclaratives.*

▶ *Relevez les phrases ayant leur verbe à l'impératif. Elles sont impératives. Quelle est leur ponctuation ?*

▶ *Relevez les phrases terminées par un point d'exclamation et dont le verbe n'est pas à l'impératif. Elles sont exclamatives. Elles peuvent être incomplètes. Trouvez-en un exemple dans le texte et rétablissez ce qui est sous-entendu.*

▶ *Quelles sont les phrases terminées par un point d'interrogation ? Elles sont interrogatives.*

30

les différents types de phrases

Une phrase peut être de type : — **déclaratif**
— **impératif**
— **exclamatif**
— **interrogatif**

1.   *Il ne faisait pas très beau.*

Une phrase déclarative énonce un fait ou une opinion. Elle peut être terminée par **un point, un point-virgule, un deux-points, des points de suspension.**
Son verbe peut être à la forme affirmative ou négative.

▶ *Cherchez dans le texte initial une phrase déclarative négative.*

2.   *N'approchez pas !*
             Qu'il n'approche pas !
             Ne pas approcher.

Une phrase impérative donne un ordre, un conseil, formule une interdiction.
Elle peut être terminée par **un point** ou **un point d'exclamation.** Son verbe
peut être à l'impératif, au subjonctif ou à l'infinitif.

3.   *Quelle bonne idée (vous avez eue) !*
             Oh ! la bonne idée !

Une phrase exclamative exprime un sentiment vif (peur, joie...). Elle commence souvent par un adverbe exclamatif : *comme, que* ou une interjection :
oh, hélas, bravo, vive, etc. Elle se termine par **un point d'exclamation.** Elle
est souvent **elliptique,** c'est-à-dire incomplète.

4.   *Voulez-vous du pain ?*

Une phrase interrogative pose une **question.** Elle est toujours terminée par
un point d'interrogation.

la phrase interrogative

             Vois-tu cette cabane ?
             ***Quand** partez-vous en vacances?*
             ***Qui** a délivré Orléans en 1429 ?*

Ces trois phrases interrogatives n'appellent pas le même genre de réponse.
A la première, on peut répondre par **oui** ou par **non.** L'interrogation porte
sur l'**ensemble** de la phrase : elle est totale.

▶ *Cherchez des réponses à la deuxième et à la troisième question.*

Dans les deux derniers exemples, l'interrogation ne porte que sur une **partie**
de la phrase : elle est partielle.

1. L'interrogation totale

Selon les niveaux de langue, on rencontre trois constructions :

— **familière**   *Il est arrivé à l'heure ?*
— **courante**   *Est-ce qu'il est arrivé à l'heure ?*
— **soutenue**   *Est-il arrivé à l'heure ?*

1. Dans la **langue familière**, seules l'intonation à l'oral et la ponctuation à l'écrit permettent de différencier la phrase interrogative de la phrase déclarative.

2. Dans la **langue courante**, la locution *est-ce que* est placée en tête de phrase.

▶ *L'ordre des mots est-il, dans ce cas, différent de celui d'une phrase déclarative ?*

3. Dans la **langue soutenue**, il y a inversion du pronom sujet qui se trouve donc placé après le verbe auquel il est relié par un trait d'union. Plusieurs cas sont possibles :

a)   *Mon frère est-il arrivé à l'heure ?*

nom sujet   pronom de reprise

Si le sujet est un nom ou un pronom autre que personnel, il reste avant le verbe mais est repris après lui par un pronom personnel de la 3e personne accordé avec le sujet.

b)   *A-t-il compris ?*
          Cette femme a-t-elle compris ?

A la 3e personne du singulier, si le verbe se termine par **-e** ou **-a**, on intercale un **t de liaison** encadré de deux traits d'union entre le verbe et le pronom.

c)   *Dois-je partir ?*

A la 1re personne du singulier, cette construction n'est possible au présent que pour certains verbes : *suis-je, dois-je, puis-je, vais-je,* etc.

2. L'interrogation partielle

1. *Qui est là ? Quel est votre nom ?*

sujet   attribut

Que voulez-vous ? Où habitez-vous ?

COD   c. circ. lieu

Dans l'interrogation partielle, **la question peut porter sur n'importe quel élément de la phrase** : sujet, attribut, complément d'objet, complément circonstanciel, etc.

2. La phrase est introduite par un **interrogatif**
— adjectif interrogatif : *quel* (variable).
— pronom interrogatif : *qui, que, quoi, lequel* (variable et parfois précédé d'une préposition avec laquelle il se contracte : *auquel, duquel...*).
— adverbe interrogatif : *où, quand, comment, pourquoi, combien.*

▶ *Relevez les interrogatifs des quatre phrases données en exemple et dites leur nature.*

3. Selon les niveaux de langue, on retrouve plusieurs constructions
— très familière : *Vous êtes là depuis quand ?*
— familière : *Depuis quand vous êtes là ?*
— courante (mais lourde) : *Depuis quand est-ce que vous êtes là ?*
— soutenue : *Depuis quand êtes-vous là ?*

Récapitulons

■ Il existe quatre types de phrases :

déclaratif   *Il ne faisait pas très beau.*
impératif   *N'approchez pas.*
exclamatif   *Quelle bonne idée !*
interrogatif   *Voulez-vous du pain ?*

■ Dans les phrases interrogatives, on distingue :

les interrogatives totales (réponse : oui ou non)
    Est-ce que tu veux du pain ?

les interrogatives partielles (réponses variées)
    Quand partez-vous en vacances ?

■ L'interrogation totale peut avoir plusieurs constructions selon le niveau de langue :
    Tu viens ? Est-ce que tu viens ? Viens-tu ?

■ L'interrogation partielle porte sur un élément de la phrase, sujet, attribut, COD, etc. :
    Qui est là ?
     ↓
    sujet

■ L'interrogation partielle est introduite par des **adjectifs, pronoms** ou **adverbes interrogatifs**. Elle peut aussi avoir plusieurs constructions selon le niveau de langue :
    Il est où ? Où il est ?
    Où est-ce qu'il est ? Où est-il ?

Exercices

★ **1. Dites à quel type appartient chacune de ces phrases.**

Ex. : *Le renard ne voulait pas sortir du buisson.*
  → type déclaratif

1. Quelle tempête nous avons essuyée ! — 2. Bien agiter le flacon avant l'emploi. — 3. Son père ne comprit pas sa décision. — 4. Taisez-vous et filez ! — 5. Est-ce que tu n'as rien oublié ? — 6. Quel temps perdu ! — 7. Quel quotidien lisez-vous ? — 8. Ne croyez pas tout ce qu'on raconte. — 9. Il a sûrement eu très peur. — 10. Qu'il m'écrive dès que possible.

★ ★ **2. Transformez les phrases impératives suivantes en mettant leur verbe à la 3e personne du singulier du subjonctif présent puis à l'infinitif.**

Ex. : *Empruntez la piste cyclable.*
  → *Qu'il emprunte la piste cyclable.*
  → *Emprunter la piste cyclable.*

1. Prenez la première rue à droite. — 2. Referme bien la porte à clé. — 3. Ne marchons pas sur les pelouses. — 4. Ne lave pas ce vêtement en machine. — 5. Respectons la signalisation. — 6. Emportez de bonnes chaussures ! — 7. Suis attentivement la notice.

★ **3. Transformez les phrases déclaratives suivantes en phrases exclamatives à l'aide de l'adjectif exclamatif *quel* ou de l'adverbe exclamatif *que*.**

Ex. : *Tu as un superbe vélo.*
  → *Quel superbe vélo tu as !*

1. Il fait un froid glacial. — 2. Nous avons eu de la chance. — 3. Ce garçon est paresseux. — 4. Mère-grand, vous avez de grandes dents.

★ **4. Imaginez une réponse à chacune de ces phrases interrogatives et dites si l'interrogation est totale ou partielle.**

Ex. : *Parlez-vous espagnol ?*
  → réponse : *Non* (interrogation totale).

1. Combien coûtent ces bottes ? — 2. Est-ce que vous jouez aux dominos ? — 3. Qui n'a pas compris la leçon ? — 4. Auras-tu le temps de finir ? — 5. Quelle est la meilleure solution ? — 6. Lequel d'entre vous m'a caché mon bonnet ? — 7. Nous pouvons commencer ?

★ ★ **5. Transformez les phrases interrogatives (de la langue courante ou familière) en inversant le pronom sujet ou en reprenant le nom sujet par un pronom après le verbe.**

Ex. : *Est-ce que la mère Michel a retrouvé son chat ?*
  → *La mère Michel a-t-elle retrouvé son chat ?*

1. Je vais attendre encore longtemps ? — 2. Est-ce qu'il y a toujours autant de monde ? — 3. Nous pourrons parler librement ? — 4. Est-ce que Claire sait nager ? — 5. Cet homme est celui que vous recherchez ? — 6. Est-ce que je peux partir maintenant ? — 7. Ce meuble se démonte facilement ?

★ **6. Complétez les phrases suivantes avec l'adjectif interrogatif *quel*. Attention à l'accord !**

1. Sur ... chaîne passe ce film ? — 2. Avec ... livres as-tu travaillé ? — 3. ... avion a-t-il pris ? — 4. ... histoires me racontes-tu là ? — 5. ... âge avait votre père ? — 6. Grâce à ... amis ont-ils pu venir ?

★ **7. Complétez les phrases suivantes à l'aide du pronom interrogatif qui convient : *qui, que, quoi, lequel, auquel, duquel*, etc.**

1. ... dit-il ? — 2. ... souhaites-tu rencontrer ? — 3. ... de ces élèves est arrivé le premier ? — 4. A ... donneras-tu ta collection de timbres ? — 5. ... de ces deux ordres dois-je obéir ? — 6. Dans ... vais-je ranger tous ces livres ? — 7. Si vous deviez élire trois camarades, ... donneriez-vous votre confiance ? — 8. J'hésite devant ces deux paires de chaussures ; ... vais-je mettre ?

★ **8.** Complétez les phrases suivantes à l'aide de l'adverbe interrogatif qui convient : *où, quand, comment, combien, pourquoi.*

1. ... habitez-vous ? — 2. ... me donnera-t-il sa réponse ? — 3. ... riez-vous de ce garçon ? — 4. ... ont-elles résolu ce problème ? — 5. ... de mois dura ce conflit ?

★ ★ **9.** Posez une question sur le groupe en italique en utilisant la construction courante ou la construction soutenue.

Ex. : Stéphane préfère *le millefeuille.*
  → *Qu'est-ce que préfère Stéphane ?*
  → *Que préfère Stéphane ?*

1. Ce concert aura lieu *au Casino.* — 2. Elle était venue le voir *par le train* l'année dernière. — 3. *Ma tante* n'aime pas les chiens. — 4. Il a dit *des sottises.* — 5. Dans la classe, ils étaient *vingt-cinq élèves.* — 6. Cette fillette rougit *parce qu'elle est très timide.* — 7. Les voyageurs avaient surtout besoin *de sommeil.*

★ ★ **10.** Même exercice.

1. Il a choisi l'itinéraire *le plus court.* — 2. Vous pensez *à vos vacances.* — 3. Mon oncle est installé *à Marseille.* — 4. Elle s'en est tirée *brillamment.* — 5. *Jacques* sifflote sans arrêt. — 6. Elle a légué sa fortune *à sa nièce.* — 7. Ce cahier coûte *5 francs.*

★ ★ ★ **11.** Posez le plus de questions possible à partir des phrases suivantes.

Ex. : *Ce soir, Marc va à la fête avec ses parents.*
  → *Quand Marc va-t-il à la fête ?*
  → *Qui va ce soir à la fête ?*
  → *Où Marc va-t-il ce soir ?*
  → *Avec qui Marc va-t-il à la fête ?* etc.

1. Le 15 octobre, le président de la République expliquera sa politique économique, devant les caméras de la télévision. — 2. Son père est parti pour six mois aux États-Unis avec des collègues de travail. — 3. A cause de la hausse du dollar, les pays du Tiers-Monde ne peuvent plus payer leurs importations alimentaires.

★ ★ **12.** Dictée et questions.

Jeux interdits

Il y a un jardin derrière l'école, avec une balançoire et un trapèze.

Je regarde avec admiration ce trapèze et cette balançoire ; seulement il m'est interdit d'y monter.

... Pourquoi ma mère m'aurait-elle condamné à ne point faire ce que font les autres ? Pourquoi me priver d'une joie ?

Suis-je donc plus cassant que mes camarades ?

Ai-je été recollé comme un saladier ?

Y a-t-il un mystère dans mon organisation ?

J'ai peut-être le derrière plus lourd que la tête !

... Oh ! ma mère ! ma mère !

Pourquoi ne me laissez-vous pas monter sur le trapèze et me mettre la tête en bas ? Rien qu'une fois !

Vous me fouetterez après, si vous voulez !

Jules Vallès, *L'Enfant.*

1. Relevez deux phrases exclamatives, l'une complète, l'autre incomplète.
2. Relevez deux phrases interrogatives, l'une partielle, l'autre totale. A quel niveau de langue appartiennent-elles ?
3. Trouvez un exemple de reprise du sujet par un pronom derrière le verbe dans une interrogative. Dans quelle phrase trouve-t-on le *t* de liaison ; pourquoi ?

6
La forme négative

Le petit Lapon

Je n'ai jamais vu de lama,
De tamanoir ni de puma.

Je n'ai pas été à Lima.
Ni à Fez, ni à Panama.

Je ne possède ni trois-mâts,
Ni charrette, ni cinéma.

Je ne suis qu'un petit Lapon
Qui sculpte de petits oursons

Avec un os, dans un glaçon.

Maurice Carême, *Pierres de lune*, L'École.

▶ *Relevez toutes les locutions négatives de ce poème. Quel est le mot commun à toutes ces locutions ?*
▶ *Dites le contraire de ce que disent les six premiers vers. Quelles différences constatez-vous : que deviennent jamais, de, ni ?*
▶ *Pouvez-vous dire le contraire du vers 7 ? Cette phrase n'est pas une phrase négative comme les autres.*

les deux formes de phrases

La leçon est commencée. (1)

La leçon n'est pas terminée. (2)

Une phrase peut être à la **forme affirmative** (1) ou **négative** (2). Ces deux formes s'appliquent à tous les types de phrases, interrogatif, impératif ou exclamatif. Voici par exemple une phrase interrogative négative.

Pourquoi n'entrez-vous pas ?

▶ *Imaginez une phrase impérative négative.*

la phrase négative

1. La négation simple

1. La phrase négative se présente le plus souvent avec **la locution** *ne ... pas* de part et d'autre du verbe ou de l'auxiliaire dans les temps composés.

Il n'a pas fini son travail.

2. On peut trouver *ne ... point* dans des textes anciens, littéraires ou reproduisant un parler régional.

Ne forçons point notre talent. (La Fontaine.)

3. *Ne ... pas* et *ne ... point* se placent tous deux **devant** le verbe à l'infinitif.

Prière de ne pas fumer.

4. Parfois la deuxième partie de la locution manque dans des expressions comme : *je ne sais..., je ne puis..., je n'ose..., si je ne me trompe,* etc.

5. *Ne ... guère* est une locution de négation atténuée, équivalant à *ne ... pas beaucoup*.

Je n'y crois guère !

2. La négation absolue

1. Pour nier fortement une affirmation, on peut trouver des locutions à valeur temporelle comme : *ne ... jamais, ne ... plus,* ou des pronoms et adjectifs indéfinis : *personne, rien, nul(le), aucun(e)* accompagnés de *ne*.

Forme affirmative	Forme négative
Il pleut souvent (ou *quelquefois*).	*Il **ne** pleut **jamais**.*
Il pleut encore.	*Il **ne** pleut **plus**.*
Quelqu'un veut parler.	***Personne ne** veut parler.*
Il sait quelque chose.	*Il **ne** sait **rien**.*
Un doute subsiste.	***Aucun** doute **ne** subsiste.*

2. Ces locutions et ces pronoms et adjectifs indéfinis peuvent se renforcer en s'associant :

> *Il **ne** parlera **jamais plus**.*
> ***Personne n**'a **rien** vu.*

▶ *Imaginez une phrase où vous associerez* plus *et* rien.

3. Présence et absence de *ne*

1. La négation simple et la négation absolue comportent normalement l'élément *ne* qu'il ne faut pas oublier.

Ainsi, ***ne*** est indispensable après *on* dans une phrase négative.

> *On **n**'entend **rien**.*
> *On **n**'a **jamais** le temps de rêver.*

2. Cependant, dans les phrases sans verbe, on peut trouver *pas, point, jamais, personne,* etc., **sans *ne*** :

> — *Avoue !*
> — ***Jamais.***
> — *Y avait-il du monde ?*
> — ***Personne.***

Non est à lui seul l'équivalent de toute une phrase :

> — *Tu viens à la piscine ?*
> — ***Non.***

3. L'absence de *ne* se constate aussi dans la langue familière mais constitue une incorrection :

> *C'est pas possible !*

4. Les liaisons négatives

Ni, seul ou répété, accompagné de *ne* relie deux verbes ou deux groupes de mots dans une phrase négative ; il remplace *et* dans la phrase affirmative correspondante.

Forme affirmative	Forme négative
Je veux et peux répondre.	*Je ne veux ni ne peux répondre.*
Il mange du pain et du chocolat.	*Il ne mange ni pain ni chocolat.*

5. La restriction

> *Il ne dit que la vérité.*
> *Il dit seulement la vérité.*

La locution *ne ... que* n'est pas une vraie négation.

Elle introduit une **restriction** et équivaut à *seulement* dans une phrase affirmative.

▶ *Remplacez la locution* ne ... que *contenue dans le texte initial par* seulement.

Récapitulons

■ Une phrase peut être à la **forme affirmative** ou **négative**.

■ La négation la plus fréquente est *ne ... pas* placée autour du verbe ou devant l'infinitif. On trouve parfois *ne ... point. Ne ... guère* est une **négation atténuée**.

■ La **négation absolue** s'exprime par les locutions *ne ... plus, ne ... jamais* ou les pronoms et adjectifs indéfinis : *personne, rien, nul, aucun,* accompagnés de *ne*. Ces négations peuvent se renforcer en s'associant.

> *Personne ne dit plus rien.*

■ *Ne* manque dans les phrases sans verbe et dans la langue familière. Il est indispensable après *on* si la phrase est négative.

> *On n'entend rien.*

■ *Ni* assure les **liaisons négatives**.

> *Je ne mange ni pain ni chocolat.*

■ *Ne ... que* amène une **restriction** ; il équivaut à *seulement*.

> *Il ne dit que la vérité.*

Exercices

★ **1. Mettez les phrases suivantes à la forme négative simple.**

Ex. : *Est-il là ?*
→ *N'est-il pas là ?*

1. Le soleil brillera toute la journée. —
2. Voulez-vous danser, grand-mère ? —
3. Que cet enfant est débrouillard ! — 4. Y a-t-il de la place auprès de vous ? —
5. Ouvre la fenêtre. — 6. Ses devoirs étaient terminés depuis longtemps. —
7. Qu'il prenne sa vieille voiture ! —
8. Agiter avant d'ouvrir.

★ **2. Mettez les phrases suivantes à la forme affirmative.**

1. N'avez-vous pas entendu ? — 2. Ne pas laver les carreaux avec ce produit. —
3. On n'a pas vu vos signaux. — 4. Qu'il n'est donc pas sympathique ! — 5. Antoine ne voulait pas venir sans être invité. —
6. Qu'il ne dise surtout pas la vérité à son petit frère ! — 7. N'avons-nous pas déjà répondu à votre question ? — 8. Il ne pensait pas être appelé ce jour-là au chevet de son ami.

★ **3. Dites le contraire des phrases suivantes en employant la forme négative simple puis une forme affirmative d'une expression équivalente.**

Ex. : *Cette histoire est drôle.*
→ *Cette histoire n'est pas drôle.*
→ *Cette histoire est triste.*

1. A l'école, Jean-Pierre est vraiment courageux. — 2. A cette heure-là, mon camarade dormait. — 3. Pendant l'interrogation, les élèves parlent. — 4. Le téléviseur fonctionnait. — 5. A 20 heures, les portes seront ouvertes.

★ **4. Transformez les phrases suivantes en phrases négatives à l'aide de la locution *ne ... guère*.**

1. Je vois comment faire autrement. —
2. Il aimait beaucoup sa cousine. —
3. Claude a confiance en lui. — 4. Vous allez souvent au spectacle. — 5. Tu as le temps d'écouter de la musique. — 6. Moni-

que se soucie du qu'en-dira-t-on. — 7. Stéphane comprend le patois de sa grand-mère.

★★ **5. Répondez par une phrase négative aux interrogations suivantes.**

Ex. : *Lisez-vous souvent des bandes dessinées ?*
→ *Non, je n'en lis jamais.*

1. Connaissez-vous Dominique ? Non, je ...
— 2. Croyez-vous que vous pourrez venir ? Non, je crains de ... — 3. As-tu déjà rencontré ma sœur ? Non, nous ... — 4. A-t-il le temps de boire son café ? Non, il ... —
5. Avez-vous appris quelque chose de nouveau ? Hélas ! non, nous ... — 6. A-t-elle encore une chance de réussir ? Malheureusement non, elle ... — 7. Est-ce qu'il apprécie les manières de Jérôme ? Non, il ... —
8. Quelqu'un veut-il réciter ? Non, ... —
9. Vient-il souvent le soir ? Oh ! non, il ...

★ **6. Dites le contraire des phrases suivantes en employant *ni*.**

Ex. : *Aujourd'hui, il a le goût et le temps de plaisanter.*
→ *Aujourd'hui, il n'a ni le goût ni le temps de plaisanter.*

1. Sa mère et lui peuvent répondre. —
2. Grégoire joue au football et au rugby. —
3. Il acceptera un chèque ou de l'argent liquide. — 4. L'un et l'autre savent ce qu'ils font. — 5. Je voudrais un chat et un chien. — 6. Il pourrait sauter et s'enfuir.
— 7. Je trouvais cette femme belle et intelligente.

★ **7. Mettez les phrases suivantes à la forme affirmative.**

Ex. : *Ni toi ni moi, nous ne serons récompensés.*
→ *Toi et moi, nous serons récompensés.*

1. Ni la pluie, ni le brouillard, ni la neige ne pourront retarder le départ de cette course. — 2. Je ne connaissais ni le nom ni l'adresse de la personne que je recherchais. — 3. Ni les reproches ni l'indifférence ne le blessent. — 4. Ne regarde ni à droite ni à gauche.

★ **8. Transformez les phrases suivantes en employant la locution restrictive *ne ... que*.**

Ex. : *Il a bu un seul verre.*
→ *Il n'a bu qu'un verre.*

1. Elle s'était fait une seule amie. — 2. Je lui ai parlé seulement deux fois. — 3. Mon père partira en voyage seulement trois jours. — 4. Tu te plais seulement avec des personnes plus âgées. — 5. La neige a tenu une seule journée. — 6. Les policiers ont arrêté un seul suspect.

★ **9. Inversement, transformez les phrases suivantes en remplaçant *ne ... que* par *seulement*.**

1. Il ne parle que le français. — 2. Ce soldat n'a fait que son devoir. — 3. Elle ne dira que ce qu'elle voudra. — 4. Les végétariens ne mangent que des légumes et des fruits. — 5. Nos amis n'arriveront que demain. — 6. Il n'apprécie que les grosses voitures.

★★ **10. Complétez les phrases suivantes à l'aide de *n'* quand la négation est nécessaire. Attention, certaines phrases ne sont pas négatives. (Pour éviter de vous tromper, remplacez *on* par *nous*).**

Ex. : *On ... a **jamais** entendu pareil discours.*
→ *Nous **n'**avons **jamais** entendu pareil discours.*
→ *On **n'**a **jamais** entendu pareil discours.*

1. On ... avait mis un survêtement mais on ... avait pas emporté de chaussures de sport. — 2. On ... estime pas assez l'âne,

c'est un animal patient et courageux qu'on ... a tendance à mépriser. — 3. On ... en a pas assez ! On ... en veut encore ! — 4. On ... a eu plus de chance que vous : on ... a pas vu une goutte de pluie en vacances ! — 5. On ... aura qu'à prendre le raccourci et ainsi on ... arrivera à temps. — 6. On ... avait rien décidé quand on ... était parti.

★★ **11. Pour chacune de ces phrases, dites si *ne* est négatif ou restrictif.**

1. Je n'ose avouer ma surprise. — 2. Il ne pourra jamais oublier ce moment. — 3. Matthieu ne disait que la vérité et pourtant personne ne le croyait. — 4. Je ne sais s'il est arrivé à bon port ; en tout cas, il n'a donné aucune nouvelle et je crains que nous n'en ayons point avant longtemps. — 5. Il n'y a que les sots qui ne changent jamais d'avis.

★ **12. Dictée et questions.**

Faut-il pleurer ou non ?

Il tombe de sa patinette ; il tombe assez rudement. Il se relève aussitôt et regarde avec angoisse s'il y a quelque personne secourable à portée de la voix ou du regard : on ne peut pas pleurer à peu près, sans aide, sans public.
Il n'y a personne : les dieux tutélaires[1] regardent ailleurs ou font semblant. Ils n'ont rien vu. Ils sont très loin. Alors le petit bonhomme prend la décision de ne pas pleurer ; c'est plus simple. Il recommence à jouer.

G. Duhamel,
Les Plaisirs et les Jeux,
Mercure de France.

1. Écrire cette expression au tableau ; elle désigne les parents qui, pour l'enfant, sont des dieux protecteurs.

1. Relevez les négations simples et justifiez leur place par rapport au verbe.
2. Relevez les négations absolues ; dans le 1er paragraphe, *personne* est-il un pronom indéfini accompagné d'une négation ou bien un nom commun ?
3. Mettez l'expression : *on ne peut pas pleurer* au passé composé.
4. Dans le titre, *non* est l'équivalent de toute une proposition sous-entendue ; laquelle ?

Exercices de révision

★ **1.** Étude de texte : les niveaux de langue

Un agent de police s'adresse au tribunal

« Étant de service le 20 octobre, à l'heure de midi, je remarquai, dans la rue Montmartre, un individu qui me sembla être un vendeur ambulant et qui tenait sa charrette indûment arrêtée à la hauteur du numéro 328, ce qui occasionnait un encombrement de voitures. Je lui intimai par trois fois l'ordre de circuler, auquel il refusa d'obtempérer. Et sur ce que je l'avertis que j'allais verbaliser, il me répondit en criant : « Mort aux vaches ! » ce qui me sembla être injurieux. »

Anatole France,
Crainquebille, Calmann-Lévy.

1. Quel est le niveau de langue choisi par l'agent ? Quel effet souhaite-t-il produire sur le tribunal ?
2. Cherchez dans un dictionnaire le sens des verbes *intimer, obtempérer, verbaliser* ; remplacez-les par des verbes ou locutions verbales appartenant au registre courant.
3. Remplacez *à l'heure de midi* et *sur ce que* par des expressions plus courantes.
4. Imaginez que l'agent de police raconte le même incident à un de ses amis ; récrivez son récit dans un registre courant et au besoin familier.

★ **2.** Ponctuez le texte suivant en remplaçant les barres par des signes de ponctuation appropriés.

Une visite

Un soir du mois de décembre/ la famille commençait juste à souper/ quand un tintement de clochettes retentit au loin/ Une visite/ Les convives se regardèrent étonnés/ et/ d'un même mouvement/ se jetèrent vers les fenêtres/ Les flocons de neige tombaient si serrés qu'il était impossible de rien distinguer derrière ces hachures blanches/ Cependant/ du fond de la bourrasque/ surgit bientôt une ombre aux trois têtes échevelées/
« Une troïka/ s'écria Sophie/ Qui est-ce/ »
Nicolas courut dans le vestibule/

Henri Troyat, La Barynia,
Flammarion.

★ **3.** Ponctuez correctement les phrases suivantes, puis réduisez-les à la forme minimale.

1. Avec l'aide de leur professeur de français les élèves préparent pour la fin de l'année une petite représentation théâtrale. — 2. Malgré la pluie le froid et le vent mon père est parti courir en forêt comme tous les dimanches. — 3. Une à une les étoiles s'allumaient dans le ciel. — 4. Aline la sœur de Marion a-t-elle enfin réussi son examen. — 5. Pour cet exposé de géographie une encyclopédie me serait bien utile. — 6. N'as-tu pas honte à ton âge de sucer encore ton pouce. — 7. Le boulanger sortit du four les croissants dodus dorés appétissants de vraies merveilles.

★ **4.** Recopiez le texte suivant. Entourez les verbes conjugués. Soulignez en noir les propositions indépendantes, en bleu les principales et en rouge les subordonnées.

Les sauterelles

A mesure que le soleil se levait, des bouffées d'air, brûlantes, suffocantes, nous arrivaient du sud comme de la porte d'un four ouverte et refermée. Toute la matinée se passa ainsi. Nous prîmes du café sur les nattes de la galerie, sans avoir le courage de parler ni de bouger. Les chiens allongés, cherchant la fraîcheur des dalles, s'étendaient dans des poses accablées. Le déjeuner nous remit un peu (...). On allait se lever de table. Tout à coup, à la porte-fenêtre, fermée pour nous garantir de la chaleur du jardin en fournaise, de grands cris retentirent :
« Les criquets ! les criquets ! »
Mon hôte devint tout pâle comme un homme à qui on annonce un désastre.

A. Daudet, Les Lettres de mon moulin.

★★ **5.** Recopiez les phrases suivantes. Soulignez les verbes conjugués. Entourez les conjonctions de coordination et les adverbes de liaison. Mettez une barre transversale entre les propositions indépendantes et dites si elles sont juxtaposées ou coordonnées.

1. L'herbe haute ondulait sous la brise, au loin chantait un ruisseau. — 2. Elle ne parle ni ne comprend l'anglais. — 3. La mer était calme et limpide, on entendait

seulement le cri des goélands. — 4. Ce livre est un peu compliqué, néanmoins il est intéressant. — 5. Je ne sais où aller car je n'ai pas l'adresse exacte. — 6. Qui êtes-vous, que voulez-vous ? — 7. Mes parents n'aiment pas les longs trajets en voiture, nous irons en vacances en train ou en avion. — 8. Assieds-toi et écoute.

★★ **6. Dans le texte suivant, relevez les propositions subordonnées. Soulignez leur verbe, encadrez leur subordonnant.**

Le singe Julot

Un jour, pour le taquiner d'un jeu rude, son maître fit apporter par un garçon, au bout de la véranda, une dépouille de panthère grossièrement empaillée : alors, la frayeur de Julot fut voisine de la folie, et les cris qu'il poussa exprimèrent le plus navrant désespoir. D'autres fois, quand il entendait un coup de fusil, il se pendait au cou de son père nourricier et le serrait à pleins bras, bien qu'il n'eût jamais été chassé... Une fois, comme on avait apporté au directeur deux lionceaux tout petits et innocents, Julot monta sur leur cabane et martela le toit à coups de pied pour les faire sortir. Mais dès qu'ils apparurent en poussant un miaulement, Julot, averti par le sang de tous ses ancêtres, poussa de grands cris d'effroi et s'enfuit éperdument, son poil noir tout redressé.

A. Demaison, *La Comédie animale,* Grasset.

★ **7. Transformez chacune des phrases déclaratives suivantes en phrases impérative, exclamative, interrogative.**

1. Nous partons nous promener. — 2. Il ne fume plus. — 3. Tu lis beaucoup de magazines. — 4. Vous apprenez l'italien.

★ **8. Dans les phrases interrogatives suivantes, dites si l'interrogation est totale ou partielle.**

1. A quelle heure as-tu ton cours de solfège ? — 2. A qui appartiennent ces gants ? — 3. Irez-vous en vacances chez votre grand-mère ? — 4. Où habite-t-elle ? — 5. Tu en as encore pour longtemps ? — 6. Est-ce qu'il y a des travaux sur la route ?

★★ **9. Étude de texte.**

Une étrange consultation

Knock : — ... De quoi souffrez-vous ?
Le Tambour : — Attendez que je réfléchisse ! *(Il rit.)* Voilà. Quand j'ai dîné, il y a des fois que je sens une espèce de démangeaison ici. *(Il montre le haut de son épigastre[1].)* Ça me chatouille, ou plutôt, ça me grattouille.
Knock *(d'un air de profonde concentration)* : — Attention. Ne confondons pas. Est-ce que ça vous chatouille, ou est-ce que ça vous grattouille ?
Le Tambour : — Ça me grattouille. *(Il médite.)* Mais ça me chatouille bien un peu aussi.
Knock : — Désignez-moi exactement l'endroit.
Le Tambour : — Par ici.
Knock : — Par ici... où cela, par ici ?
Le Tambour : — Là. Ou peut-être là... Entre les deux.
Knock : — Juste entre les deux ?... Est-ce que ça ne serait pas plutôt un rien à gauche, là, où je mets mon doigt ?
Le Tambour : — Il me semble bien.
Knock : — Ça vous fait mal quand j'enfonce mon doigt ?
Le Tambour : — Oui, on dirait que ça me fait mal.
Knock : — Ah ! Ah ! *(Il médite d'un air sombre.)*

Jules Romains, *Knock*. II, 1, Gallimard.

1. Épigastre : région située au creux de l'estomac.

1. Relevez cinq phrases de type déclaratif.
2. Relevez deux phrases impératives.
3. Relevez une interjection exclamative.
4. Relevez une interrogation totale appartenant à la langue courante, et une interrogation totale appartenant à la langue familière.
5. Relevez une interrogation partielle appartenant à la langue soutenue.

★ **10. Mettez les phrases suivantes à la forme négative.**

1. Il neige encore. — 2. Qu'il est courageux. — 3. Avez-vous appris cette leçon ? — 4. Conserver au froid. — 5. Elle aime les bonbons et les chocolats. — 6. Je vais mettre des fleurs sur ce balcon. — 7. Le spectacle est déjà fini. — 8. Pourquoi a-t-on installé des tréteaux ?

7
Le nom

| La cigale et la fourmi | Le coche et la mouche | Le ... et le ... | Le ... et le ... |

▶ *Complétez les titres des Fables de La Fontaine. Ensuite prononcez chaque mot désignant, dans ces titres, un animal ou une chose. Vous venez de nommer ces animaux et ces choses. En effet, les mots que vous avez prononcés s'appellent des noms.*

▶ *Retrouvez ou inventez des titres de fables composés de la même manière. Écrivez-les et soulignez les noms.*

le nom, noyau du groupe nominal

1.   *Le jardin*

Le GN *le jardin* est formé du nom *jardin* précédé du déterminant *le*. Le nom et son déterminant constituent le **GN minimum**.

2.

Le jardin ⟨   *abandonné* / *de mes voisins* / *qui entoure la maison*

Le GN peut contenir également une expansion du nom. Le nom *jardin* est le **noyau** de ces GN. (Voir chapitre 2 : *La phrase simple*.)

▶ *Pourquoi dit-on que le nom* jardin *est le noyau de ces GN ?*

les différentes catégories de noms

1. Noms propres, noms communs

1.   *En 1934, Mermoz relia Paris à Buenos Aires à bord de l'Arc-en-ciel.*

Mermoz représente un individu à l'identité bien déterminée, *Paris* et *Buenos Aires* deux capitales précises, et, l'*Arc-en-ciel* un avion unique. Ces noms sont appelés des **noms propres** car ils sont **propres** à une seule personne, un seul lieu géographique ou un seul objet.
Les noms propres commencent par une majuscule.
Ils sont très souvent employés **sans déterminant** : *Pierre, Paris, Molière.*

2.   *En 1934, un aviateur relia deux grandes capitales à bord de son avion.*

Dans cet exemple, les noms *aviateur, capitales, avion* ne désignent plus une personne ou des objets uniques.
Ils sont **communs** à toute une catégorie d'êtres ou d'objets. On les appelle des **noms communs**.
Les noms communs sont généralement **précédés d'un déterminant :**
un *aviateur,* **deux** *capitales,* ***son*** *avion.*

2. Noms concrets, noms abstraits

1. Un **nom concret** désigne un être ou un objet
— que l'on peut percevoir par un ou plusieurs sens (vue, ouïe, toucher, odorat, goût) : *un mur, un sifflement, le vent* ;
— ou que l'on peut imaginer : *un dragon.*

2. Un **nom abstrait** désigne une idée, une qualité ou une propriété d'un être ou d'une chose. On ne peut pas le percevoir par un sens, mais seulement par la pensée : *la liberté, l'aventure, la paresse.*

▶ *Trouvez vous-même des noms concrets puis des noms abstraits.*

3. Noms animés, noms inanimés

1. Un **nom animé** désigne un être vivant :
un sportif, une étudiante, un ours.

2. Un **nom inanimé** désigne une chose :
une table, un parapluie, une montagne.

4. Noms collectifs

Un **nom collectif** désigne, même au singulier, un ensemble, un groupe d'êtres ou de choses :

>*une foule, un troupeau, une multitude.*

5. Noms composés

Un **nom composé** est formé de deux ou plusieurs mots réunis ou non par un trait d'union, désignant un seul et même être ou une seule et même chose :

>*un sous-directeur, un chou-fleur, une pomme de terre.*

le genre des noms

un ours, une ourse   un lion, une lionne   un sanglier, une laie
des oursons   des lionceaux   des marcassins

▶ *Quelle différence constatez-vous entre chaque nom masculin singulier et le nom féminin correspondant ?*
▶ *Mettez les noms singuliers au pluriel. Que remarquez-vous ?*
▶ *Quels sont les noms au pluriel ? Par quelle lettre chacun d'eux se termine-t-il ?*

1. Noms animés

Le **genre masculin** ou **féminin** attribué aux noms animés correspond le plus souvent à leur sexe :

>*un garçon - une fille*

Le genre féminin se caractérise généralement par une terminaison en *-e* :

un cousin - une cousine ; un employé - une employée.

Cas particuliers

A. Noms ayant le même radical et une terminaison différente au masculin et au féminin.

Masculin	Féminin	Exemples
Noms en		
-en, -on	**-enne, -onne**	*chien - chienne ; lion - lionne*
paysan	**-anne**	*paysanne*
-er	**-ère**	*boulanger - boulangère*
-et	**-ette**	*poulet - poulette*
-x	**-se**	*époux - épouse*
-p, -f	**-ve**	*loup - louve ; veuf - veuve*
-eur	**-euse** ou **-eresse**	*vendeur - vendeuse ;* *pêcheur - pêcheresse*
-teur	**-trice** ou **-teuse**	*inspecteur - inspectrice ;* *chanteur - chanteuse*
docteur	**-toresse**	*doctoresse*
-eau	**-elle**	*agneau - agnelle ; jumeau - jumelle*
certains noms en **-e** ou **-é**	**-esse**	*maître - maîtresse ; abbé - abbesse*

B. Noms ayant un radical différent au masculin et au féminin :

oncle - tante ; neveu - nièce ; homme - femme.

C. Noms semblables au masculin et au féminin :

un concierge - une concierge ; un enfant - une enfant.

D. Noms sans forme de féminin :

un professeur, un auteur, un assassin.

2. Noms inanimés

Leur genre **ne varie pas** : ils sont soit masculins, soit féminins. On reconnaît leur genre au déterminant qui les précède : *le, un*, etc. pour le masculin ; *la, une*, etc. pour le féminin.

un verre - une tasse ; le brouillard - la brume.

le nombre des noms

La plupart des noms ont **un singulier** et **un pluriel**. Quelques-uns cependant n'ont pas de singulier et n'existent donc qu'au pluriel : *des agrès, des décombres, des ténèbres*, etc.

1. La formation du pluriel

Le plus souvent on forme le pluriel d'un nom en ajoutant *-s* au singulier :

un arbre → *des arbres*.

Cas particuliers

Singulier	Pluriel	Exceptions
Noms en **-al** *un journal*	**-aux** *des journaux*	*bal, cal, carnaval, cérémonial, chacal, festival, récital, régal* → **-als**
-ail *un portail*	**-ails** *des portails*	*bail, corail, émail, soupirail, travail, vantail, vitrail* → **-aux**
-au, -eau, -eu *un noyau,* *un jeu*	**-aux, -eaux, -eux** *des noyaux,* *des jeux*	*landau, sarrau, bleu, pneu* → **-aus, -eus**
-ou *un bambou*	**-ous** *des bambous*	*bijou, caillou, chou, genou, hibou, joujou, pou* → **-oux**
-s, -x, -z *un tapis,* *un prix,* *un gaz*	ne changent pas *des tapis,* *des prix,* *des gaz*	
un œil	*des yeux*	

2. Pluriel des noms propres

Les noms propres désignant plusieurs individus d'une même famille restent **invariables** : *les Martin*. Les noms de familles illustres prennent un *-s* : *les Césars, les Bourbons*.
Les noms propres désignant des peuples ou des pays prennent également un *-s* au pluriel : *les Autrichiens, les Canaries*.

3. Pluriel des noms composés

	Règle générale	Exceptions
Les noms composés écrits **en un seul mot...**	... forment leur pluriel comme les noms simples : *des portefeuilles, des pourboires*	*bonhomme* → *bonshommes* *gentilhomme* → *gentilshommes* *monsieur* → **mes**sieurs *madame* → **mes**dames *mademoiselle* → **mes**demoiselles
Les noms composés écrits **en plusieurs mots**	Le nom et l'adjectif peuvent se mettre au pluriel : *des plates-bandes.* Le verbe est toujours invariable : *des essuie-mains.* Attention ! *des gardes-barrières (garde = gardien) des garde-fous* (verbe *garder*)	*des grands-mères* De plus, le sens ne permet pas l'accord de certains noms composés : *des gratte-ciel* (immeubles qui « grattent le ciel ») *des pur-sang* (chevaux qui ont le sang pur)

Récapitulons

■ Le **nom** est le **noyau** du groupe nominal : *le **jardin** des voisins.*

■ Il existe **plusieurs catégories de noms** : noms propres *(Molière)*, noms communs *(avion)*, noms concrets *(mur)*, noms abstraits *(liberté)*, noms animés *(ours)*, noms inanimés *(table)*, noms collectifs *(foule)*, noms composés *(chou-fleur)*.

■ Le **genre féminin** se caractérise le plus souvent par une terminaison en *-e* :

　　un employé, une employée.

■ On forme **le pluriel des noms** en ajoutant généralement *-s* au singulier :

　　un arbre, des arbres.

Exercices

★ **1.** Formez des GN en faisant précéder chacun des noms suivants d'un déterminant et en le faisant suivre d'un adjectif qualificatif.

Ex. : *livre*
→ *un livre neuf*

Album - roue - singe - escalier - palmier - champ - région - boulanger - étoile.

★★ **2.** Trouvez deux noms propres de personnages célèbres, de pays, de villes, de monuments, de fleuves, de montagnes.

★★ **3.** Classez les noms suivants en deux groupes : noms concrets, noms abstraits.

Plume - paresse - oiseau - papillon - gaieté - difficulté - pré - tonnerre - enthousiasme - entrain - vague - neige - sottise - fée.

★★ **4.** Employez chacun des noms suivants dans deux phrases où il sera tour à tour un nom animé et un nom inanimé.

Avocat - garde - vedette - as - secrétaire.

★ **5.** Remplacez les points de suspension par les noms collectifs suivants : *population - dizaine - majorité - groupe - ensemble - collection - troupe.*

1. Un ... d'élèves du collège a constitué une petite ... de théâtre. — 2. J'ai commencé une ... de minéraux, j'en ai déjà une ... — 3. Le sondage a prouvé que la ... des utilisateurs étaient satisfaits. — 4. Cette mesure ne concerne pas l'... de la ...

★ **6.** Formez des noms composés en associant deux par deux les mots suivants.

chef	roi
abat	poche
timbre	frère
vice	lieu
beau	jour
vide	poste

★ **7.** Les mots servant à former les noms composés suivants ont été mal associés. Retrouvez les noms composés exacts.

Cerf-souris - casse-bonheur - longue-chauve - sous-fourneau - crayon-volant - porte-vue - haut-bois - taille-noisettes.

★ **8.** Faites précéder chacun des noms suivants de *un* ou de *une*. Si besoin est, consultez le dictionnaire.

Casaque - cosaque - mimique - cantique - portique - remarque - monarque - guéridon - relation - buisson - cuisson - écusson - alcool - anse - argent - autoroute.

★★ **9.** Même exercice.

Fusée - musée - ondée - camée - lycée - cuvée - levée - mausolée - risée - scarabée - épopée - pygmée - embardée - cordée - nichée - trophée - renommée.

★ **10.** Trouvez le féminin correspondant aux noms suivants.

Ami - épicier - lion - faisan - époux - paysan - cousin - chat - citadin - martien - châtelain - patron - magicien - champion.

★★ **11.** Trouvez le féminin correspondant aux noms suivants. Attention, certains noms n'ont pas de féminin.

Ane - médecin - hôte - chameau - compagnon - merle - duc - héros - ministre - mulet - prince - loup - maire - brochet - ours - abbé.

★ **12.** Trouvez dix noms dont le masculin et le féminin sont semblables.

Ex. : *un élève, une élève.*

★ **13.** Trouvez le féminin correspondant aux noms suivants.

Coiffeur - éducateur - docteur - aviateur - acteur - empereur - bienfaiteur - voyageur - expéditeur - serviteur - électeur - acheteur - lecteur - chanteur.

★★ **14.** Même exercice.

Oncle - neveu - parrain - garçon - roi - père - frère - gendre - dieu - cerf - dindon - porc - singe - coq - sanglier - cheval - bélier.

★★★ **15.** Trouvez le masculin des noms suivants.

Fillette - cantatrice - génisse - enchanteresse - tsarine - belle-mère - oie - devineresse - femme (deux réponses).

50

★ **16.** Employez dans deux phrases chacun des mots suivants, d'abord au masculin, ensuite au féminin.

Aide - guide - manche - moule - page - poêle - somme - vase - garde - mousse - voile.

★ **17.** Mettez les noms suivants au pluriel et classez-les en deux groupes : les noms dont le pluriel est en *s* et ceux dont le pluriel est en *x*.

Écrou - cheval - râteau - sou - neveu - chou - régal - genou - pneu - morceau - canal - détail - landau - verrou - mal - clou - bijou - travail - silex.

★ **18.** Même exercice.

Vœu - tuyau - joyau - sarrau - récital - émail - coucou - vitrail - joujou - veau - cérémonial - radical - marteau - feu.

★ **19.** Mettez les GN suivants au singulier.

Des tissus bariolés - des tapis de laine - des mets nourrissants - des balais mécaniques - des poids lourds - des fourmis laborieuses - des souris imprudentes - des fouillis de vieilleries - des talus verdoyants - des tribus de nomades - des champs de coquelicots.

★ **20.** Trouvez trois noms terminés par *x*, trois noms terminés par *z* et trois noms terminés par *s* au singulier et au pluriel.

★★ **21.** Trouvez l'intrus dans chacune des séries 1., 2., 3. suivantes.

1. Choux, poux, toux, genoux, hiboux.
2. Avis, débris, taudis, établis, ramassis.
3. Patois, chamois, anchois, carquois, effrois.

★ **22.** Mettez les noms suivants au pluriel.

Œil - bonhomme - madame - mademoiselle - monsieur - gentilhomme - pieu - joyau - œuf - index - carnaval.

★★ **23.** Parmi les noms suivants, distinguez ceux qui n'existent qu'au pluriel et employez-les dans une courte phrase.

Les vivres - les environs - les flots - les victuailles - les affaires - les espèces - les frais - les ustensiles - les fiançailles - les pierreries.

★ **24.** Mettez au pluriel les noms composés suivants.

Un hors-d'œuvre - un essuie-glace - un cache-nez - un rez-de-chaussée - un timbre-poste - un demi-frère - un coffre-fort - un après-midi - un trouble-fête - une eau-de-vie - une pomme de terre - un va-et-vient.

★★ **25.** Mettez au singulier les noms composés suivants.

Des chauves-souris - des commis-voyageurs - des casse-noisettes - des trois-mâts - des portes-fenêtres - des essuie-pieds - des reines-marguerites - des blocs-notes.

★ **26.** Justifiez l'orthographe des noms composés pluriels suivants.

Des gardes-pêche - des garde-manger - des porte-documents - des portes-fenêtres - des chauffe-eau - des haut-parleurs - des laissez-passer - des contre-attaques.

★ **27.** Dictée et questions.

Une pièce peu accueillante

Une seule fenêtre ouvrait sur une petite cour intérieure, communiquant avec la rue par l'allée noire de la maison ; et cette cour, trempée, empestée, était comme un fond de puits, où tombait un rond de clarté louche. Les jours d'hiver, on devait allumer le gaz du matin au soir. Lorsque le temps permettait de ne pas allumer, c'était plus triste encore. Il fallut un instant à Denise pour accoutumer ses yeux et distinguer suffisamment les morceaux sur son assiette.

Émile Zola,
Au bonheur des dames,
Fasquelle.

1. Classez tous les noms du texte en deux groupes : noms masculins, noms féminins.
2. Relevez trois noms singuliers gardant, au pluriel, la même terminaison.
3. Relevez trois noms féminins ne se terminant pas par -*e*.
4. Relevez un nom dont le radical est différent au singulier et au pluriel.

51

8
Le sujet

La belle-de-nuit[1]

> Quand je m'endors et quand je rêve
> La belle-de-nuit se relève.
> Elle entre dans la maison
> En escaladant le balcon,
> Un rayon de lune la suit,
> Belle-de-nuit, fleur de minuit.
>
> Robert Desnos, *Chantefables
> et chantefleurs*, Gründ.

▶ *Dans le deuxième vers, qui fait l'action de se relever ? Il s'agit du sujet du verbe.*
▶ *Relevez les verbes du poème. Indiquez le sujet de chacun d'eux.*
▶ *Lisez les deux premiers vers du poème en supprimant les sujets. La phrase a-t-elle maintenant un sens ?*

1. Plante dont les fleurs ne s'ouvrent que le soir.

le rôle du sujet

*La belle de nuit **se relève**.*

Le GN sujet *la belle-de-nuit* fait l'action exprimée par le verbe. Dans cette phrase on exprime donc **ce que fait** le sujet, mais on pourrait dire également **ce qu'il est** :

*La belle-de-nuit **est** une fleur.*

ou **ce qu'il subit** :

*La belle-de-nuit **est cueillie**.*

la nature du sujet

1. Le sujet[1] peut être

— un nom : $\boxed{\textit{Pierre}}$ *a douze ans.*

— un GN : $\boxed{\textit{Mon camarade Pierre}}$ *a douze ans.*

— un pronom : $\boxed{\textit{Il}}$ *a douze ans.*

— un adverbe de quantité : $\boxed{\textit{Beaucoup}}$ *sont partis.*

— un infinitif : $\boxed{\textit{Flâner}}$ *est agréable.*

2. Les verbes à l'impératif n'ont pas de sujet exprimé :

Attendez ! Ne sortez pas !

1. Les propositions subordonnées sujets seront étudiées en classes de 4e et 3e.

la place du sujet

Dans tous les exemples précédents, nous avons pu remarquer que le sujet était placé **avant** le verbe.
Cependant, le sujet peut se trouver **après** le verbe. On dit alors qu'il est **inversé**, ou, qu'il y a **inversion du sujet**.

On rencontre **l'inversion du sujet**

1. dans les phrases interrogatives :

Viendrez- | vous | ?

Dans ce type de phrase, si le sujet est un nom il peut être repris par un pronom personnel :

Votre frère | viendra-t- | il | ?

2. dans les propositions incises (ou intercalées) :

Je reviendrai demain, répondit- | il | .

3. dans la langue soutenue

a) après certains adverbes ou locutions adverbiales (*peut-être, sans doute, aussi, à peine*, etc.) :

Sans doute, préfère-t- | il | aller au cinéma.

b) lorsque la phrase commence par un complément circonstanciel (voir chap. 11) :

Dans le lointain, se devinait | une forêt | .

c) dans une proposition subordonnée :

Les arbres reverdiront **quand reviendra** | le printemps | .

l'accord du verbe avec le sujet

1. Le verbe s'accorde en nombre et en personne avec son sujet :
Elle entre dans la maison.

Mettons le pronom sujet *elle* au pluriel :
Elles entrent dans la maison.

Le verbe a varié **en nombre** avec son sujet.

Substituons au pronom personnel *elle*, le pronom *nous*, puis le pronom *vous* :
Nous entrons...
Vous entrez...

Le verbe a varié **en personne** avec son sujet.

2. Un seul verbe peut s'accorder avec **plusieurs sujets** :

> *Michel et Catherine* **font** *une partie de tennis.*
> *Toi et moi* **sommes** *les meilleurs.*

Inversement, plusieurs verbes peuvent s'accorder avec **un seul sujet** :

> *Les chiens* **accourent** *vers nous et* **aboient.**

3. Le verbe s'accorde avec le **noyau** du GN sujet :

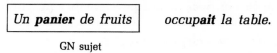

Un **panier** *de fruits*   *occupait la table.*

GN sujet

4. Le sujet du verbe est parfois un **nom collectif singulier** suivi d'un **complément au pluriel** *(une foule de..., une multitude de..., un troupeau de...).*

Le verbe peut s'accorder soit au **singulier** avec le **nom collectif** :

> *La* **majorité** *des élèves*   *n'***avait** *pas fait l'exercice.*

soit au **pluriel** avec le **complément** :

> *La majorité des* **élèves**   *n'***avaient** *pas fait l'exercice.*

Lorsque le sujet est la locution **la plupart** ou un **adverbe de quantité** *(beaucoup, peu, combien,* etc.), le verbe est toujours au **pluriel** :

> *J'ai semé des capucines,* *beaucoup*   **sortent** *déjà.*

Après les pronoms indéfinis *chacun* et *on*, le verbe est toujours au **singulier** :

> *Chacun*   **apportera** *son repas.*

5. Le pronom relatif sujet *qui* a le **même nombre** et la **même personne** que son **antécédent** (voir chap. 20). C'est donc celui-ci qu'il faut rechercher pour écrire convenablement le verbe :

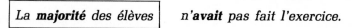

C'est **toi** *qui* **as** *raison.*

▶ *Écrivez la phrase en substituant* nous *puis* eux *au pronom antécédent* toi.

6. Dans certains cas, pour éviter une répétition, le **verbe** peut être **sous-entendu** :

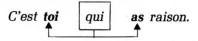

La *nourriture* **était** *variée, la* *boisson* *abondante.*

▶ *De quel verbe sous-entendu le GN* la boisson *est-il le sujet ?*

Récapitulons

■ Dans la phrase, le sujet est
— ce qui **fait** l'action : *il court ;*
— ce qui la **subit** : *il est interpellé ;*
— ou ce qui **est** dans un état exprimé par le verbe : *il est grand.*

■ Le sujet peut être un **nom** ou un **équivalent du nom**, par exemple :
un GN, un infinitif, un pronom.

   ***La lecture (lire, cela)** est agréable.*

■ Le sujet **n'est pas exprimé** devant un verbe à l'impératif :

   Entrez !

■ Le sujet est le plus souvent placé **avant** le verbe :

   ***Nous** partons.*

Lorsqu'il est placé **après** celui-ci, on dit qu'il est **inversé** ou qu'il y a **inversion du sujet** :

   *Partons-**nous** ?*

■ Le verbe s'accorde **en nombre** et **en personne** avec le sujet :

   Elles entrent. Nous entrons.

Exercices

★ **1. Relevez les sujets des verbes en italique.**

1. Sa sœur et lui, l'été venu, *partent* chez leur oncle en Auvergne. — 2. Qui *a crié* vers minuit ? — 3. Toute une troupe de canards sauvages *passa* au-dessus de nos têtes. — 4. L'endroit dans lequel nous avions décidé de nous installer pour pique-niquer *était infesté* de fourmis. — 5. La route que j'ai empruntée en revenant de la plage *était* très encombrée. — 6. Lequel d'entre vous lui *portera* ce paquet ? — 7. Un lapin *montra* son museau, puis un deuxième, puis un troisième.

★ ★ **2. Même exercice, mais attention, le sujet est parfois repris. Dans ce cas, relevez les deux sujets.**

1. Qui *as*-tu *invité* ? — 2. Qui *viendra* le soir de Noël ? — 3. Pascal *sera*-t-il là ? — 4. Quelle heure *avez*-vous ? — 5. Quel remède *conviendra* le mieux ? — 6. Ni Sophie ni son frère partis aux sports d'hiver ne *pourront* venir. — 7. Les enfants qui *n'avaient pas fini* leur partie de ballon *refusèrent* de rentrer. — 8. Des nuages *descendaient* des trombes d'eau.

★ ★ **3. Relevez les sujets des verbes en italique et classez-les dans un tableau à trois colonnes sur le modèle suivant :**

GN	Infinitif ou groupe infinitif	Pronom

1. Où *avez*-vous *passé* vos vacances ? — 2. Courir *est* fatigant. — 3. Chacun *a participé* à la confection du repas. — 4. La sonnerie du téléphone la *fit* sursauter. — 5. Derrière les toits on *pouvait* apercevoir les dernières lueurs de l'incendie. — 6. Apprendre une langue vivante *exige* une grande régularité dans l'effort. — 7. Ce disque ne m'*a* pas tellement *plu*. — 8. Se coucher sans dîner n'*est* pas *recommandé*.

★ ★ **4. Même exercice.**

1. Le hululement d'une chouette *résonna* dans la nuit. — 2. L'hiver tout *semble* plus morne. — 3. Qui a-t-il *invité* à son anniversaire ? — 4. Faire de la plongée sous-marine m'*a* toujours *tenté*. — 5. Un tonnerre d'applaudissements *suivit* son discours. — 6. Personne n'*a* rien *vu* ? — 7. Rien n'*apparaît* à l'horizon. — 8. Pour piloter un avion, avoir une bonne vue *est* indispensable.

★ **5. Dans les phrases suivantes remplacez les GN sujets par des groupes infinitifs sujets.**

Ex. : ***La natation*** *est excellente pour la santé.*
→ ***Nager*** *est excellent pour la santé.*

1. Les voyages en avion sont de plus en plus courants. — 2. L'abus des médicaments peut être dangereux. — 3. Une collection de timbres peut occuper toute une existence. — 4. L'usage d'un dictionnaire permet souvent d'éviter des erreurs. — 5. Le choix des cadeaux que l'on destine à sa famille et à ses amis fait partie des plaisirs de Noël. — 6. La construction d'une maquette exige beaucoup de patience et une grande minutie. — 7. La rédaction d'un article de journal n'est pas chose aisée.

★ **6. a) Mettez les phrases suivantes à la forme interrogative de manière à obtenir une inversion ou une reprise des sujets. Soulignez les sujets dans les phrases obtenues ; b) Quand le sujet est-il simplement inversé ? Quand est-il repris ?**

Ex. : *Ils partiront demain.*
→ *Partiront-**ils** demain ?* (inversion)

Ex. : *Yves est malade.*
→ *Yves est-**il** malade ?* (reprise)

1. Nous allons à la patinoire. — 2. Vincent, qui n'a pas de vélo, pourra quand même nous accompagner. — 3. On sait ce qui va se produire. — 4. La lettre expédiée le lundi ne leur parvint que le samedi suivant. — 5. Quelqu'un a téléphoné. — 6. Tu iras chercher les livres qui te manquent à la bibliothèque. — 7. Je peux vous rendre un service. — 8. Tu n'es plus mon ami.

★ **7. Écrivez les phrases suivantes en changeant l'ordre des mots de manière à obtenir une inversion du sujet.**

Ex. : ***Des livres*** *étaient rangés sur les étagères.*
→ *Sur les étagères étaient rangés **des livres**.*

1. Vous voulez peut-être vous reposer. — 2. Un feu d'enfer ronflait dans la cheminée de l'auberge. — 3. Elle venait à peine de se relever que déjà elle glissait à nouveau. — 4. Dominique répondit : « Demain, peut-être. » — 5. Des nuages s'amoncelaient dans le ciel noir. — 6. Un moment vint où elle perdit patience. — 7. Les cavaliers s'avançaient au loin. — 8. Il hurla : « Au secours. » — 9. Vous avez sans doute mal compris. — 10. Un orage survient qui chasse tout le monde.

★ ★ **8. En changeant l'ordre des mots, inversez le sujet dans les subordonnées en italique des phrases suivantes.**

Ex. : *Je n'ai pas fini le livre *que Cécile m'a prêté*.*
→ *Je n'ai pas fini le livre **que m'a prêté Cécile**.*

1. Dis-moi *comment le public a réagi.* — 2. Nous pourrons à nouveau patiner sur l'étang *quand l'hiver reviendra.* — 3. C'est l'heure *où les premières lueurs de l'aube commencent à apparaître.* — 4. Savez-vous *ce que Marc va faire pendant les vacances ?* — 5. Un tissu bleu *où des oiseaux et des fleurs étaient délicatement brodés* recouvrait tous les sièges de la pièce. — 6. J'ai acheté tout *ce que Corinne m'a demandé.* — 7. Les enfants détalèrent *dès que le garde champêtre apparut.*

★ **9. Mettez les verbes entre parenthèses au présent de l'indicatif.**

1. Un fou rire nerveux les (secouer). — 2. Votre sœur et vous (être) les bienvenus. — 3. Un des enfants (saisir) le ballon et le (renvoyer). — 4. Un amas d'objets de toute sorte (encombrer) le trottoir. — 5. On (voir) bien que vous n'êtes pas de la région. — 6. Tout (sembler) dormir. — 7. Tous (vouloir) assister au spectacle mais la salle ne (pouvoir) les contenir tous. — 8. Une pile de magazines et de revues (traîner) sur son bureau. — 9. Chacun d'eux (se ranger) en attendant le signal du départ. — 10. Un cercle de badauds attirés par le boniment (se former) autour du vendeur.

★★ 10. Mettez les verbes entre parenthèses au temps de l'indicatif indiqué.

1. Toi et moi (*aller*, futur simple) leur rendre visite. — 2. Ni Philippe ni son frère n'(*être*, imparfait) en classe ce matin-là. — 3. Les remontrances, les conseils, les mises en garde, rien ne les (*faire*, présent) changer d'avis. — 4. Dans quelques heures (*venir*, futur simple) le moment de se séparer. — 5. La nuit (*s'élever*, présent) de la forêt les bruits étranges des animaux nocturnes. — 6. Les explications qu'il (*donner*, imparfait) ne (*parvenir*, imparfait) pas à convaincre mes parents. — 7. Je ne comprenais pas ce que (*signifier*, imparfait) ses mimiques. — 8. Une haie d'arbustes et de rosiers (*entourer*, présent) le jardin.

★ 11. Mettez les verbes entre parenthèses au présent de l'indicatif.

1. La plupart des voyageurs (descendre) à Lyon. — 2. Une équipe de joueurs de rugby (arriver) ce matin. — 3. Un nombre incalculable de trésors (être enseveli) sous les mers. — 4. Beaucoup (tenter) cette épreuve, mais peu la (réussir). — 5. Chaque élève (participer) à la rédaction du journal de la classe. — 6. Une foule de manifestants (envahir) les artères principales. — 7. Une foule bruyante (envahir) le champ de foire.

★★★ 12. Mettez les verbes en italique au temps de l'indicatif demandé après avoir souligné le sujet. Attention, le sujet est parfois éloigné du verbe.

1. Les sons d'un piano, qui *arriver* (imparfait) jusqu'à lui par bouffées, *évoquer* (passé simple) soudain une vision d'autrefois. (R. Martin du Gard.)
2. Il reconnaissait que le souvenir de ses parents, morts alors qu'il *être* (imparfait) encore jeune, lui *donner* (imparfait) du chagrin. (A. Camus.)
3. Voici l'heure où le pré, les arbres et les
   [fleurs
Dans l'air dolent et doux *soupirer* (présent)
   [leurs odeurs. (A. de Noailles.)
4. Un épais tapis aux tons riches et sombres *étouffer* (imparfait) le bruit de mes pas. (A. Gide.)
5. C'était une île vaste où *pousser* (imparfait) en abondance des bouleaux et des peupliers. A sa pointe *venir* (imparfait) s'échouer les troncs d'arbres que la rivière *charrier* (imparfait). (H. Bosco.)

★ 13. Mettez les verbes en italique au présent de l'indicatif.

1. Toi qui *aim*... les minéraux, tu devrais visiter cette exposition. — 2. C'est un mur de pierre qui *sépar*... les deux propriétés. — 3. La totalité des chansons qui *compos*... ce recueil appartient au folklore breton. — 4. C'est toi et moi qui *jou*... le mieux de la guitare. — 5. Vous, mes amis, qui me *rend*... toujours service, je ne vous oublierai jamais. — 6. Moi qui ne *connai*... rien à la cuisine, j'ai dû préparer un repas pour vingt personnes. — 7. Cécile et toi qui *pass*... vos vacances au bord de la mer, ramenez-moi quelques coquillages.

★★ 14. Complétez les phrases suivantes à l'aide des pronoms personnels appropriés.

1. ... qui voulez maigrir, faites du sport. — 2. Jacques et ... irons en Provence dès le mois de juillet. — 3. C'est ... qui totalises le plus grand nombre de points. — 4. Ce sont ... qui m'ont averti. — 5. Ils m'ont obligé à me baigner, ... qui ai horreur de l'eau. — 6. C'est ... qui est allée voir Nicole à la clinique. — 7. ... qui comprends l'anglais, va voir ce film en version originale.

★ 15. Dictée et questions.

Derrière le clocher, trois ou quatre fumées montaient dans l'air. Là devait se cacher le plus gros de ce bourg. On voyait, à mi-côte des collines, le sentier qui y menait. La campagne était déserte ; mais un âne marchait sur le sentier. Un âne tout seul, sans ânier. Il n'en suivait pas moins, exactement, le tracé de la sente. Il portait deux couffins, et avançait, à petits pas, d'un air parfaitement sensé, dans ma direction. [...] J'attendis, le cœur battant. Mais l'âne tout à coup prit sur la droite et il disparut dans une pinède.

Henri Bosco,
L'Enfant et la Rivière, Gallimard.

1. Relevez les verbes et indiquez le sujet de chacun de ces verbes.
2. Que remarquez-vous à propos du sujet de *avançait* ?
3. Quelle phrase du texte contient un sujet inversé ? Écrivez la phrase de manière à rétablir le sujet avant le verbe.
4. Une phrase du texte ne contient pas de verbe. Écrivez cette phrase en y introduisant un verbe.

9
Les compléments d'objet
direct, indirect et second

▶ *Faites une phrase pour dire **ce qu'**a attrapé ce pêcheur.*
▶ *Faites une autre phrase pour dire **ce à quoi** il pense à ce moment.*
▶ *Faites une troisième phrase pour dire **à qui** il donnera cette langouste.*

compléments d'objet direct et indirect

1. Rôles

1.   *Le pêcheur attrape* | *une langouste.* |
                                                 COD

▶ *Supprimons le GN qui suit le verbe ; la phrase a-t-elle un sens ?*

Le GN *une langouste* complète le verbe *attrape* ; comme il le suit directement, on l'appelle **complément d'objet direct** du verbe (COD).
Le verbe *attraper*, toujours suivi d'un COD, est appelé **transitif direct**.

2.   *Son bateau appartient* | *à un cousin.* |
                                                      COI

▶ *Supprimons le GN qui suit le verbe ; la phrase a-t-elle un sens ?*

Le GN *un cousin* complète le verbe *appartient* ; comme il est relié à lui par la
préposition *à*, on l'appelle **complément d'objet indirect** du verbe (COI).
Le verbe *appartenir*, toujours suivi d'un COI, est appelé **transitif indirect**.

Le COI est relié au verbe par les prépositions *à* ou *de*. Elles peuvent se contracter avec les articles définis : *à le → au, à les → aux, de le →du, de les → des*. Ex. : *Il s'empare du filet.*

Les verbes qui n'admettent aucun CO sont appelés **intransitifs**. Ex. : *marcher, dormir.*

3. Les phrases contenant un verbe transitif direct peuvent être tournées au passif ; le COD devient alors sujet du verbe passif (voir ch. 22).

Le pêcheur vendra | *la langouste.* |

→ La langouste sera vendue par le pêcheur.

Les phrases contenant un verbe transitif indirect ne peuvent être tournées au passif.

2. Nature

Le COD et le COI peuvent avoir des natures variées.

Nature	COD	COI
GN	*Il pêche **une grosse langouste.***	*Il profite **du beau temps.***
pronom	*Il **la** regarde.* (pron. personnel) *Il est fier de la langouste **qu'**il a attrapée.* (pron. relatif)	*Il **en** profite.* (pron. personnel ; *en = de* cela) *Il ne se souvient plus **de rien.*** (pron. indéfini)
infinitif	*Il croit **rêver.***	*Il commence **à rêver.***
proposition subordonnée	*Il pense **qu'il la vendra.***	*Il pense **à ce que dira son cousin.***

3. Place

Le COD et le COI ont une place bien déterminée dans la phrase. On ne peut pas les déplacer.

On les trouve le plus souvent **après le verbe**. Mais dans certains cas (pronom personnel, relatif, phrase interrogative), ils sont placés **avant le verbe**.

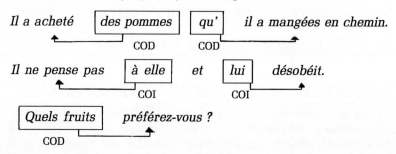

complément d'objet second

1. Construction

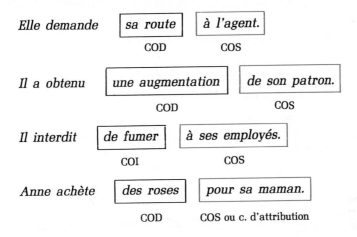

De nombreux verbes sont suivis d'un COD ou d'un COI **et** d'un second complément d'objet indirect introduit par *à, de, pour,* appelé **complément d'objet second** (COS).

Quand ce complément indique l'être ou la chose en faveur de qui ou au détriment de qui se fait l'action, on peut l'appeler aussi **complément d'attribution**. C'est le cas du 4e exemple.

▶ *Peut-on supprimer les COS dans les quatre phrases ci-dessus ?*

Le COS n'est pas indispensable au sens de la phrase comme le COD ou le COI.
On peut le rencontrer dans une phrase passive mais c'est une construction plus rare :

Un livre a été offert | *à Jeanne.*
COS

2. Nature

Le COS peut être
— un nom ou un GN :   *Il enseigne la géographie **aux élèves de 6e**.*
— un pronom :   *Il **leur** enseigne la géographie.* (pronom personnel)
— un infinitif :   *Il prie les élèves **de se taire**.*
— une proposition
   subordonnée :   *Il intéresse les élèves **à ce qu'il enseigne**.*

3. Place

Le COS **suit** généralement le COD ou le COI mais il peut parfois le **précéder**

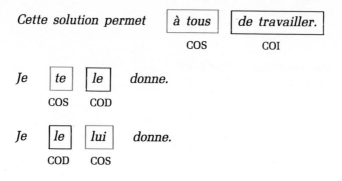

Cette solution permet | *à tous* | | *de travailler.* |
$\qquad\qquad\qquad\qquad\quad$ COS $\qquad\qquad$ COI

Je | *te* | *le* | *donne.*
$\qquad$ COS $\quad$ COD

Je | *le* | *lui* | *donne.*
$\qquad$ COD $\quad$ COS

Récapitulons

■ Le **complément d'objet direct** (COD) suit directement un verbe qu'il complète :

> *Le pêcheur attrape **une langouste.***

■ Le **complément d'objet indirect** (COI) complète aussi un verbe auquel il est relié par *à* ou *de* :

> *Le bateau appartient **à son cousin.***

■ Les COD et COI peuvent être des noms, des GN, des pronoms, des infinitifs ou des propositions subordonnées :

> *Il **la** regarde.* (pronom personnel)

■ Le CO se place, en général, après le verbe. Dans certains cas (pronom personnel, pronom relatif, phrase interrogative), on le trouve avant le verbe.

> *Il admire **la langouste qu'**il a pêchée.*

■ De nombreux verbes sont suivis d'un CO et d'un second complément d'objet introduit par *à, de, pour,* appelé **complément d'objet second** (COS) :

> *Elle demande sa route **à l'agent.***

■ Le COS peut être un nom, un GN, un pronom, un infinitif, ou une proposition subordonnée.

> *Il prie les élèves **de se taire*** (infinitif).

Exercices

★ **1.** Imaginez des GN compléments d'objet après les verbes des phrases suivantes et dites s'ils sont COD ou COI.

1. Il portait ... — 2. Cet oiseau ressemble ... — 3. Les routiers conduisent ... — 4. La nuit dernière, j'ai rêvé ... — 5. Maintenant, nous voudrions ... — 6. Obéis ... — 7. Enfin le navire quitta ... — 8. Ne vous souciez pas ... — 9. En sortant, il oublia ... — 10. Il chantera ... pendant son spectacle.

★ **2.** Reliez les sujets aux compléments d'objet à l'aide des verbes suivants. Pour chaque verbe, vous direz si dans cette phrase il est transitif direct ou indirect.

A distribué - votèrent - respectent - obéit - ont manqué - se souvenaient - résistent - arrêta - a arraché - ressemble.

1. L'enfant ... à son père. — 2. Le facteur ... le courrier. — 3. Les automobilistes ... les feux de signalisation. — 4. Les élèves ... de leur leçon. — 5. Un chien bien dressé ... à son maître. — 6. Le policier ... le suspect. — 7. La tempête ... des tuiles. — 8. Les joueurs de l'équipe de Laval ... de chance. — 9. Les députés ... cette loi à l'unanimité. — 10. Ces taches de fruits ... au lavage.

★ **3.** Dites si les phrases suivantes contiennent un COD ou un COI. Relevez-le. Pour ne pas vous tromper, essayez de tourner la phrase au passif. Si c'est possible, vous avez affaire à un verbe transitif suivi d'un COD. Sinon, c'est un verbe transitif suivi d'un COI.

Ex. : *Stéphane trouva la solution.*
→ *La solution fut trouvée par Stéphane.*
la solution : COD de *trouva.*

1. Nous nous souviendrons des vacances de Pâques ! — 2. Eric avait ramassé de jolis coquillages. — 3. Il écrivait des lettres tous les jours. — 4. Elle ressemble à une actrice de cinéma. — 5. Le malade boit du tilleul. — 6. Je réfléchirai à vos dernières propositions. — 7. Monique prépare d'excellents gâteaux. — 8. Songez aux conséquences de vos actes. — 9. Il se préoccupait trop de sa santé. — 10. Vous changerez d'habitudes.

★★ **4.** Relevez les COD dans les phrases suivantes. Attention, certaines phrases ne contiennent pas de COD mais contiennent d'autres compléments. Pour ne pas vous tromper, essayez de tourner la phrase au passif. Si le complément devient sujet de la phrase passive, c'est le COD de la phrase active. Sinon, c'est un autre complément.

Ex. : *Son absence dura toute l'année.*
→ pas de tournure passive
Toute l'année : autre complément.

1. La pluie frappait les vitres violemment. — 2. Il conduit toujours les vitres baissées. — 3. Elle a cassé ses lunettes. — 4. Il sortait tous les matins — 5. Ma mère demandera la facture. — 6. Il vit la nuit et dort le jour. — 7. Pierre partit, le cœur gros. — 8. Hervé vit une aventure extraordinaire.

★★★ **5.** Dans les phrases suivantes, soulignez les COD et les COI et donnez leur nature.

Ex. : *Voici deux modèles ; **lequel** préférez-vous ?*
→ *Lequel :* COD, pronom interrogatif.

1. Les histoires passionnent les jeunes enfants. — 2. J'achète ces bottes et les chausse tout de suite. — 3. Julie espérait guérir sans traitement. — 4. Il dit que je lui ai prêté ma voiture. — 5. Les cerises qu'il adore sont des « cœurs de pigeons ». —

6. Leurs enfants leur ressemblent beaucoup. — 7. Ils souhaitent déménager pendant les vacances. — 8. De quoi vous servez-vous pour écrire ? — 9. Répétez ce que vous venez de dire. — 10. Donne-moi mon pull et prends le tien.

★★★ **6. Même exercice.**

1. Je ne dirai rien. — 2. Les vêtements qu'elle achète sont toujours de bon goût. — 3. Je crains qu'il ne soit fatigué. — 4. Nous voulons partir, nous y tenons. — 5. Il voulait exactement ce que les autres avaient. — 6. Que voulez-vous ? — 7. J'aime beaucoup cela. — 8. Ils possédaient de très nombreux livres d'histoire. — 9. Elle triompha de tout. — 10. Le rouge lui plaît beaucoup.

★ **7. Remplacez les COD par des pronoms personnels.**

Ex. : *Je connais la vérité.*
→ *Je la connais.*

1. Il regarda curieusement ses amis. — 2. Tu ne voulais pas qu'il se trompe. — 3. Connaissiez-vous son numéro de téléphone ? — 4. Il désire vraiment réussir. — 5. Préviens ton amie !

★★ **8. Remplacez les COI par des pronoms personnels. Attention, le pronom personnel se trouve, selon les cas, avant le verbe ou après la préposition.**

Ex. : *Il pensait à ses élèves ; il parlait à ses élèves.*
→ *Il pensait à eux ; il leur parlait.*

1. Vous souvenez-vous de cette personne ? — 2. Jérémie s'attacha à ses nouveaux amis. — 3. Tu ne ressembles pas à ton frère. — 4. Elle ne voulait pas de Martine à son anniversaire. — 5. Cette chanson plaît aux jeunes. — 6. Les rebelles s'emparèrent des explorateurs.

★★ **9. Remplacez les GN COD et COI par des propositions subordonnées équivalentes. Attention, un même verbe peut être suivi d'un COD ou d'un COI selon que le complément est un GN ou une proposition subordonnée.**

Ex. : *Florence croit à sa réussite :* GN COI.
→ *Florence croit qu'elle réussira :* proposition subordonnée COD.

1. Dis-moi l'heure. — 2. Je lui ai demandé son nom. — 3. Indiquez-moi votre adresse. — 4. Les médecins ne désespèrent pas de sa guérison. — 5. Je veux seulement votre bonheur. — 6. Constatez sa fatigue. — 7. Soudain il se souvint de son existence. — 8. Ce geste témoigne de son honnêteté.

★★ **10. Remplacez les propositions subordonnées CO par des GN équivalents.**

Ex. : *J'attends que vous vous taisiez.*
→ *J'attends votre silence.*

1. Il demande que vous partiez immédiatement. — 2. Nous comprenons qu'elle soit découragée. — 3. Il s'attendait à ce que vous soyez surpris. — 4. Cet ethnologue décrit comment vivent les Indiens. — 5. Dites bien quel jour vous arriverez. — 6. Il convenait qu'il avait été imprudent. — 7. Vous vous souvenez que je vous ai averti. — 8. Il songe qu'il part prochainement en vacances.

★ **11. Soulignez les COS dans les phrases suivantes.**

1. La maîtresse distribuait des images aux jeunes enfants. — 2. Elle avait préparé une chambre pour ses invités. — 3. On a enlevé le permis de conduire à cet ivrogne. — 4. Il lui a dit un mensonge. — 5. Ingrid rendra à sa sœur tout ce qu'elle lui a emprunté. — 6. On la donne à tout le monde. — 7. Les gendarmes ont convaincu cet individu de vol à la tire. — 8. Grand-mère lisait des contes à tous ses petits-enfants. — 9. Il avoua au juge qu'il était coupable. — 10. Il incite ses camarades à bavarder.

★ **12. Inventez un COD suivi d'un COS pour compléter les phrases suivantes.**

Ex. : *Il annonce...*
→ *Il annonce sa victoire à ses amis.*

1. J'écrirai ... — 2. Le bon élève donnera ... — 3. Hélène offrira ... — 4. Il prendra ... — 5. Les visiteurs jetteront ...

★ ★ ★ **13.** Dans les phrases suivantes, soulignez les COS et indiquez leur nature.

Ex. : *A qui offrirez-vous ce bouquet ?*
→ *A qui :* pronom (interrogatif).

1. Le professeur imaginait des exercices pour ses élèves. — 2. Il leur proposait des révisions. — 3. La personne à laquelle vous aviez donné vos clés est partie. — 4. Le contrôleur réclama à chacun son billet. — 5. Il raconte sa vie à qui veut l'entendre. — 6. L'enfant suppliait sa mère de céder. — 7. Elle a tricoté un pull pour ma mère et une écharpe pour la sienne. — 8. Ces gens ne privent leurs enfants de rien. — 9. Vous me conseillez la patience. — 10. Cette histoire vous donne le frisson.

★ ★ **14.** Remplacez les GN COD et COS par deux pronoms personnels de la 3ᵉ personne.

Ex. : *Il a offert ces chocolats à sa sœur.*
→ *Il les lui a offerts.*

1. Je donnerai ton adresse à Patrick. — 2. Il apprend l'anglais aux élèves de 6ᵉ. — 3. Est-ce que tu vas envoyer tes vœux aux cousins de Lyon ? — 4. Je confierai le paquet au concierge.

★ **15.** Dictée et questions.

Je me souviens d'un clair bonheur et d'une ivresse agile... C'est au mois de mars : j'arrive à la ferme, tout essoufflé encore de la course, le sang me pique les oreilles ; j'ai fait le tour des nids dans la gelée blanche et ramassé les œufs des poules. C'est l'été : je garde les vaches ; j'ai bâti une hutte de branchages, allumé un feu entre les pierres et fait cuire des pommes vertes, et tout enfumé, je suis plus fier sur le seuil de ma maison que le premier homme à la porte de sa caverne. C'est l'automne : je gaule les noix ; la perche que je brandis, trois fois plus haute que moi, m'entraîne... Insignifiantes histoires !... Elles composent cependant pour moi l'image vague d'une enfantine grandeur dont je me sens aujourd'hui déchu.

Jean Guéhenno,
*Journal d'un homme
de quarante ans,* Grasset.

1. Relevez quatre GN COD et un pronom personnel COD.
2. Donnez la fonction des GN « d'un clair bonheur », « d'une ivresse agile ».
3. Trouvez deux pronoms personnels COS.

★ ★ ★ **16.** Dans le texte suivant, relevez les COD et les COS. Donnez leur nature.

Chaque saison

Chaque saison donne ses fruits ;
L'automne nous donne ses pommes,
L'hiver donne ses longues nuits,
Pour un plus grand repos des hommes ;
Le printemps nous donne des fleurs,
Il donne l'âme et les couleurs
A la feuille qui semble morte ;
Il donne la vie aux forêts,
Et l'autre saison nous apporte
Ce qui fait jaunir nos guérets[1]...

Théophile de Viau,
Œuvres.

1. guérets = champs.

10
L'attribut du sujet
et du complément d'objet direct

Quelle famille !

> Le père Bredouille était garde-chasse du roi de ce pays-là... Les six enfants de Bredouille et de Brigoule, élevés dans des habitudes de pillage et de dureté, étaient d'assez mauvais garnements. Leurs parents les aimaient beaucoup et leur trouvaient beaucoup d'esprit, parce qu'ils étaient devenus chipeurs et menteurs aussitôt qu'ils avaient su marcher et parler. Il n'y avait que le petit Gribouille qui fût maltraité et rebuté parce qu'il était trop simple et trop poltron, à ce qu'on disait, pour faire comme les autres.
>
> George Sand, *Histoire du véritable Gribouille*, Gallimard.

▶ *Dans la première phrase, le GN sujet,* le père Bredouille, *est accompagné d'un autre GN. Quel est ce GN ? Quel renseignement nous donne-t-il sur le sujet ? Peut-il être supprimé ? Par quel verbe est-il introduit ? Ce GN s'appelle un attribut du sujet.*

▶ *Réduisez la deuxième phrase à la phrase minimale. Quel est le sujet ? Quel est l'attribut du sujet ?*

rôle de l'attribut du sujet

Ils ___ *étaient devenus* ___ | *chipeurs et menteurs.* |
S _____ Attributs

Les adjectifs *chipeurs* et *menteurs* indiquent deux caractéristiques du sujet *ils*. Les deux adjectifs sont introduits par le verbe *étaient devenus*. On ne peut les supprimer. *Chipeurs et menteurs* sont deux adjectifs attributs du sujet *ils*. L'**attribut du sujet** (Attr.) exprime une **qualité** ou une **propriété** attribuées au **sujet** par l'intermédiaire d'un **verbe**.

▶ *Relevez, dans le texte, les attributs du sujet. Par quels verbes sont-ils introduits ?*

nature de l'attribut du sujet

L'attribut du sujet peut être un **adjectif**, un **nom** ou leurs **équivalents**

— un adjectif qualificatif : *Le brouillard est* | *dense.* |

— un participe passé : *Les chevaux sont* | *fatigués.* |

— un nom : *Son père est* | *jardinier.* |

— un GN : *Cet avion est* | *un Boeing 747.* |

— un infinitif : *Son plus grand plaisir est* | *de skier.* |

— un pronom : *Es-tu prêt ? Je* | *le* | *suis.*

▶ *Quelle est la place du pronom attribut le par rapport au verbe ? Quel adjectif remplace-t-il ? Lisez la phrase en rétablissant cet adjectif.*

les verbes attributifs

Un **verbe attributif** est un verbe pouvant **introduire un attribut** du sujet.

1.   *Vous semblez satisfait.*

Le verbe *sembler* indique l'apparence d'un état et pourrait être remplacé par le verbe *être : vous êtes satisfait.*
Les verbes attributifs les plus courants sont, en effet, les **verbes d'état** : *être, paraître, sembler, devenir, demeurer, rester...*
Cependant, certains d'entre eux peuvent ne pas introduire un attribut :

Je suis | *dans ma chambre.* |

                   c. circ. de lieu

▶ *Trouvez, dans le texte initial, un verbe d'état attributif autre que le verbe* être.

2.   *Il **a vécu** heureux.*
            *Il **a été élu** député.*

En plus des verbes d'état proprement dits, bien d'autres verbes ou locutions verbales (*avoir l'air, passer pour,* etc.) peuvent être suivis d'un attribut du sujet, en particulier de nombreux verbes passifs (*être considéré comme, être élu, être nommé,* etc.).

3.   *Son regard était* | *vif* | *, son sourire* | *engageant.* |

Le verbe attributif peut être parfois **sous-entendu** pour éviter une répétition.

▶ *Quel verbe est sous-entendu avant* engageant *? Lisez la phrase en rétablissant le verbe. Laquelle préférez-vous ?*

construction de l'attribut du sujet

La construction de l'attribut du sujet est le plus souvent **directe** ; il n'est pas précédé d'une préposition :

       L'herbe est humide.

Mais dans le cas de **locutions verbales** contenant une préposition, la construction de l'attribut est **indirecte** :

       *Thomas passe **pour** un garçon sérieux.*
       *Avec ce pantalon, tu as l'air **d'**un clown.*
       *Isabelle est considérée **comme** une bonne élève.*

Attention !
Ne confondons pas les GN attributs du sujet et les GN compléments d'objet direct.

Le chien de mon oncle est
 	
    | *un épagneul* |
 	
        Attr.
	Mon oncle a acheté
	
	    | *un épagneul* |
	
	        COD

L'attribut et le sujet représentent un seul et même être ou une seule et même chose : *Le chien de mon oncle et un épagneul représentent un seul et même animal.*	Le COD et le sujet représentent des êtres ou des choses totalement différents : *Mon oncle ≠ un épagneul.*
Le GN attribut peut être remplacé par un adjectif : *Le chien de mon oncle est affectueux.*	Le COD ne peut jamais être un adjectif.
L'ensemble sujet-verbe-attribut ne peut être mis à la tournure passive.	L'ensemble sujet-verbe-COD peut être mis à la tournure passive : *Un épagneul a été acheté par mon oncle.*

l'attribut du complément d'objet direct

5^e

1.

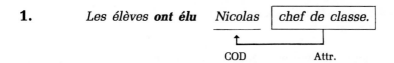

*Les élèves **ont élu** Nicolas* \| *chef de classe.* \|

COD   Attr.

Le GN *chef de classe* se rapporte au COD *Nicolas* par l'intermédiaire du verbe *ont élu*. C'est un **attribut du COD**.
L'attribut du COD est un adjectif ou un GN qui exprime une **qualité** ou une **propriété** attribuées au **COD** par l'intermédiaire d'un **verbe**.

2.

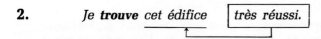

*Je **trouve** cet édifice* \| *très réussi.* \|

L'attribut du COD est construit **directement** avec des verbes comme : *croire, supposer, nommer, rendre, proclamer, trouver,* etc.

*Je **considère** cet édifice* | ***comme** une réussite.*

Il est construit indirectement avec des verbes comme : *tenir pour, considérer comme, prendre pour, choisir comme.*

3. Lorsqu'on fait subir la **transformation passive** à une phrase contenant un attribut du COD, celui-ci devient attribut du sujet :

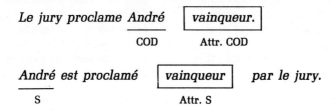

Le jury proclame André | *vainqueur.*
COD   Attr. COD

André est proclamé | *vainqueur* | *par le jury.*
S   Attr. S

Récapitulons

■ L'attribut du sujet exprime une **qualité** ou une **propriété** attribuées au sujet par l'intermédiaire d'un verbe :

*Le brouillard est **dense.***

■ Il peut être un **adjectif**, un **nom** ou leurs **équivalents** : participe passé, GN, pronom, infinitif, etc.

■ Le verbe qui l'introduit est appelé **verbe attributif**. Il peut être le verbe *être* ou un autre verbe d'état *(sembler, devenir, paraître,* etc.), une locution verbale *(passer pour, avoir l'air de),* certains verbes passifs *(être considéré comme, être élu)* ou tout autre verbe pouvant prendre un sens attributif *(tomber, partir, revenir, vivre, mourir,* etc.).

■ L'attribut du COD exprime une **qualité** ou une **propriété** attribuées au **COD** par l'intermédiaire d'un **verbe** :

*Les élèves ont élu Nicolas **chef de classe.***

Suivant le verbe introducteur, il peut être construit **directement** *(croire, supposer, nommer, rendre, trouver,* etc.) ou **indirectement** *(tenir pour, considérer comme, prendre pour,* etc.)

Exercices

★ **1.** Dans chacune des phrases suivantes, relevez l'attribut du sujet.

1. Ce film m'a paru plus intéressant la deuxième fois que je l'ai vu. — 2. Pierre est devenu, depuis qu'il est entré au collège, un garçon raisonnable. — 3. Cette voiture est considérée comme révolutionnaire. — 4. L'hiver fut particulièrement rigoureux cette année-là. — 5. Il a l'air d'un sot, mais en fait il est très malin. — 6. Cette petite bouture deviendra un arbre gigantesque. — 7. Après mes explications ils partirent rassurés.

★★★ **2.** Relevez les attributs du sujet. Indiquez la nature de chacun d'eux : adjectif, nom, GN, pronom, infinitif.

1. Mon meilleur camarade s'appelle Michel. — 2. Qu'as-tu ? Tu sembles triste. — 3. Souffler n'est pas jouer. — 4. Le modèle le plus économique est celui-ci. — 5. L'amanite phalloïde est un champignon presque toujours mortel. — 6. Sois gentil ! Tu vois bien qu'il a l'air sincère. — 7. Le parapluie que vous prenez est le mien. — 8. Toute sa vie il resta un petit employé timide. — 9. Si vous êtes fâché, je ne le suis pas moins. — 10. Il a été élu meilleur pâtissier du département.

★ **3.** Remplacez chaque GN attribut par un adjectif de votre choix.

Ex. : *Ce gros chaton deviendra un tigre redoutable.*
→ *Ce gros chaton deviendra redoutable.*

1. Ulysse est un cheval pur-sang. — 2. Il passe, aux yeux de ses camarades, pour le meilleur gardien de but de l'école. — 3. Le jaguar est un animal d'une très grande rapidité. — 4. Si tu travailles régulièrement, tu deviendras un excellent violoniste. — 5. Cet électrophone est une véritable antiquité. — 6. Cette maison semblait un château en comparaison de ce que nous avions connu.

★ **4.** Dans chacune des phrases suivantes, remplacez l'adjectif attribut par le pronom personnel *le* ou *l'*.

Ex. : *Nous sommes fatigués.*
→ *Nous le sommes.*

1. Je suis content. — 2. Elle est avertie. — 3. Ils sont devenus riches. — 4. Nous sommes restés bons amis. — 5. Il est le gardien de cet immeuble. — 6. Vous paraissez inquiets de son retard. — 7. Elles ont semblé réellement contrariées.

★ **5.** Complétez chacune des phrases suivantes par un adjectif puis par un GN attributs.

Ex. : *Les prunes sont* ⟨ *mûres.*
⟨ *des fruits d'été.*

1. Ce livre est ... — 2. Ce garçon paraît ... — 3. Vous êtes considérés comme ... — 4. Les vacances m'ont semblé ... — 5. Ce projet passait pour ... — 6. Ce voyage devenait ... — 7. Tu resteras toujours ...

★ **6.** Complétez les phrases suivantes par les verbes attributifs qui conviennent : *paraître, revenir, être considéré comme, devenir, être nommé, tomber.* Soulignez les attributs du sujet.

1. En trois ans il ... un skieur tout à fait correct. — 2. Vous verrez, vous ... ébloui de votre voyage. — 3. Il ... malade, la semaine dernière. — 4. Cette boîte ne ... pas assez grande pour contenir toutes tes petites voitures. — 5. Il n'est pas étonnant qu'avec toutes ses excentricités il ... un peu fou par son entourage. — 6. Son père ... directeur d'école en province.

★ **7.** En utilisant les verbes suivants, faites des phrases sur le modèle sujet-verbe-attribut du sujet.

Sembler - avoir l'air - rester - vivre - passer pour - être élu.

★★ **8.** Relevez les attributs du sujet. Attention, certaines phrases n'en contiennent pas.

1. Devant le spectacle qui s'offrait à nos yeux, nous demeurâmes pétrifiés. — 2. Ton ballon est dans le jardin. — 3. Ce metteur en scène reste mon préféré. — 4. Restons à l'abri en attendant la fin de l'averse. — 5. Mes grands-parents demeurent rue des Peupliers. — 6. La princesse but le breuvage magique et tomba endormie. — 7. Il mourut âgé de quatre-vingt-dix-sept ans. — 8. Un premier nuage parut à l'horizon.

71

★ ★ **9.** Recopiez les phrases suivantes : a) soulignez en bleu les COD ; b) soulignez en vert les attributs du sujet et mettez entre crochets les sujets auxquels ils se rapportent.

1. Les paradisiers sont des oiseaux. — 2. Nicolas observe les oiseaux à travers la vitre. — 3. Pierre et Cécile appellent Catherine du balcon. — 4. Ma plus jeune sœur a été surnommée Poucette. — 5. Tu es peut-être content, mais je le suis encore plus. — 6. Où as-tu mis les clés ? Je les cherche partout. — 7. Le conseil d'administration a élu un nouveau secrétaire.

★ ★ ★ **10.** Dites si les pronoms personnels *le, la, les, l'* sont attributs du sujet ou COD.

1. Avez-vous terminé votre travail ? Oui nous *l'*avons fini. — 2. Votre travail est-il terminé ? Oui il *l'*est. — 3. Où sont les ciseaux ? Je *les* ai rangés dans ce tiroir. — 4. Qui est cette dame ? Je ne *la* connais pas. — 5. Eric a beau être plus jeune que Didier, il ne *le* paraît pas. — 6. Elle n'était pas timide, mais *l'*est devenue depuis son échec.

★ ★ **11.** Remplacez les points de suspension : a) par un verbe transitif direct (suivi d'un COD) ; b) par un verbe attributif (suivi d'un attribut du sujet).

Ex. : *Marc*
appelle son camarade. (COD)
est devenu son camarade. (attribut)

1. Le maire ... l'instituteur du village. — 2. Mon chien ... Nono. — 3. Tu ... un âne. — 4. Mireille ... la femme du fleuriste.

★ ★ ★ **12.** Dans les phrases suivantes, relevez les attributs du COD. Indiquez entre parenthèses les COD.

1. L'abus de chocolats pralinés a rendu Isabelle malade. — 2. Les critiques ont trouvé ce film long et ennuyeux. — 3. Je tiens cet homme, malgré son aspect bougon, pour un être sensible et délicat. — 4. Il l'imaginait petite et blonde, elle était grande et brune. — 5. Je ne mangerai pas de ces fruits car je les aime plus mûrs. —

6. Serge a recueilli un chat abandonné qu'il a appelé Patouf.

★ ★ ★ **13.** Employez chacun des verbes suivants dans deux phrases où il sera construit : a) avec un COD ; b) avec un COD et un attribut du COD.

Ex. : *Trouver.*
→ a) *J'ai trouvé des champignons.*
b) *Je trouve ce livre intéressant.*

Élire - appeler - estimer - rendre - juger.

★ ★ ★ **14.** Dites si les adjectifs en italique sont épithètes ou attributs du COD.

1. Je trouve ce gâteau *délicieux*. — 2. J'ai trouvé un *délicieux* gâteau. — 3. Je vous trouve *mauvaise* mine. — 4. Cet ami m'a rendu un *immense* service. — 5. Cette maladie l'a rendu *fragile*. — 6. Luc a trouvé *bon* de m'envoyer une *longue* lettre *pleine* de recommandations.

★ **15.** Dictée et questions.

Le loup et les petites filles

Alors le loup poussa un grand soupir, ses oreilles pointues se couchèrent de chaque côté de sa tête. On voyait qu'il était triste. Les petites étaient ennuyées de savoir que le loup avait froid et qu'il avait mal à la patte. La plus blonde murmura quelque chose à l'oreille de sa sœur, en clignant de l'œil du côté du loup, pour lui faire entendre qu'elle était de son côté, avec lui. Delphine demeura pensive, car elle ne décidait rien à la légère.

— Il a l'air doux comme ça, dit-elle, mais je ne m'y fie pas. Rappelle-toi « le Loup et l'Agneau »... L'agneau ne lui avait pourtant rien fait.

Marcel Aymé,
Les Contes bleus du chat perché,
Gallimard.

1. Relevez les adjectifs et le participe passé attributs du sujet. Indiquez à quel sujet ils se rapportent et par quel verbe ils sont introduits.
2. Remplacez, dans le texte, un adjectif attribut de votre choix par un GN de même fonction.
3. Dans quelle phrase le verbe *être* n'est-il pas attributif et n'est donc pas suivi d'un attribut ?

72

11
Les compléments circonstanciels

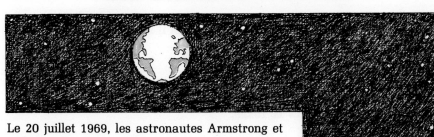

Le 20 juillet 1969, les astronautes Armstrong et Aldrin se posèrent en douceur sur la Lune, grâce au LEM.

▶ *Réduisez cette phrase à la forme minimale. Parmi les groupes que vous avez supprimés, relevez ceux qui renseignent sur les circonstances de l'événement et répondent aux questions : quand ? où ? comment ? grâce à quoi ? posées après le verbe.*

rôle du complément circonstanciel

Le **complément circonstanciel** (c. circ.) précise les circonstances de l'action ou de l'état exprimés par le verbe.
Généralement, il n'est pas indispensable à la construction de la phrase : il peut être **supprimé** ou **déplacé** assez facilement.

$\boxed{\textit{Le lendemain,}}$ $\boxed{\textit{à 3 h 56,}}$ *Armstrong sauta*

$\boxed{\textit{avec précaution}}$ $\boxed{\textit{sur le sol lunaire.}}$

▶ *Peut-on supprimer les différents compléments circonstanciels ?*
▶ *Essayez de les déplacer à l'intérieur de la phrase ; toutes les combinaisons sont-elles acceptables ?*

Parfois, le complément circonstanciel est indispensable à la construction et ne peut pas être déplacé :

Les hommes du XXᵉ siècle sont allés $\boxed{\textit{sur la Lune.}}$

73

classification

On distingue de nombreuses catégories de compléments circonstanciels selon leur **sens**. Les principales sont : le lieu, le temps, la cause, la manière, le moyen, l'accompagnement, le but, etc[1].

Complément circonstanciel de lieu, pour lequel il faut distinguer le lieu

— où l'on est :

*Il se promène **sur la Lune**.*

— où l'on va :

*Il se dirige **vers la fusée**.*

— d'où l'on vient :

*Il vient **de la Terre**.*

— par où l'on passe :

*Il est sorti **par une porte étroite**.*

Complément circonstanciel de temps marquant

— la date (quand ?) :

*Cet événement eut lieu **en 1969**.*

— la durée (pendant combien de temps ?) :

*Ils sont restés **huit jours** dans l'espace.*

Complément circonstanciel de cause

*Armstrong est célèbre **parce qu'il est le premier homme à avoir marché sur la Lune**.*

Complément circonstanciel de manière

*Ils avançaient **maladroitement**.*

Complément circonstanciel de moyen

*Ils communiquaient **par radio** avec la Terre.*

Complément circonstanciel d'accompagnement

*Armstrong sortit **avec Aldrin**.*

Complément circonstanciel de but

*Ils descendirent **pour ramasser des échantillons**.*

---

1. Les compléments circonstanciels de condition, comparaison, conséquence et opposition seront étudiés en 4ᵉ-3ᵉ.

construction

1. Les GN compléments circonstanciels sont généralement introduits par une préposition :

> *Il travaille **pendant** la nuit.*

Mais ils peuvent parfois être construits sans préposition ; il ne faut pas les confondre avec les COD :

> *Il travaille la nuit.* → c. circ. temps
> *Les flammes éclairent la nuit.* → COD
> *Il s'éloigne, la mine lugubre.* → c. circ. manière
> *Il faisait une mine lugubre.* → COD

2. Une **même** préposition peut introduire des compléments circonstanciels **variés** :

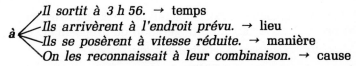

> *Il sortit à 3 h 56.* → temps
> *Ils arrivèrent à l'endroit prévu.* → lieu
> à *Ils se posèrent à vitesse réduite.* → manière
> *On les reconnaissait à leur combinaison.* → cause

Il est souvent délicat de choisir entre la manière et le moyen : en général, *avec,* suivi d'un nom abstrait désignant un sentiment par exemple, introduit un complément circonstanciel de manière ; suivi d'un nom concret désignant un outil, un moyen de transport par exemple, il introduit un complément circonstanciel de moyen.

> **avec** *Il parle avec émotion.* → manière (nom abstrait)
> *Ils sont venus avec une fusée.* → moyen (nom concret)

nature

Les compléments circonstanciels sont de natures très variées.

— nom ou GN	→ *Ils venaient **de la planète Terre**.*
— pronom	→ *Des millions d'hommes ont vécu cet instant **avec eux**.*
— adverbe ou locution adverbiale	→ *Ils réussirent **parfaitement** leur mission.* → *Armstrong poussa **tout à coup** un cri de joie.*
— infinitif ou groupe infinitif	→ ***Après avoir ramassé des échantillons**, ils regagnèrent la fusée.*
— gérondif[1]	→ ***En posant le pied sur la Lune**, Armstrong prononça des paroles historiques.*
— proposition subordonnée	→ ***Quand ils revinrent sur Terre**, on leur fit un triomphe.*

1. Voir chapitre 33.

75

Récapitulons

■ Les **compléments circonstanciels** précisent les circonstances de l'action verbale : **lieu, temps, cause, manière, moyen, accompagnement, but,** etc.

<u>Le lendemain,</u> il sauta <u>avec précaution</u> <u>sur le sol lunaire.</u>
   ↓   ↓   ↓
c. circ. temps   c. circ. manière   c. circ. lieu

■ On peut souvent les supprimer ou les déplacer.

■ Les GN compléments circonstanciels sont généralement introduits **par une préposition.** Ils peuvent parfois être construits **sans préposition** :

    *Il travaille **pendant la nuit.***
    *Il travaille **la nuit.***

■ Les compléments circonstanciels sont de natures très variées : GN, pronom, adverbe, infinitif, gérondif ou proposition subordonnée.

    *Ils réussirent **parfaitement** leur mission.*
                   adverbe

Exercices

★ **1.** Soulignez les compléments circonstanciels dans les phrases suivantes et précisez leur sens (lieu, temps, cause, etc.).

1. Tous les matins, il partira à l'école à bicyclette. — 2. Grâce à son long cou, la girafe peut atteindre facilement les feuilles des arbres. — 3. Pour être à l'heure, il aurait fallu partir de là-bas à six heures. — 4. Pendant la guerre de Cent Ans, Français et Anglais s'affrontèrent maintes fois, sur de nombreux champs de bataille. — 5. De la vallée de Chamonix, on peut monter sans fatigue à l'aiguille du Midi par un téléphérique. — 6. Le président est allé quelques jours en Afrique avec ses ministres. — 7. Ce malfaiteur est en prison pour vol depuis trois mois.

★ **2.** Imaginez des phrases contenant les compléments circonstanciels suivants.

Quand la nuit sera tombée - Avec un marteau - Sous le canapé - Avant de parler - Parce que c'est impossible - A toute allure - En ramassant des champignons.

★★★ **3.** Imaginez des phrases selon les schémas proposés.

Ex. : S - V - COD - c. circ. lieu.
→ *J'ai rencontré Annie à la patinoire.*

1. c. circ. temps - S - V - Attr. - c. circ. cause. — 2. S - V - c. circ. manière - COD - c. circ. accompagnement. — 3. c. circ. cause - S - V - c. circ. lieu.

★★ **4.** Dites si les compléments circonstanciels de lieu des phrases suivantes précisent le lieu où l'on est, le lieu où l'on va, le lieu d'où l'on vient ou le lieu par où l'on passe.

1. Il est né à Besançon. — 2. Il se précipita hors de la maison. — 3. Sortez de ce placard ! — 4. Il a obtenu ce plan au bureau du tourisme. — 5. Pour aller en Angleterre, on peut passer par Dieppe ou par Calais. — 6. Il s'enfuit dans la rue en sautant par la fenêtre. — 7. En Belgique, on boit de la bière.

★★ **5.** Dites si les compléments circonstanciels de temps des phrases suivantes précisent la date ou la durée.

1. A la fin de novembre, il y a parfois quelques journées très douces. — 2. La Révolution française se prolongea pendant une dizaine d'années. — 3. Le président de la République reste sept ans en fonction. — 4. Quand vous aurez terminé, vous pourrez partir. — 5. Depuis qu'il est au collège, il s'est fait des camarades.

★★★ **6.** Relevez les compléments circonstanciels des phrases suivantes. Précisez leur sens et leur nature.

Ex. :

	G. infinitif	GN
Elle marcha	*sans s'arrêter*	*jusqu'au village.*
	c. circ. manière	c. circ. lieu

1. Il avait emmené son fils avec lui au concert. — 2. Elle a préféré faire le voyage par le train, parce que les routes étaient verglacées. — 3. Vous trouverez facilement votre chemin en demandant à l'agent de police. — 4. Sa mère travaille avec acharnement depuis des années pour lui payer ses études. — 5. Ce skieur a récemment amélioré ses performances grâce à de nouveaux skis révolutionnaires. — 6. Viens ici tout de suite.

★ **7.** Remplacez les GN compléments circonstanciels de manière par des adverbes équivalents.

Ex. : *Ces bibelots doivent être manipulés avec douceur.*
→ doucement.

1. Le cortège officiel s'avançait avec lenteur entre deux rangées de gardes d'honneur. — 2. La neige tombera en abondance sur les massifs montagneux. — 3. Nous nous séparâmes dans la mélancolie. — 4. Ils ont pris leur décision à la hâte. — 5. Ce garçon se comporte de manière étrange. — 6. Elle travaille dans la joie.

★★★ **8.** Remplacez les GN compléments circonstanciels de temps et de cause des phrases suivantes par des propositions subordonnées équivalentes.

Ex. : *Notre train a du retard à cause du brouillard.*
→ *Notre train a du retard parce qu'il y a du brouillard.*

1. Au lever du jour, on entend les oiseaux chanter. — 2. Sous le règne de Louis XIV, les grands seigneurs vivaient à la Cour. — 3. Le magasin sera fermé jusqu'à la fin des travaux. — 4. Les automobilistes doivent désormais allumer leurs feux de croisement par temps de pluie. — 5. Cet élève ne réussit pas à cause de son étourderie. — 6. A la fin du repas, il se sentit mal à l'aise. — 7. J'ai réussi grâce à votre aide.

★★ **9.** Dites si les groupes en italique sont compléments circonstanciels ou non. Si oui, précisez leur sens.

Ex. : Il sort *à pas de loup.*
→ *A pas de loup* : c. circ. manière.

1. Le chat échappa *à son maître.* — 2. *A l'automne,* les bois prennent d'admirables couleurs. — 3. *A Paris,* on peut visiter de nombreux musées. — 4. Le professeur donne un exercice *à Jean-Michel.* — 5. Il défonça la porte *à la hache.* — 6. Il a rattrapé la balle *à la volée.* — 7. Il s'en donne *à cœur joie.*

★★ **10.** Même exercice.

1. *Par prudence,* prenez vos imperméables. — 2. Le programme a été choisi *par les élèves.* — 3. Il est toujours *par monts et par vaux.* — 4. J'ai trouvé cette lettre *par terre.* — 5. Vous céderez *par lassitude.* —

6. Il gagne 4 000 F *par mois*. — 7. Apprenez ce numéro *par cœur*.

★★ 11. Même exercice.

1. Il est en prison *pour vol*. — 2. J'ai acheté un gâteau *pour mes invités*. — 3. Soyez au rendez-vous *pour midi*. — 4. Elle se maquille *pour cacher ses rides*. — 5. Mon père part demain *pour Bordeaux*. — 6. Elle passe *pour la meilleure élève de 6ᵉ*. — 7. Les députés sont élus *pour cinq ans*.

★★ 12. Relevez les compléments circonstanciels des phrases suivantes et précisez leur sens.

1. Avec toi, j'irai au bout du monde. — 2. Ils ont ouvert cette porte avec un passe-partout. — 3. Mon correspondant parle le français avec un accent délicieux. — 4. Avec une voix pareille, elle deviendra sans doute une grande cantatrice. — 5. Ne veux-tu pas travailler avec nous ? — 6. Le roi s'avança avec majesté entre deux rangées de courtisans.

★★ 13. Relevez les compléments circonstanciels dans les phrases suivantes ; précisez leur sens. Attention, certaines phrases contiennent d'autres types de compléments que vous préciserez.

Ex. : *Le maire restera à la mairie.*
→ *A la mairie* : c. circonstanciel de lieu

Le maire renoncera à la mairie.
→ *A la mairie* : COI

1. Résisterez-vous à la tentation ? — 2. Ce train n'arrive jamais à l'heure. — 3. Il ment à tout instant. — 4. Le sucre nuit à l'émail des dents. — 5. Vous disposez de cent francs. — 6. Le président revient de Chine. — 7. Il croit toujours aux fantômes. — 8. Ils atterriront à l'aéroport d'Orly. — 9. Nous nous chauffons à l'électricité. — 10. Il rougit de honte.

★★ 14. Dictée et questions.

Après l'école

Chaque soir, à six heures, je sortais de l'école avec lui[1] ; nous rentrions à la maison en parlant de nos travaux et nous achetions en chemin de petites choses oubliées : de la colle de menuisier, des vis, un pot de peinture, une râpe à bois. Nous nous arrêtions souvent chez le brocanteur, devenu notre ami. Là, j'entrais en pleine féerie, car j'avais maintenant la permission de fouiller partout. Il y avait tout, dans cette boutique ; pourtant, on n'y trouvait jamais ce que l'on cherchait... Venus pour acheter un balai, nous repartions avec un cornet à piston ou une sagaie...

Marcel Pagnol,
La Gloire de mon père,
Éd. de Provence.

1. Le père du narrateur.

1. Relevez les compléments circonstanciels de la première phrase et précisez leur sens (lieu, temps, etc.).
2. « En parlant de nos travaux » : quelle est la nature de ce complément circonstanciel ? Précisez son sens (lieu, temps, etc.).
3. Trouvez dans ce texte deux adverbes compléments circonstanciels de temps, et deux adverbes compléments circonstanciels de lieu.
4. Relevez un complément circonstanciel de but et deux compléments circonstanciels d'accompagnement.

12
Les déterminants du nom
L'article

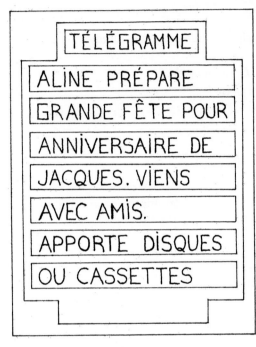

▶ *Dans ce télégramme tous les détermi-nants ont été omis. Retrouvez-les et lisez la phrase obtenue.*

▶ *Expliquez l'embarras du personnage.*

les déterminants du nom

1. Place et rôle

Les **déterminants** sont des mots généralement très courts qui accompagnent le nom et se placent toujours **avant** lui :

mon chien, **ce** chien, **le** chien, **un** chien, **chaque** chien.

Ils permettent d'introduire le nom dans la phrase et le déterminent en nous renseignant, par exemple, sur
— son genre : *un élève, une élève.*
— son nombre : *le bateau, ces bateaux, trois bateaux.*
— son possesseur : *mon manteau, ton manteau.*
Le nom et son déterminant constituent le GN minimum.

2. Les déterminants définis

Ils servent à déterminer un nom désignant une personne ou une chose précises, bien connues ou déjà citées :

> **La** *voiture du facteur.* **Ce** *camarade.*
>
> **Notre** *jardin.* **Quelle** *chaleur !*

3. Les déterminants indéfinis

Ils précèdent un nom désignant une personne ou une chose qu'il n'est pas nécessaire de préciser et qui restent donc indéfinies.

> *Il reviendra* **un** *jour.*
> *Donne-moi* **du** *pain.*
> *J'ai lu* **quelques** *journaux.*
> *Achète* **quatre** *croissants.*
> **Quelle** *heure est-il ?*

4. Absence de déterminant

Il existe quelques cas où le nom peut être employé sans déterminant

— en style télégraphique :
> *Lettre bien arrivée. Affaire réglée.*

— dans les proverbes :
> *Pierre qui roule n'amasse pas mousse.*

— dans certaines énumérations :
> *Femmes, moine, vieillards, tout était descendu.* (La Fontaine.)

— dans certains cas, lorsqu'il est précédé de la préposition *de* :
> *Une branche d'arbre.*

▶ *Dans les exemples précédents, rétablissez les déterminants manquants.*

l'article

1. L'article défini

1. Rôle

L'article défini détermine un nom précis désignant un être ou un objet

— **connus** ou supposés connus :

> *Viens à la maison. La terre. La lecture. Les pompiers.*

— ou que la **suite** de la phrase va **préciser** :

> *Le professeur d'histoire. Le père de Thomas.*
> *La suite des informations. Le journal que tu lis.*

2. Formes

Article	masc. sing.	fém. sing.	masc. plur.	fém. plur.
défini	*le*	*la*	*les*	*les*
défini élidé	*l'*	*l'*		
défini contracté	*au* (= à le) *du* (= de le)		*aux* (= à les) *des* (= de les)	*aux* (= à les) *des* (= de les)

En plus des formes, *le, la, les,* on rencontre

a) l'article défini élidé.
Les articles définis *le* et *la* s'élident (c'est-à-dire qu'ils perdent leur voyelle) devant un mot commençant par une voyelle ou un *h* muet :

> *L'alouette, l'article, l'homme.*

b) l'article défini contracté.
Les articles *le* et *les* se contractent en s'associant aux prépositions *à* et *de* :

> *Nous irons au Mexique.*
> *La bosse du dromadaire.*
> *Aux abords des villes.*

2. L'article indéfini

1. Rôle

L'article indéfini détermine un nom désignant un être ou un objet

— **qui n'est pas précisé** ou dont on parle pour la première fois :

J'aperçois **une** maison. (peu importe à qui elle appartient)

— **qui ne se distingue pas des autres êtres ou objets de la même espèce :**

Prête-moi **un** disque. (n'importe lequel)

— **dont la quantité n'est pas précisée :**

J'ai acheté **des** timbres.

2. Formes

	singulier	pluriel
masculin	**un**	**des**
féminin	**une**	**des**

L'article indéfini **des** se change en **de** ou **d'** dans les phrases négatives et souvent devant un adjectif qualificatif :

Je vois **des** oiseaux. → Je ne vois plus **d'**oiseaux.
Les cygnes ont **des** plumes blanches.
→ Les cygnes ont **de** belles plumes blanches.

3. L'article partitif

1. Rôle

Il détermine des noms désignant des choses qu'on ne peut compter, dénombrer. On l'appelle partitif parce qu'il désigne une partie d'un ensemble, d'une matière :

Du sel, **de l'**or, **de la** confiture, **du** courage, **de la** chance, **des** épinards, **des** rillettes.

▶ Quelle différence faites-vous entre : je mange **un** chocolat et je mange **du** chocolat ?

2. Formes

	masculin	féminin
singulier	**du, de l'**	**de la, de l'**
pluriel	**des**	

Dans les phrases négatives, l'article partitif prend la forme **de** :

> Il boit **du** lait. → Il ne boit pas **de** lait.

4. Confusions à éviter

Pour distinguer **des**, article indéfini, de **des**, article défini contracté, on peut mettre le GN au **singulier** :

> Voici **des** fruits. → Voici **un** fruit. (article indéfini)
>
> Les branches **des** arbres. → La branche de **l'**arbre. (article défini contracté)

Pour distinguer **du**, article défini contracté, de **du**, article partitif, on peut le remplacer par un article **indéfini**. Si la préposition *de* subsiste, il s'agit d'un article défini contracté. Ce procédé est également applicable à **de la**.

> Il sort **du** collège. → Il sort **d'**un collège. (article défini contracté)
>
> J'ai acheté **du** fromage. → J'ai acheté **un** fromage. (article partitif)

▶ *Modifiez les deux exemples ci-dessus en remplaçant* collège *par* maison *et* fromage *par* salade.

Récapitulons

■ Les déterminants **précèdent le nom** et lui permettent de s'intégrer dans la phrase. Les déterminants sont
 définis : **Notre** jardin ;
 ou **indéfinis** : Achète **quatre** croissants ;
selon qu'ils déterminent un être ou un objet précis ou non.

■ Les **articles définis** (le, la, les) déterminent un nom désignant un être ou un objet **précis** :

> Viens à **la** maison.

Ils peuvent être **élidés** (l') ou **contractés** (au, aux, du, des).

■ Les **articles indéfinis** (un, une, des) déterminent un nom désignant un être ou un objet qu'il est **inutile de préciser** :

> J'aperçois **une** maison.

■ Les **articles partitifs** (du, de la, de l', des) désignent une **partie** d'une chose que l'on ne peut dénombrer :

> **Du** sel, **de l'**or, **de la** chance, **des** épinards.

Exercices

★ **1.** Remplacez les points de suspension par un déterminant. Plusieurs réponses sont parfois possibles.

1. ... vent violent s'était levé et balayait tout sur ... passage. — 2. ... augmentation ... prix ... carburants entrera en vigueur ... 5 mars prochain. — 3. ... patin à glace sur ... étang est praticable ... jours par an. — 4. J'ai lu ... livres de ... auteur, mais je n'ai vu ... film tiré de ... œuvre. — 5. ... spécimens manquent encore à ... collection. — 6. Je voudrais ... règle pour souligner ... titres de ... devoir. — 7. ... paquet non retiré dans ... quinze jours sera retourné à ... expéditeur.

★ **2.** Prenez un nom masculin de votre choix et employez-le dans sept phrases différentes où il sera tour à tour précédé de : *un, le, ce (cet), chaque, tout, aucun, nul.*

★ **3.** Dans le texte suivant, rétablissez les déterminants qui ont été supprimés.

Donc, en ... temps-là, il y a très longtemps, Zeus, ... roi ... dieux, s'ennuyait dans ... Olympe. Bien sûr, de là-haut, il avait ... très belle vue, mais ... fois qu'il se penchait à ... fenêtre, Héra, ... épouse, ne manquait pas de lever ... nez de dessus ... ouvrage.
— Eh bien ! cher Seigneur, que regardez-vous là ? ... compagnie ne vous suffit-elle donc pas ?
Et Zeus, en soupirant, fermait ... fenêtre et retournait à ... fauteuil.

Maguelonne Toussaint-Samat,
*Légendes et récits de la Gaule
et des Gaulois,* Nathan.

★★ **4.** Classez les groupes nominaux suivants en deux colonnes, selon que leur déterminant est défini ou indéfini. Soulignez les déterminants.

Cet incendie - aucun élève - de grands oiseaux blancs - plusieurs années - trois bananes - l'immeuble - nul bruit - la peinture - de la peinture - son dictionnaire.

★★ **5.** Voici une recette de cuisine dont tous les articles ont été supprimés.
a) Essayez de retrouver la recette originale, sachant que les ingrédients sont les suivants : 1 œuf, 60 g de sucre, 1 pincée de sel, 250 g de farine, 125 g de beurre.
b) Donnez la nature exacte de chaque article utilisé.

Étoiles sablées
Travaillez ... œuf entier avec ... sucre et ... sel. Ajoutez de ... seul coup toute ... farine et pétrissez de ... bout de ... doigts. Incorporez alors ... beurre. Roulez ... pâte en boule et laissez-la reposer. Ensuite, étalez-la à ... rouleau et découpez-y ... étoiles. Déposez-les sur ... plaque beurrée et faites cuire dix minutes environ à four moyen.

★ **6.** Faites précéder chacun des noms suivants des articles définis *le, la, l'.*

Habit - hameau - horaire - hérisson - trophée - pic - pique - tribu - rêve - renne - paroi - rail.

★ **7.** Dans les phrases suivantes, relevez les articles définis et indiquez entre parenthèses le nom ou GN qu'ils déterminent. Attention ! Ne confondez pas article défini et pronom personnel.

1. Franck m'a envoyé les trois exemplaires de ce papier mais je ne les ai pas encore reçus. — 2. L'hiver, la couche de neige qui recouvre la cabane est si épaisse qu'elle la dissimule entièrement. — 3. Voici les premiers arrivés, je les aperçois à la grille de l'entrée. — 4. Heureusement, personne n'était là au moment de l'explosion. — 5. Nous revenions du cinéma quand nous l'avons appris. — 6. Du haut des remparts la vue s'étend jusqu'aux Alpes.

★★ **8.** Cherchez plusieurs noms qui changent de sens, suivant qu'ils sont utilisés avec un déterminant masculin ou avec un déterminant féminin. Ex. *le voile, la voile.* Employez chacun d'eux dans une phrase.

★ **9.** Refaites les phrases en utilisant les mots entre parenthèses, précédés des articles appropriés. Soulignez les articles définis contractés.

1. En sortant de (école), les enfants iront à (gymnase). — 2. Un nid se balançait à (sommet) de (arbre). — 3. Une cérémonie aura lieu à (mairie) puis à (monument) à (morts). — 4. Des rires s'élevaient de (salles) de (rez-de-chaussée). — 5. Le public resta de glace à (premières représentations), à (suivantes) il se dérida, à (dernière) ce fut du délire. — 6. N'oubliez pas de donner à manger à (hamster), à (souris blanche) et à (perruches). — 7. Nous devrons nous passer de (services) de cet homme.

★★★ **10.** Dans les phrases suivantes, dites si *des* est un article défini contracté ou un article indéfini.

1. Pendant la guerre, les gens manquaient des objets les plus courants. — 2. Le bulletin météorologique prévoit des bourrasques pour demain. — 3. Des premières heures du jour jusqu'à la tombée de la nuit, des curieux se rendirent sur les lieux de l'incendie. — 4. Mécontents des propositions qui leur étaient faites, des employés de l'usine décidèrent de se mettre en grève. — 5. Au printemps, des crocus multicolores émaillent les pelouses des jardins. — 6. Dès le début de la récréation, des élèves organisent des parties de football endiablées.

★★★ **11.** Dans les phrases suivantes, dites si *du* est un article défini contracté ou un article partitif.

1. Le Salon du livre ouvrira ses portes la semaine prochaine. — 2. Reprends du jus de fruit et du gâteau. — 3. Le jour du Mardi gras, presque tous les élèves du collège étaient déguisés. — 4. Pour réaliser du béton, il faut du ciment, du sable, du gravier et de l'eau. — 5. Du sable émergeaient quelques arbustes rabougris. — 6. Je voudrais du papier pour emballer ces livres.

★★★ **12.** Indiquez la nature des articles contenus dans les phrases suivantes.

1. La poignée de la porte. — 2. De la crème au chocolat. — 3. Un bouquet de fleurs des champs. — 4. Du pain, du fromage et des fruits. — 5. Les moustaches du chat. — 6. De gros nuages noirs. — 7. Une maison au toit de chaume. — 8. Des souvenirs de vacances. — 9. Des rillettes à l'oie.

★ **13.** Mettez les phrases suivantes à la forme négative.

1. Nous avons trouvé des documents intéressants. — 2. J'ai acheté des romans policiers. — 3. Il reste du rôti. — 4. La rivière charrie des glaçons. — 5. Il a bu de la limonade.

★ **14.** Mettez les GN suivants au pluriel, puis faites précéder le nom d'un adjectif qualificatif, sur le modèle suivant :

Ex. : *Un arbre → des arbres → de grands arbres.*

Une histoire - un tableau - une abeille - un caillou - un immeuble - une chaise - un achat - un hibou.

★★ **15.** Dictée et questions.

Dans les dernières années du règne de Louis-Philippe, roi des Français, les Parisiens que leurs habitudes ou leurs occupations amenaient aux abords de la rue du Bac (...) voyaient passer assez souvent, d'un pas ralenti par l'âge, un vieillard reconnu et salué par beaucoup. C'était un homme de petite taille, aux yeux remplis de tristesse, à la bouche désabusée, et dont les cheveux blancs en désordre semblaient soulevés encore par quelque tempête invisible. Habillé avec une recherche un peu vieillotte dans des vêtements élimés, il pouvait avoir soixante-dix ou peut-être quatre-vingts ans.

J. d'Ormesson,
Mon dernier rêve sera pour vous,
Lattès.

1. Relevez tous les déterminants du texte. Indiquez entre parenthèses tous les noms ou GN qu'ils déterminent.
2. Classez les articles du texte en : indéfinis, définis, définis contractés.
3. Relevez les compléments circonstanciels de la première phrase.
4. Réduisez la première phrase à sa forme minimale.

13
Les autres déterminants

▶ *Relevez les GN contenus dans ce dialogue. Par quels déterminants sont-ils introduits ?*

adjectifs possessifs

1. Rôle

> *M. Martin ne veut pas que **votre** chat vienne dans **son** jardin.*

Les adjectifs possessifs introduisent des noms en les mettant **en relation**
avec un pronom personnel ou un autre nom : *votre chat = *le chat de vous ;
son jardin = le jardin de M. Martin.*
La relation la plus courante est la possession mais on peut en rencontrer
bien d'autres :

> *mon village = le village où j'habite.*
> *tes paroles = les paroles que tu prononces.*

2. Formes

possesseur / objet possédé	je	tu	il, elle, nom sing.	nous	vous	ils, elles nom plur.
masc. sing.	*mon*	*ton*	*son*	*notre*	*votre*	*leur*
fém. sing.	*ma*	*ta*	*sa*	*notre*	*votre*	*leur*
masc. fém. plur.	*mes*	*tes*	*ses*	*nos*	*vos*	*leurs*

Au singulier, les formes masculines s'emploient devant les noms féminins commençant par une voyelle ou un *h* muet : *mon armoire, mon histoire,* mais *ma hanche* (*h* aspiré).

▶ *Employez un adjectif possessif de la 3ᵉ personne du singulier devant :* interrogation, hardiesse, horloge.

adjectifs démonstratifs

1. Rôle

> *Ces roses ont un parfum délicat.*

Les **adjectifs démonstratifs** servent à **indiquer** ou à **montrer du doigt** des êtres ou des choses désignés par des noms que l'on a déjà cités, ou qui sont connus.

2. Formes

1. Formes simples

masc. sing.	*ce, cet* (devant voyelle ou *h* muet : *cet* arbre, *cet* homme)
fém. sing.	*cette*
masc. fém. plur.	*ces*

▶ *Quel adjectif démonstratif employez-vous devant :* hirondelle, étranger, étape ?

2. Formes composées

Les formes simples peuvent être complétées par les adverbes *-ci* et *-là*.

a) *-ci* s'emploie pour un être ou une chose proches de celui qui parle dans l'espace ou dans le temps :

> *Ce mois-ci, il a fait très sec.*
> *Je préfère ce côté-ci de la vallée. (= celui où je suis)*

b) **-là** s'emploie pour un être ou une chose éloignés dans l'espace ou dans le temps :

> *Dans cette région-**là**, il ne pleut jamais.*
> *En ce temps-**là**, on s'éclairait à la bougie.*

c) Dans un récit, une énumération, **-ci** présente ce qui va suivre, **-là** résume ce qui précède :

> *Utilisez ces couleurs-**ci** : rouge, brun et orange.*
> *On lui offre des fraises, des pêches, des framboises ; mais aucun de ces fruits-**là** ne lui plaît.*

d) Parfois **-là** renforce seulement l'adjectif démonstratif :

> *Oh ! je connais cette chanson-**là** !*

adjectifs indéfinis

> ***Quelques*** *élèves ont terminé **tous** les exercices.*

Les adjectifs indéfinis introduisent des noms en indiquant leur quantité, leur ressemblance, leur répartition, etc.
Ils sont nombreux et d'emplois variés[1] : ***quelque, certain, maint, plusieurs, aucun, nul, tout, chaque, même, autre,*** etc.
Certains d'entre eux peuvent s'employer à côté d'autres déterminants ou avec d'autres indéfinis :

> ***Plusieurs autres*** *élèves ont **le même** professeur.*
> *Les jeux Olympiques ont lieu **tous les quatre** ans.*

adjectifs numéraux cardinaux

1. Rôle

> *Vous ferez **trois** exercices.*

Les adjectifs numéraux cardinaux servent à **dénombrer** les êtres ou les choses désignés par les noms qu'ils déterminent.

---

1. Leurs emplois sont étudiés plus complètement en 4°-3°.

2. Orthographe

Ils sont généralement invariables : **deux, douze, mille.**

> Les **quatre** exercices.

Un prend la marque du féminin : *vingt et une minutes.*
Vingt et **cent** prennent la marque du pluriel quand ils sont multipliés et non suivis d'un autre numéral :

> *quatre-**vingts** ans* (4 × 20)
> mais *quatre-**vingt-un** ans*

Les nombres inférieurs à *cent*, formés par juxtaposition, sont reliés par des traits d'union : *cinquante-deux ;* mais on écrit : *cinquante et un* (coordination) et *deux cent trente* (nombre supérieur à cent).

adjectifs interrogatifs et exclamatifs

> **Quelle** *heure est-il ?*
> **Quelle** *histoire !*

Les adjectifs interrogatifs ou exclamatifs accompagnent un nom sur lequel ils font porter l'interrogation ou l'exclamation. Leurs formes sont identiques : **quel, quelle, quels, quelles** (voir chapitre 5).

▶ *Donnez la nature des déterminants que vous avez relevés dans la bande dessinée, en tête du chapitre.*

Récapitulons

■ Outre l'article, un nom peut avoir pour déterminant un **adjectif** :

— **possessif**	*Mon crayon*
— **démonstratif**	*Ce crayon*
— **indéfini**	*Chaque crayon*
— **numéral cardinal**	*Deux crayons*
— **interrogatif ou exclamatif**	*Quel crayon ? Quel crayon !*

Exercices

★ **1.** Faites précéder les noms suivants de l'adjectif possessif de la 2ᵉ personne du singulier.

Chandail - leçon - invitation - hauteur - héroïne - hache.

★ **2.** *Leur* est tantôt pronom personnel invariable devant un verbe, tantôt adjectif possessif variable devant un nom. Complétez les phrases suivantes avec *leur* ou *leurs* et encadrez le GN lorsque vous utilisez l'adjectif possessif.

1. Vous ... donnerez ... note quand ... camarades seront revenus. — 2. Il ... faut ... bottes et ... imperméable. — 3. ... amis ... ont offert un repas au restaurant qui ... a fait plaisir. — 4. Ne ... ôtez pas tous ... espoirs.

★ **3.** Complétez les phrases suivantes avec *ma, m'a* ou *m'as*.

1. ... mère ... porté ... valise. — 2. Tu ... interrompu dans ... phrase. — 3. N'est-ce pas toi qui ... emprunté ... calculatrice ? — 4. Où ...-t-elle vu ?

★ **4.** Complétez les phrases suivantes avec *son* ou *sont*.

1. Pierre et Edouard ... les frères de ... parrain. — 2. Où ... les billets que ... père lui a achetés ? — 3. Ils ... fatigués par ... bavardage.

★ **5.** Remplacez les propositions relatives qui accompagnent les noms par des adjectifs possessifs.

Ex. : *Le livre qu'il a écrit.*
→ *Son livre.*

1. L'adresse à laquelle on peut le trouver. — 2. Les souvenirs que vous avez conservés. — 3. La fourrure qui les recouvre. — 4. Le véhicule que tu conduis. — 5. L'hebdomadaire que nous lisons. — 6. L'équipe dont je fais partie. — 7. Les idées qu'elles expriment.

★★★ **6.** Développez les adjectifs possessifs en les remplaçant par des propositions relatives équivalentes.

Ex. : *Ta déception.*
→ *La déception que tu éprouves.*

1. Son pantalon. — 2. Leurs explications. — 3. Vos projets. — 4. Ta surprise. — 5. Ses cris. — 6. Notre fatigue. — 7. Mes vœux.

★ **7.** Faites précéder les noms suivants de l'adjectif démonstratif approprié.

Hangar - oasis - habit - emblème - herbe - été - idole - intervalle - hêtre - épisode.

★ **8.** Complétez les phrases suivantes avec l'adjectif possessif *ses* ou l'adjectif démonstratif *ces*, selon le cas.

1. Je voudrais ... meringues que j'offrirai à mon amie ; ... enfants en raffolent. — 2. Il voyage souvent dans ... contrées ; il y a maintenant ... habitudes. — 3. ... terres appartenaient au père Jacquot qui préféra les vendre à ... étrangers plutôt que de les léguer à ... enfants.

★★ **9.** Complétez les adjectifs démonstratifs à l'aide de *-ci* ou *-là* selon le cas.

1. Pour demain, apportez ces livres-... : histoire, grammaire, algèbre. — 2. A cette époque-..., les femmes portaient des crinolines. — 3. Ces jours-... Frédéric a fait des efforts louables. — 4. Il a acheté une armoire, un bureau et une glace ; hélas ! tous ces meubles-... ne vont pas ensemble. — 5. Ces gredins-... ont encore cassé une vitre. — 6. Viens avec nous de ce côté-....

★ **10.** Soulignez les adjectifs indéfinis des phrases suivantes.

1. Quelques gouttes de pluie s'écrasèrent sur le pare-brise. — 2. Je pourrais citer bien d'autres exemples. — 3. Nous l'avons dit maintes fois : nous ne tolérerons aucun retard. — 4. Tous les élèves ont participé au concours mais seuls quelques joueurs ont été sélectionnés pour la finale. —

5. Chaque homme a droit au respect. —
6. Le professeur dut expliquer plusieurs
fois la même chose.

★ **11. Complétez les phrases suivantes
avec des adjectifs interrogatifs ou exclamatifs selon le cas.**

1. Je me demande ... excuses ils vont bien
pouvoir imaginer. — 2. ... est le nom de ce
roi de France qui fut guillotiné ? — 3. Tout
ce linge à laver, ... corvée ! — 4. Dites-nous
par ... rue vous passez.

★ **12. Écrivez en toutes lettres les adjectifs numéraux des phrases suivantes.**

1. Il aura 17 ans dans 15 jours. — 2. Il y a
3 600 secondes dans une heure. — 3. Cela
coûte 425 francs et 95 centimes. — 4. Tous
les 4 ans, le mois de février compte 29
jours.

★★ **13. Écrivez en toutes lettres l'addi-
tion suivante et son résultat.**

844 798 plus 235 651 font ...

★ **14. Dictée et questions.**

Un âne mécontent de son sort

J'appartenais à une fermière exigeante et
méchante. Figurez-vous qu'elle poussait la
malice jusqu'à ramasser tous les œufs que
pondaient ses poules, tout le beurre et les
fromages que lui donnait le lait de ses
vaches, tous les légumes et les fruits qui
mûrissaient dans la semaine, pour remplir
deux paniers qu'elle mettait sur mon dos. Et
quand j'étais si chargé que je pouvais à
peine avancer, cette méchante femme
s'asseyait encore au-dessus des paniers et
m'obligeait à trotter ainsi écrasé, accablé,
jusqu'au marché qui était à une lieue de la
ferme. J'étais, chaque fois, dans une colère
que je n'osais pas montrer parce que
j'avais peur des coups de bâton.

> Comtesse de Ségur,
> *Les Mémoires d'un âne*,
> Hachette.

1. Relevez les GN contenant des adjectifs
possessifs ; dites leur personne, leur genre
et leur nombre.
2. Cherchez un adjectif démonstratif.
3. Relevez les adjectifs indéfinis et comparez leurs emplois.
4. Trouvez deux adjectifs numéraux.

★ **15. Récréation.**
**Relevez tous les déterminants contenus
dans cette vignette et dites leur nature.**

Astérix, *La Zizanie*, p. 19.

14
L'adjectif qualificatif :
rôle, formes

La lavande

Ses touffes se reconnaissent facilement aux tiges grêles et carrées, aux feuilles minces et blanchâtres, aux petites fleurs bleues en épis. L'odeur forte, un peu camphrée, est vraiment caractéristique. Stimulante et aromatique, la lavande ne nous fournit pas seulement un parfum frais et un antimite précieux. Elle possède aussi de nombreuses vertus médicinales.

▶ *Relevez les adjectifs qualificatifs, indiquez le nom qu'ils qualifient, leur genre et leur nombre.*
▶ *Pour chacun, comparez le masculin singulier et le féminin singulier, puis le masculin singulier et le masculin pluriel : comment se forment le plus souvent le féminin et le pluriel ?*

rôle de l'adjectif qualificatif

On distingue deux catégories d'adjectifs qualificatifs.

1. Les adjectifs descriptifs décrivent la manière d'être de la chose ou de l'être désignés par un nom :

> *Il portait une chemise **bleue**.*
> *Ma mère n'est pas **grande**.*

2. Les adjectifs de relation précisent un nom à la manière d'un complément de nom :

> *La banlieue **parisienne** = la banlieue de Paris.*
> *Le pouvoir **royal** = le pouvoir du roi.*

Les adjectifs de relation sont presque toujours dérivés d'un nom : *national* vient de *nation, universitaire* vient d'*université.*

formes de l'adjectif qualificatif

Les adjectifs qualificatifs ont des formes variables en genre et en nombre selon le nom qu'ils qualifient.

1. Genre

1. Cas général

Les adjectifs qualificatifs, qui figurent toujours au masculin singulier dans le dictionnaire, forment leur féminin avec la terminaison *-e* ajoutée au masculin :

> *grand → grande, joli → joli*e.

Les adjectifs déjà terminés par *-e* au masculin ne changent pas au féminin :

> *Un **pauvre** homme, une **pauvre** femme.*

2. Cas particuliers

Les adjectifs en *-er* font *-ère* au féminin : *gaucher, gauchère*.	
Les adjectifs en *-gu* font *-guë* au féminin : *aigu, aiguë*.	

Doublent la consonne finale les adjectifs dont le masc. est en :	**Modifient** leur terminaison les adjectifs dont le masc. est en :
-eil → *-eille* : *vermeil, vermeille* *-el* → *-elle* : *naturel, naturelle* *-en* → *-enne* : *parisien, parisienne* *-et* (1) → *-ette* : *violet, violette* *-on* → *-onne* : *bon, bonne* *-ot* → *-otte* : *sot, sotte* *-s* (2) → *-sse* : *gros, grosse*	*-eur* (3) ⟨ *-euse* : *menteur, menteuse* *-eresse* : *vengeur, vengeresse* *-teur* → *-trice* : *directeur, directrice* *-eux* → *-euse* : *affreux, affreuse* *-eau* → *-elle* : *beau, belle* *-ou* → *-olle* : *mou, molle* *-c* ⟨ *-que* : *public, publique* *-che* : *sec, sèche* *-f* → *-ve* : *neuf, neuve*

(1) Les adjectifs *complet, replet, concret, discret, secret, inquiet* ont le féminin en *-ète* : *une page **complète**.*

(2) Les adjectifs *gris* et *ras* ne doublent pas le *-s* au féminin : *une robe **grise**.*

(3) Les adjectifs *inférieur, supérieur, antérieur, postérieur, intérieur, extérieur, majeur, mineur*, etc., ont le féminin en *-eure* : *la classe **supérieure**.*

Enfin certains adjectifs ont un féminin irrégulier :

bénin,	**bénigne**	long,	**longue**
doux,	**douce**	malin,	**maligne**
faux,	**fausse**	paysan,	**paysanne**
favori,	**favorite**	roux,	**rousse**
frais,	**fraîche**	vieux,	**vieille**
gentil,	**gentille**		

2. Nombre

1. Cas général

Le pluriel des adjectifs qualificatifs s'obtient en ajoutant la terminaison *-s* à la forme correspondante du singulier :

> *Un homme fort, des hommes fort**s**.*
> *Une femme forte, des femmes fort**es**.*

Les adjectifs terminés par *-s* ou *-x* au masculin singulier ne changent pas au pluriel :

> *De gro**s** chiens rou**x**.*

2. Cas particuliers

Les adjectifs en *-eau* ont le pluriel en *-eaux* : *beau,* **beaux.**
Les adjectifs en *-al* ont le pluriel en *-aux* : *royal,* **royaux,**
sauf *banal, bancal, fatal, final, glacial, natal, naval* qui font *-als* : *des hivers glacials.*

3. Adjectifs composés

Certains adjectifs sont formés de deux éléments reliés par un trait d'union. Si ces deux éléments sont deux adjectifs, ils **s'accordent** tous les deux :

> *Des enfants sourd**s**-muet**s**.*

Si l'un des éléments est un adverbe, une abréviation ou un adjectif employé adverbialement, cet élément reste **invariable** :

> *De la colle **extra-forte***
> *Une production **franco-américaine***
> *Des enfants **nouveau-nés***

▶ *Cherchez trois autres adjectifs composés et employez-les au féminin singulier.*

Récapitulons

■ L'adjectif qualificatif peut être
descriptif : *Une chemise bleue*
ou **de relation** : *La banlieue parisienne.*

■ Il est variable en genre et en nombre. Pour obtenir le féminin singulier, on ajoute en général un *-e* au masculin singulier : *grand, grande.* Il y a de nombreux cas particuliers.

■ Pour obtenir le pluriel on ajoute un *-s* au singulier : *grand, grands ;* les adjectifs en *-eau* font *-eaux*, ceux en *-al* font *-aux* sauf quelques exceptions :
De **beaux** *châteaux* **royaux.**

■ Dans les adjectifs composés, seuls les éléments qui sont des adjectifs varient :
Ce film est une production **franco-américaine.**

Exercices

★ **1.** Dans les phrases suivantes, soulignez d'un trait les adjectifs qualificatifs descriptifs et de deux traits les adjectifs qualificatifs de relation.

1. La jeune femme portait un élégant tailleur gris et un grand chapeau mauve. — 2. La prochaine rentrée scolaire sera importante pour vous. — 3. Les routes départementales sont souvent plus étroites que les grands axes nationaux. — 4. Mon frère aîné adore la cuisine italienne depuis nos dernières vacances. — 5. A titre publicitaire, une alléchante remise sera accordée à tout nouveau client. — 6. De nombreux camions européens empruntent ce tunnel routier international.

★ **2.** Trouvez les adjectifs de relation tirés des noms suivants.

Nature - sable (deux réponses) - matin - résidence - printemps - Alpes (deux réponses) - cycle - roi - Espagne - Bretagne.

★ **3.** Même exercice.

Provence - police - poumon - mer (deux réponses) - espace - campagne - forêt - hiver - océan - république.

★ **4.** Retrouvez les noms dont sont tirés les adjectifs de relation suivants.

Territorial - pédestre - salarié - artificiel - glaciaire - montagnard - bourgeois - historique - fantaisiste - estival.

★ **5.** Reliez les adjectifs aux noms auxquels ils se rapportent, puis employez chaque GN ainsi formé dans une phrase.

Ex. : *Il souffre d'une maladie cardiaque.*

une lueur • • cardiaque
un appartement • • maritime
un climat • • romanesque
une maladie • • étranger
la bataille • • verte
une aventure • • caduques
un accent • • exigu
des feuilles • • navale

★ **6.** Donnez le féminin singulier des adjectifs suivants.

Sage - exigu - entier - confit - brouillon - désordonné - mélodieux - songeur - nouveau - laïc - gras - moyen - blanc - exceptionnel - pâlot - mou.

★ **7.** Même exercice.

Poli - favori - poltron - paysan - vieux - contigu - creux - jumeau - gris - chenu - turc - léger - franc - complet - fier - frais.

★ **8.** Même exercice.

Menteur - vengeur - directeur - mineur - extérieur - rageur - libérateur - flatteur - ultérieur - créateur - rêveur.

★ **9.** Même exercice.

Incomplet - coquet - concret - simplet - discret - violet - fluet - replet - net - secret - inquiet - cadet.

★★ **10.** Complétez les noms masculins de la 2e colonne en reprenant l'adjectif employé dans la 1re colonne. Vérifiez dans le dictionnaire si vous avez un doute.

Ex. : *une statue grecque - un temple grec.*

la guerre civile	le Code ...
une fraîcheur juvénile	un sourire ...
une rue tranquille	un coin ...
une table ovale	un ballon ...
une allure débile	un air ...
une place publique	un passage ...
une classe préparatoire	un cours ...
une robe noire	un pantalon ...

★ **11.** Parmi ces adjectifs au féminin singulier, soulignez ceux qui ont la même forme au masculin singulier. Aidez-vous du dictionnaire.

Régionale - pâle - sale - artificielle - historique - laïque - vile - difficile - infidèle - grêle.

★ **12.** Même exercice.

Éliminatoire - nucléaire - utile - subtile - immobile - vermeille - parallèle - industrielle - pascale.

★ **13.** Mettez les adjectifs suivants au masculin pluriel puis au féminin pluriel.

Épais - nouveau - vieux - lourd.

Doux - légal - bancal - pareil.
Sot - bleu - fou - naval.
Pâle - fatal - amical - aigu.

★ **14.** Même exercice.

Inné - moyen - urgent - nouveau-né.
Gris - natal - brutal - espagnol.
Maraîcher - franco-belge - ovale - mou.
Creux - lisse - turc - final.

★★★ **15.** Dictée et questions.

Avant l'orage

D'épaisses nuées s'accumulent. Déjà s'élève du sud une funèbre nuit escortée de grandes vapeurs sulfureuses[1]. Un vent brusque et hagard court à travers les graminées. La terre gronde au loin, comme saisie de frayeur. L'orage vient et cherche sa route. Il va peut-être nous épargner, peut-être nous faire grâce. Il va peut-être poser sur nous ses pattes de monstre aquatique. Dans quelques instants, peut-être, notre campagne suffoquée gémira sous le déluge. Et, cependant, le jardinier, un lourd arrosoir au poing, verse une pluie raisonnable sur le jardin encore en paix.

Georges Duhamel,
Fables de mon jardin (I),
Mercure de France.

1. Sulfureuses : qui sont jaunes comme le soufre.

1. Relevez les adjectifs qualificatifs à l'exclusion des participes passés ; classez-les en deux groupes : a) ceux dont le masculin et le féminin singuliers sont semblables ; b) ceux dont le masculin et le féminin singuliers sont différents.
2. Relevez un sujet inversé.
3. Dans la dernière phrase, quelle est la fonction des groupes *un lourd arrosoir au poing* et *sur le jardin encore en paix.*
4. Expliquez les adjectifs *funèbre* et *hagard.*
5. Que signifie la phrase : *il va peut-être poser sur nous ses pattes de monstre aquatique ?*

15
L'adjectif qualificatif :
fonctions, accords

Le cygne

Sans bruit, sous le miroir des lacs profonds et calmes,
Le cygne chasse l'onde avec ses larges palmes,
Et glisse. Le duvet de ses flancs est pareil
A des neiges d'avril qui croulent au soleil ;
Mais, ferme et d'un blanc mat, vibrant sous le zéphir
Sa grande aile l'entraîne ainsi qu'un lent navire.

Sully Prudhomme, *Les Solitudes*, A. Lemerre, édit.

▶ *Quels adjectifs qualificatifs accompagnent les noms* lac, palmes, aile, navire *? Où sont-ils placés par rapport aux noms ? Pourraient-ils être supprimés?*
▶ *Relevez un verbe attributif et l'adjectif qui le complète. Peut-on supprimer celui-ci ?*
▶ *Dans la dernière phrase, un adjectif est séparé du GN qu'il qualifie par plusieurs mots et des virgules ; retrouvez l'adjectif et le nom auquel il se rapporte.*

les fonctions de l'adjectif qualificatif

1. Attribut du sujet ou du COD

L'adjectif qualificatif peut être le **constituant essentiel du groupe verbal** et, dans ce cas, on ne peut pas le supprimer.

1. Il peut être attribut du sujet après les verbes attributifs (verbes d'état, certains verbes passifs). Voir chapitre 10.

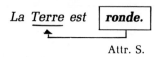

La Terre est **ronde.**

Attr. S.

▶ *Construisez deux phrases avec les verbes* devenir, être jugé *suivis d'adjectifs attributs.*

2. Il peut être attribut du COD après les verbes : *trouver, croire, rendre, considérer comme,* etc. (voir chapitre 10).

Cette nouvelle a rendu ma tante **optimiste.**

Attr. COD

▶ *Est-il possible de supprimer l'attribut du COD dans cette phrase ?*

2. Épithète du nom

L'adjectif qualificatif peut être le **constituant facultatif du groupe nominal** et, dans ce cas, on peut le supprimer le plus souvent.

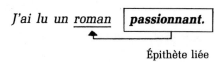

J'ai lu un roman **passionnant.**

Épithète liée

1. Il peut être dans le GN, placé entre le déterminant et le nom ou après le nom. On l'appelle alors épithète liée.

> Son **beau** manteau.
> Quelques feuilles **blanches**.

Les règles concernant la place de l'épithète dans le GN sont complexes, c'est l'usage qui vous guidera.

Certains adjectifs prennent un sens différent selon leur place dans le GN ; comparez :

> Un **curieux** garçon / un garçon **curieux**.
> Une **ancienne** armoire / une armoire **ancienne**.

On peut trouver plusieurs adjectifs épithètes dans un même GN :

> Une **petite** rivière **poissonneuse.**
>
> Un **grand** et **beau** garçon ; un vêtement **léger** et **chaud.**
>
> Un hiver **précoce, rigoureux, interminable.**

2. Il peut être hors du GN, tout en se rapportant au nom noyau du GN, dont il est séparé par une virgule ou plusieurs mots. On l'appelle alors épithète détachée ou adjectif apposé.

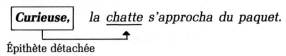

> **Curieuse,** la *chatte* s'approcha du paquet.

Épithète détachée

▶ *Modifiez la phrase en déplaçant de plusieurs manières l'épithète détachée.*

l'accord de l'adjectif qualificatif

1. Règle générale

Quelle que soit sa fonction, attribut, épithète ou apposé, l'adjectif qualificatif s'accorde en genre et en nombre avec le nom auquel il se rapporte :

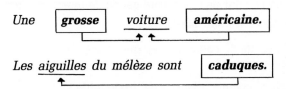

> Une **grosse** voiture **américaine.**
>
> Les *aiguilles* du mélèze sont **caduques.**

Un adjectif peut s'accorder avec deux ou plusieurs noms. S'il se rapporte à deux noms singuliers, l'accord se fera au **pluriel**. S'il se rapporte à un nom masculin et à un nom féminin, l'accord se fera au **masculin** pluriel :

> Une robe et une écharpe bleu**es.**
> Une robe et un sac bleus.

2. Cas particuliers

a) Certains adjectifs de **couleur** restent invariables

— s'ils sont tirés d'un **nom** comme *marron, noisette, argent, crème, or, orange* :

> Des chaussures **marron.**

(Cependant *mauve* et *rose* sont variables.)

— s'ils sont suivis d'un autre adjectif ou d'un nom précisant la couleur :

> Une feuille **vert clair**, une robe **gris-souris.**

99

b) Les adjectifs **demi, mi, nu,** placés **avant un nom** auquel ils sont reliés par un trait d'union sont invariables :

> Une **demi**-portion mais une heure et **demie.**

> **Nu**-pieds mais pieds **nus.**

c) Les adjectifs employés comme **adverbes** restent invariables :

> Cette voiture coûte **cher.** Ils voyaient trop **grand.**

▶ *Trouvez d'autres adjectifs employés comme adverbes et utilisez-les dans des phrases.*

Récapitulons

■ Les quatre fonctions possibles de l'adjectif qualificatif sont :

attribut du sujet La terre est **ronde.**
attribut du COD Cette nouvelle a rendu ma tante **optimiste.**
épithète liée Un roman **passionnant.**
épithète détachée
ou adjectif apposé **Curieuse,** la chatte s'approcha.

■ Quelle que soit sa fonction, l'adjectif s'**accorde** en genre et en nombre avec le nom auquel il se rapporte :

> Cette **grosse** voiture est **américaine.**

■ S'il se rapporte à deux ou plusieurs noms, l'adjectif se met au pluriel ; si les noms ne sont pas du même genre, le masculin l'emporte :

> Une robe et un sac **bleus.**

■ Certains adjectifs de couleur ainsi que *demi, mi* et *nu* suivent des règles particulières.

L'adjectif employé comme adverbe est **invariable** :

> Cette voiture coûte **cher.**

Exercices

★ **1.** En associant un verbe et un adjectif qualificatif de ces 2 listes, construisez 7 phrases contenant un attribut du sujet.

Ex. : *Cette élève est très étourdie.*

être   •   • heureux
rester   •   • bancals
vivre   •   • désastreuse
être considéré
comme   •   • sympathique
paraître   •   • étourdie
sembler   •   • calmes
devenir   •   • majeures
demeurer   •   • prisonnier

★★★ **2.** Dans les phrases suivantes, soulignez d'un trait les adjectifs qualificatifs attributs du sujet et de deux traits les adjectifs attributs du COD. Indiquez par une flèche le mot auquel ils se rapportent.

1. Il a trouvé votre remarque intelligente. — 2. Eric a été déclaré apte à faire du judo. — 3. Nous avons trouvé ce film superbe. — 4. Le professeur considère cette faute comme légère. — 5. La rédaction de Laurence a été jugée excellente par tout le monde. — 6. Le tribunal l'a reconnu coupable.

100

★ 3. Dans les phrases suivantes, supprimez les adjectifs qualificatifs qui peuvent l'être et retrouvez ainsi les épithètes.

1. Pasteur fut un grand savant du XIX* siècle. — 2. A l'annonce de cette terrible nouvelle, la jeune femme demeura stupéfaite. — 3. L'espion X22 fut jugé incapable d'accomplir cette délicate mission. — 4. Cette jupe verte n'est peut-être pas assez chaude. — 5. Le professeur dessina des figures géométriques au tableau noir. — 6. Le beau temps chaud se dégrada et devint bientôt brumeux et maussade.

★ ★ 4. Dans les phrases suivantes, soulignez en rouge les adjectifs épithètes liées et en vert les épithètes détachées.

1. Inquiet, l'écureuil grimpa sur une haute branche. — 2. La ville s'étendait à mes pieds, grise, poussiéreuse et bruyante. — 3. Devant le grand piano à queue, frêle dans sa longue robe noire, se tenait la jeune virtuose. — 4. C'était maintenant une vieille dame ridée, voûtée, desséchée. — 5. Lumineux et bouclés, ses cheveux blonds encadraient son jeune visage comme une auréole. — 6. La Chine, lointaine et fascinante, a toujours envoûté les voyageurs.

★ ★ 5. Dans les phrases suivantes, soulignez en bleu les adjectifs attributs du sujet, en jaune les attributs du COD, en rouge les épithètes liées, en vert les épithètes détachées.

1. Seule sur le chemin poussiéreux, la jeune fille demeura pensive un court instant puis reprit sa longue marche. — 2. Les flocons de neige se mirent à voleter, légers, duveteux, insaisissables. — 3. Grand, blond, il avait un type nordique bien qu'il fût grec. — 4. L'onde était transparente et pure / Ainsi qu'au plus beau jour. (La Fontaine.) — 5. Le succès l'a rendu vaniteux.

★ ★ 6. Même exercice.

1. Le mistral s'était levé au petit matin, violent et glacé, et il balayait les collines desséchées. — 2. Le ciel est, par-dessus le toit / Si bleu, si calme ! (Verlaine.) — 3. Pilou semblait un chien affectueux et paisible mais il devenait féroce à la vue de personnes étrangères. — 4. Je trouve cette coutume charmante. — 5. Farouche, le cha-

mois est un animal difficile à observer. — 6. Les cloches se mirent à carillonner, aériennes et joyeuses.

★ ★ 7. Les adjectifs suivants n'ont pas le même sens selon qu'ils sont placés avant ou après le nom ; précisez leur sens à l'aide d'un adjectif ou d'une expression synonyme.

Ex. : *Un pauvre garçon = un garçon malheureux.*
Un garçon pauvre = un garçon sans argent.

1. Une petite fille ; une fille petite. — 2. Un triste individu ; un individu triste. — 3. Une sale bête ; une bête sale. — 4. Une sacrée musique ; une musique sacrée. — 5. Un brave homme ; un homme brave. — 6. Mes propres chaussures ; mes chaussures propres.

★ 8. Formez des GN acceptables avec les noms et les adjectifs suivants. Vous pouvez coordonner ou juxtaposer les adjectifs, plusieurs solutions sont parfois possibles.

Ex. : *Un film* (nom).
Grand, américain (adjectifs).
→ *Un grand film américain* (GN).

Noms	Adjectifs
Les roses	Magnifiques, rouges
Un discours	Long, obscur, ennuyeux
Une maison	Froide, humide
Une cathédrale	Gothique, belle
Une règle	Difficile, grammaticale
Son pays	Cher, natal
Mes souliers	Vieux, vernis

★ 9. Dans le texte suivant, accordez les adjectifs qualificatifs.

Portrait

Vautrin... avait les épaules (large), le buste bien développé, les muscles (apparent), des mains (épais), (carré) et fortement marquées aux phalanges par des bouquets de poils (touffu) et d'un roux (ardent). Sa figure, rayée par des rides (prématuré), offrait des signes de dureté que démentaient ses manières (souple) et (liant).

Balzac,
Le Père Goriot.

101

★★ **10.** Dans les phrases suivantes, accordez les adjectifs qualificatifs.

1. Dans les oasis (saharien), l'eau est (précieux). — 2. L'anse de cette (joli) corbeille est trop (court). — 3. Les (nouveau) espèces de maïs s'acclimatent même dans les pays (froid). — 4. De (beau) azalées garnissaient de (somptueux) vasques. — 5. Les pays (tropical) sont couverts d'une végétation (luxuriant).

★★ **11.** Même exercice.

1. Delphine et Marinette restèrent (ébahi) devant la proposition (saugrenu) du loup. — 2. La mariée portait une robe et un voile (blanc). — 3. Le frère et les deux sœurs d'Odile sont beaucoup plus (brun) qu'elle. — 4. Annie a les yeux (marron) alors que sa maman a les yeux très (bleu). — 5. Elle avait acheté de (grand) rideaux (orange) pour égayer sa chambre dont les murs étaient (blanc cassé). — 6. Les élèves eurent deux heures et (demi) de cours puis une (demi)-heure de récréation.

★★★ **12.** Même exercice.

1. (Insouciant) et (imprudent), Jacques et Claudine sortent souvent (nu) pieds et (nu) tête. — 2. Les bruyères ont des fleurs (mauve) ou (violet). — 3. Elle portait souvent un manteau et un bonnet (vert pomme), des souliers (plat) et des gants (crème). — 4. Les paons ont des plumes (vert et or). — 5. Le 14 juillet, tous les bâtiments (public) sont décorés de drapeaux (bleu, blanc, rouge).

★★ **13.** Dans les phrases suivantes, faites ou non l'accord des adjectifs, selon qu'ils fonctionnent comme des adjectifs ou comme des adverbes.

Ex. : *Les fruits sont (cher) en février.*
→ *chers*, adjectif attribut de fruit.

Ce marchand vend trop (cher).
→ *cher*, adjectif employé comme adverbe.

1. Les bébés pleuraient très (fort). — 2. Ces artistes semblent très (fort). — 3. Elle s'arrêta (net) à notre arrivée. — 4. Cette maison n'est pas (net). — 5. Vos peupliers sont trop (haut). — 6. Ne parlons pas si (haut). — 7. Ces musiciens ne jouent pas (juste). — 8. Vos décisions ne me paraissent pas (juste).

★★★ **14.** Dictée et questions.

Les bêtes en hiver

Le froid régnait, hostile aux petites vies errantes. Le garenne[1] demeurait blotti dans la moiteur des galeries profondes, la belette et la fouine rôdaient autour des poulaillers. Les faisans, serrés les uns contre les autres sous de hautes touffes de bruyère franche, ébouriffaient leurs plumes et ne quittaient plus leur abri. L'affût devenait inutile, et l'approche décevante sur ce sol dur et sec, parmi les broussailles sonores qui craquaient à peine effleurées.

M. Genevoix, *Rroû*
Flammarion.

1. *Le garenne :* le lapin de garenne (lapin sauvage).

1. Relevez les adjectifs qualificatifs épithètes ; dites avec quel nom ils s'accordent et justifiez l'accord.
2. Relevez les adjectifs ou participes passés employés comme adjectifs qui sont épithètes détachées ; dites à quels noms ils se rapportent et justifiez l'accord.
3. Quelle est la fonction de *blotti, inutile* et *décevante* ?

16

Les degrés de signification de l'adjectif qualificatif :
le comparatif et le superlatif

NESTOR   KIM   TITUS

1. Nestor est **plus poilu** que Titus.   Titus est **plus** ... que Kim.
   Kim est **moins grand** que Nestor.   Titus est **moins** ... que Nestor.
   Titus est **aussi grand** que Nestor.   Kim est ... **poilu** que Nestor.

2. Kim est **le plus** ... des trois. Titus est **le moins** ... des trois.

3. Nestor est **très** ..., Kim est **extrêmement** ..., Titus est **vraiment** ...

▶ *Complétez les phrases. Dans quelle série d'exemples établit-on une comparaison entre un chien et un autre chien ? Dans quelle série établit-on une comparaison entre un chien et les autres chiens ? Quelle série n'exprime pas de comparaison ?*

degrés de signification de l'adjectif

Tous les exemples précédents sont bâtis autour d'un **adjectif** traduisant une **qualité**, précédé d'un **adverbe** qui marque un **degré** plus ou moins élevé de cette qualité.

> *plus, moins, aussi*
> *le plus, le moins, très* ⟍ ⟶ *grand*

Ces constructions sont appelées les degrés de signification de l'adjectif qualificatif. On distingue parmi eux : le comparatif et le superlatif.

le comparatif

1. Rôle

> *Le Rhône est **plus long** que la Seine.*
> *Le Rhône est **moins long** que la Loire.*

On dit que *plus long* et *moins long* sont des comparatifs parce qu'ils servent à établir une comparaison entre deux éléments.

▶ *Dans chacun des deux exemples, quels sont les deux éléments entre lesquels s'établit la comparaison ?*

2. Formation et sens

Le comparatif est composé d'un **adjectif qualificatif** précédé de l'adverbe ***plus, moins*** ou ***aussi***.
Suivant l'adverbe utilisé, on est en présence d'un **comparatif :**

— **de supériorité *(plus)*** → *Je voudrais une chemise **plus large**.*

— **d'infériorité *(moins)*** → *Je voudrais une chemise **moins large**.*

— **d'égalité *(aussi)*** → *Je voudrais une chemise **aussi large**.*

▶ *A quel type de comparatif appartiennent* plus petit *et* moins grand *?*

3. Les comparatifs irréguliers

Vous savez qu'on ne doit pas dire **plus bon* mais *meilleur*.
Meilleur est le comparatif de supériorité irrégulier de l'adjectif ***bon***.
Deux autres comparatifs de supériorité irréguliers existent à côté des formes régulières :

mauvais	→	***plus mauvais***	→ ou ***pire***.
petit	→	***plus petit***	→ ou ***moindre***.

4. Le complément du comparatif

> *Sophie est **plus étourdie*** | que Laurence.

Le comparatif *plus étourdie* est complété par le groupe de mots *que Laurence*. Donc, *que Laurence* est le complément du comparatif *plus étourdie*.
Le complément du comparatif est introduit par *que*.

▶ *Cherchez d'autres compléments possibles du comparatif* plus étourdie.

le superlatif

1. Rôle

*Didier est **le plus bricoleur** et **le moins sportif** de la famille.*
*Il est **très bavard.***

Les superlatifs *le plus bricoleur, le moins sportif* et *très bavard* servent à marquer le degré extrême (supérieur ou inférieur) d'une qualité.

2. Formation et sens

1. Le superlatif relatif

a) Le superlatif relatif est formé, comme le comparatif, avec les adverbes *plus* ou *moins*, mais il est précédé de l'**article défini** (ou de l'adjectif possessif) :

Superlatif de supériorité ⟶ *Le plus grand modèle.*
Votre plus grand modèle.

Superlatif d'infériorité ⟶ *Le modèle le moins grand.*

A côté des comparatifs irréguliers : *meilleur, pire* et *moindre*, il existe des superlatifs relatifs irréguliers : *le meilleur, le pire* et *le moindre.*

b) *La tour Eiffel est **le plus haut** des monuments de Paris.*

On dit que *le plus haut* est un superlatif relatif, parce que la hauteur de la tour Eiffel est considérée par rapport à celle des autres monuments, donc **relativement** à un ensemble.

2. Le superlatif absolu

a) Le superlatif absolu est formé d'un adjectif qualificatif précédé de l'adverbe *très* ou d'un autre adverbe de même sens : *bien, fort, vraiment, excessivement, infiniment,* etc.

*Cette voiture est **très confortable.***
*Cette voiture est **extrêmement confortable.***

b) La qualité de la voiture (son confort) n'est pas considérée comparativement à un ensemble, mais en elle-même. Le superlatif absolu exprime le **degré extrême** d'une **qualité** considérée dans l'**absolu**.

3. Le complément du superlatif

*Ces fruits sont **les plus beaux*** | *de tout le marché.*

Le superlatif relatif *les plus beaux* est complété par le groupe de mots *de tout le marché*. Donc, *de tout le marché* est le complément du superlatif *les plus beaux*.
Le complément du superlatif est en général introduit par la préposition *de*.
Seul le **superlatif relatif** peut être suivi d'un **complément**.

▶ *Pourquoi le superlatif absolu ne peut-il pas être accompagné d'un complément ?*

Récapitulons

■ Le **comparatif** et le **superlatif** servent à marquer les **degrés d'une qualité** représentée par l'adjectif qualificatif. Ce sont des **degrés de signification** de l'adjectif qualificatif.

adjectif qualificatif	*Tu es **grand**.*
comparatifs	*Tu es **plus grand, moins grand, aussi grand**.*
superlatifs relatifs	*Tu es **le plus grand, le moins grand**.*
superlatif absolu	*Tu es **très grand**.*

■ **Compléments du comparatif et du superlatif :**

Tu es plus grand | ***que moi.*** | (complément du comparatif)

Tu es le plus grand | ***de la classe.*** | (complément du superlatif)

■ Formes irrégulières :
   bon → ***meilleur*** → ***le meilleur***
   mauvais → ***pire*** (plus mauvais) → ***le pire*** (le plus mauvais)
   petit → ***moindre*** (plus petit) → ***le moindre*** (le plus petit)

Exercices

★ **1.** En associant un élément du groupe ① à un élément du groupe ② (comparatif) et à un élément du groupe ③, composez des phrases ayant un sens satisfaisant.

①	②	③
Le jaguar est	aussi joueur	que ma sœur
Lucie est	moins élevé	que Versailles
Marc est	plus ancien	que les Pyrénées
Le Jura est	plus coquette	que le chien
Le Louvre est	plus rapide	que moi

★ **2.** Complétez les phrases suivantes en utilisant des comparatifs de supériorité, d'égalité et d'infériorité, de manière à établir une comparaison entre chacun des deux éléments de la phrase. Soulignez les comparatifs.

Ex. : *Mon stylo est <u>plus neuf</u> que le tien.*

1. La rose ... que la violette.
2. Les cerises ... que les abricots.
3. Le rugby ... que le tennis.
4. Le sapin ... que le pommier.
5. La télévision ... que le cinéma.

★ ★ 3. Transformez les phrases sur le modèle suivant. Soulignez les comparatifs.

Ex. : *Le chêne est robuste, le roseau est flexible.*
→ *Le roseau est **moins robuste** que le chêne mais il est **plus flexible**.*

1. Le lièvre est rapide, la tortue est raisonnable. — 2. Philippe est musclé, Jean est souple. — 3. Les fraises cultivées sont grosses, les fraises des bois sont parfumées. — 4. L'avion est rapide, le train est économique. — 5. Le manteau est chaud, cette veste est élégante.

★ 4. Dans les phrases suivantes, relevez les comparatifs et classez-les en trois groupes : supériorité, infériorité, égalité.

1. Cet appartement est plus calme et aussi grand que celui où nous habitions, mais il est moins ensoleillé. — 2. Nous atteignîmes un chemin plus escarpé, plus rude mais d'où la vue était superbe. — 3. J'attendais une meilleure performance de cet athlète. Il semble en moins bonne condition physique. — 4. Ce documentaire est aussi instructif que distrayant. — 5. Ce café est si mauvais qu'il ne doit pas en exister de pire. — 6. Tout en étant moins cher, ce modèle est de meilleure qualité et d'une utilisation aussi simple. — 7. A côté de quelques articles très intéressants, ce journal en contient trop de moindre importance.

★ ★ 5. Dans les phrases suivantes, mettez l'adjectif entre parenthèses au comparatif qui convient (supériorité, infériorité, égalité).

1. Si vous voulez faire de la randonnée en Corse, il vaut mieux partir en mai car il y fait (chaud) qu'en juillet. — 2. Il est (timide) que son frère est exubérant. — 3. Les fruits sont (bon) pour la santé que les bonbons. — 4. Le trajet serait (long) par l'autoroute que par la route, mais il serait (monotone). — 5. Je cherche un papier peint d'une couleur (proche) que possible de celle-ci.

★ 6. Dans les phrases suivantes relevez les compléments des comparatifs.

1. Ce voyage à Venise a été encore plus agréable que je ne l'avais prévu. — 2. Tu es plus habile que lui. — 3. Il est plus vexé que fâché. — 4. Je cherche un sac aussi pratique que le tien. — 5. Le tennis est plus pratiqué qu'autrefois. — 6. Se taire est souvent plus difficile que parler.

★ 7. Complétez chaque phrase par plusieurs compléments du comparatif.

1. La température est plus fraîche ... — 2. Anne est moins gaie ... — 3. La lessive X est plus efficace ... — 4. Ce chien est plus hargneux...

★ ★ 8. Rédaction.

Prenez deux cartes postales représentant des paysages très différents et décrivez-les en les comparant l'un à l'autre. Utilisez le plus possible de comparatifs.

★ 9. Dans les phrases suivantes, mettez les adjectifs entre parenthèses au superlatif relatif de supériorité ou d'infériorité. Attention à l'accord de l'adjectif.

1. La lecture est (sain) des occupations. — 2. Va chercher des fraises dans le jardin mais prends (mûr). — 3. La marche à pied est (coûteux) et (simple) des sports. — 4. Mickey est un des héros de dessins animés (populaire). — 5. En judo, la ceinture blanche correspond au niveau (élevé). — 6. Goûtez ces chocolats, ce sont (bon). — 7. Bien qu'étant moins connu que Chambord ou Chenonceaux, Azay-le-Rideau est un des (beau) châteaux de la Loire.

★ ★ ★ 10. Dans les phrases suivantes, distinguez les comparatifs et les superlatifs relatifs. Relevez-les et classez-les en quatre groupes : comparatifs de supériorité, comparatifs d'infériorité, superlatifs relatifs de supériorité, superlatifs relatifs d'infériorité.

1. Les histoires vraies sont souvent les plus passionnantes. — 2. Si l'été est très pluvieux, le vin sera moins bon. — 3. Le fabuliste grec Ésope a dit : « La langue est la meilleure et la pire des choses. » — 4. La plus grande partie de la classe a obtenu de moins bons résultats qu'au trimestre précédent. — 5. Mon meilleur ami a douze ans. — 6. C'est le résultat du plus grand des hasards. — 7. Ce chien est plus fidèle que le plus fidèle des amis. — 8. Cette partie de la côte est plus abritée du vent, ce n'est pas le moindre de ses avantages. — 9. Ce livre est le moins intéressant.

★ **11.** Trouvez deux compléments pour chacun des superlatifs contenus dans les phrases suivantes.

1. François est le plus sympathique ... — 2. Cette arme est la plus dangereuse ... — 3. *La Joconde* est le tableau le plus connu ... — 4. J'ai acheté la moins chère ... — 5. C'est le spectacle le plus drôle ...

★★ **12.** Transformez les phrases suivantes de manière à faire apparaître un complément du superlatif. Soulignez ce complément.

Ex. : *C'est la rue la plus étroite.*
 → *C'est la plus étroite des rues.*

1. Il avait mis son plus beau chapeau. — 2. C'est le film d'Hitchcock le plus passionnant. — 3. Selon lui, c'est la plus charmante jeune fille. — 4. Voici mon plus jeune frère. — 5. Une galerie expose les œuvres les moins connues de cet artiste. — 6. Quel est votre meilleur souvenir ? — 7. Le temps est si clair qu'on distingue le moindre détail.

★ **13.** Mettez les adjectifs au superlatif absolu, en utilisant d'abord l'adverbe *très*, puis un autre adverbe exprimant un degré extrême (n'utilisez pas deux fois le même).

Ex. : *Un tapis usé.*
 → *Un tapis très usé.*
 → *Un tapis tout à fait usé.*

1. Une foule dense. — 2. Un enfant poli. — 3. Une musique entraînante. — 4. Un jardin fleuri. — 5. Un jeu violent. — 6. Une mer agitée.

★ **14.** Dans les GN suivants : a) Peut-on mettre au superlatif absolu les adjectifs ? Justifiez votre réponse. b) Remplacez ces adjectifs par des superlatifs absolus de sens proche.

Ex. : *Un mur immense.*
 → *Un mur très grand.*

1. Un énorme bateau. — 2. Une excellente soirée. — 3. Un livre rarissime. — 4. Un spectacle splendide. — 5. Une salle bondée. — 6. Une maison minuscule.

★★ **15.** Rédaction.

Imaginez une publicité vantant les mérites d'un objet de votre choix ! Utilisez le plus possible de superlatifs relatifs et absolus.

★★★ **16.** Relevez les comparatifs du texte. Indiquez leur catégorie (supériorité, etc.). Relevez les compléments des comparatifs.

Fenêtres

Celui qui regarde du dehors à travers une fenêtre ouverte ne voit jamais autant de choses que celui qui regarde une fenêtre fermée. Il n'est pas d'objet plus profond, plus mystérieux, plus fécond, plus ténébreux, plus éblouissant qu'une fenêtre éclairée d'une chandelle.
Ce qu'on peut voir au soleil est toujours moins intéressant que ce qui se passe derrière une vitre. Dans ce trou noir ou lumineux, vit la vie, rêve la vie, souffre la vie.

Baudelaire,
Petits Poèmes en prose.

★★ **17.** Dictée et questions.

L'hirondelle

L'hirondelle, prise dans la main et envisagée de près, est un oiseau laid et étrange, avouons-le ; mais cela tient précisément à ce qu'elle est l'oiseau par excellence, l'être entre tous né pour le vol. La nature a tout sacrifié à cette destination : elle s'est moquée de la forme, ne songeant qu'au mouvement ; elle a si bien réussi que cet oiseau, laid au repos, au vol est le plus beau de tous.
Des ailes en faux, les yeux saillants, point de cou (pour tripler la force) ; de pied, peu ou point ; tout en aile. Voilà les grands traits généraux. Ajoutez un très large bec, toujours ouvert, qui happe sans arrêter, au vol, se ferme et se rouvre...
Si elle n'égale pas en ligne droite le vol foudroyant du faucon, en revanche, elle est bien plus libre.

Michelet, *L'Oiseau.*

1. Relevez un superlatif relatif. Quel est son complément ?
2. Relevez un superlatif absolu.
3. Relevez un comparatif. Retrouvez son complément sous-entendu.

17
Le complément de détermination
et
l'apposition

Les armoiries de Paris représentent un bateau.
Nanterre est proche de Paris.
La capitale de la France, Paris, s'appelait autrefois Lutèce.

▶ *Dans chacune de ces trois phrases,* Paris *complète un autre mot.*
Dans la première phrase, de quel GN Paris *est-il l'expansion ?*
Dans la deuxième phrase, quel adjectif Paris *précise-t-il ?*
Dans la troisième phrase, quel GN Paris *reprend-il ?*

complément de détermination du nom

1. Rôle

1.

Dès les premières <u>lueurs</u> | de l'aube | ,

CDN

le <u>bateau</u> | à voiles | quitta le port.

CDN

Le nom noyau d'un GN peut être complété par un mot ou plusieurs mots, qui en précisent le sens et dont la fonction est **complément de détermination du nom** (CDN) ou plus simplement **complément de nom**.
Ainsi, le groupe *de l'aube* est complément de détermination de *lueurs*.

▶ *Quel nom le CDN* à voiles *complète-t-il ?*

Le complément de détermination du nom peut le plus souvent être supprimé.

▶ *Supprimez les CDN dans la phrase ci-dessus.*

2. Les précisions apportées par ce complément sont variées.
— possession :   *le livre **de Jean**.*
— origine :   *une orange **d'Espagne**.*
— but :   *du fil **à coudre**.*
— qualité :   *un artiste **de talent**.*
— dimension :   *une étape **de cent kilomètres**.*
— matière :   *une statue **en bronze**.*
      etc.
Cependant, le CDN n'est pas un complément circonstanciel.

2. Construction

Le complément de détermination **suit** le nom qu'il complète.

1. Il est relié le plus souvent à ce nom par une **préposition** : *de, à, pour, en avec, sans*, etc :

Un vase **en cristal** ; un avion **à réaction** ; un film **pour enfants** ; une chambre **avec bain** ; la vue **sur la mer** ; un paiement **par chèque**.

▶ *A votre tour, trouvez des exemples de CDN introduits par plusieurs prépositions différentes.*

2. Il suit parfois le nom **directement** :

Un hôtel **deux étoiles** ; l'assurance **maladie** ; un tissu **grand teint**.

3. Nature

Le CDN peut être
- — un nom ou un GN : *une voix **d'homme**.*
  *la voix **du vieil homme**.*
- — un pronom : *le choix **de chacun**.*
- — un infinitif : *le plaisir **de lire**.*
- — un adverbe : *la porte **de derrière**.*

complément de détermination de l'adjectif

Une leçon <u>utile</u> | **à tous.** |
CDA

Un livre <u>facile</u> | **à lire.** |
CDA

Un adjectif qualificatif peut être également complété par un **complément de détermination de l'adjectif** (CDA) ou plus simplement **complément d'adjectif**. Ce complément **suit** toujours l'adjectif auquel il est relié par une **préposition** : *à, pour, de, en*, etc.
Ce peut être
- — un nom ou un GN : *bon **pour la toux**.*
- — un pronom : *bon **à rien**.*
- — un infinitif
  ou groupe infinitif : *bon **à savoir**.*

▶ *A votre tour, trouvez des CDA pour les adjectifs :* fort (en), fier (de), aisé (à), pratique (pour).

l'apposition

1. Rôle

Victor Hugo, | *célèbre écrivain français* | *, est né en 1802.*

Apposition

→ *Victor Hugo = célèbre écrivain français*

111

Le nom noyau d'un GN peut aussi être complété par un mot ou un groupe de mots représentant **le même être** ou **la même chose** que lui. Ce mot ou ce groupe de mots sont appelés des **appositions** (App.).

Ainsi, le GN *célèbre écrivain français* est une apposition à *Victor Hugo*.

L'apposition, qui apporte une précision, peut être le plus souvent supprimée.

▸ *Supprimez l'apposition dans la phrase ci-dessus.*

2. Construction

1. Le nom mis en apposition à un autre nom peut indifféremment **suivre** ou **précéder** le nom qu'il complète :

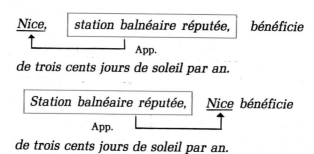

de trois cents jours de soleil par an.

de trois cents jours de soleil par an.

2. Il peut être séparé du nom qu'il complète par une **virgule**, un **deux-points**, **un** ou **plusieurs mots** :

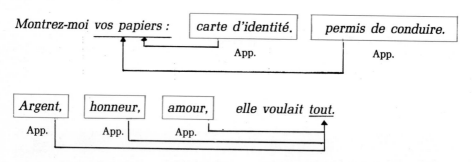

3. Il peut être seulement **juxtaposé** :

Le docteur **Martin.** *La mer* **Méditerranée.**
Le docteur = *Martin.* *La mer* = *Méditerranée.*

4. Il peut être **relié** au nom par la préposition *de* :

La ville **de Paris.** *Le grade* **de capitaine.**
La ville = *Paris.* *Le grade* = *capitaine.*

112

5. Attention ! Il ne faut pas confondre l'apposition introduite par *de* et le complément de détermination : l'apposition et le nom qu'elle complète ne sont qu'un **seul et même être** ou une **seule et même chose** ; le CDN et le nom qu'il complète sont deux êtres ou deux choses **distinctes**.

> La fête **de Pâques**   → App.   Pâques   = fête.
>
> La fête **des Mères**   → CDN   les Mères   ≠ fête.

3. Nature

L'apposition peut être

— un nom ou un GN :   *Voici le lion, **roi des animaux**.*

— un pronom
  (personnel, très souvent) : *L'enfant, **lui**, se taisait.*

— un infinitif :   *Il n'avait qu'un désir : **partir**.*

Récapitulons

■ Un **nom** peut être suivi par un **complément de détermination** (CDN) ou **complément de nom**.

■ Le CDN est généralement introduit **par une préposition** mais est parfois **juxtaposé** :

> Un vase **en cristal**.
> Un hôtel **deux étoiles**.

■ Le CDN peut être un **nom** ou un **GN**, un **pronom**, un **infinitif** ou un **adverbe** :

> Le choix **de chacun**. Le plaisir **de lire**.

■ Un **adjectif** peut également être suivi par un · **complément de détermination** (CDA) ou **complément d'adjectif** :

> Une leçon utile **à tous**.

■ Un nom peut encore être complété par une **apposition** (App.) représentant le même être ou la même chose que lui :

> Victor Hugo, (=) **célèbre écrivain français**.

■ L'apposition est séparée du nom qu'elle précise par une **virgule**, un **deux-points**, parfois **quelques mots**.
Elle peut être **reliée** au nom par la préposition *de* ou seulement **juxtaposée** :

> La ville **de Paris**. La mer **Méditerranée**.

Exercices

★ **1.** Complétez les GN suivants par des CDN de votre choix.

Ex. : *un litre...   un litre de lait.*

1. Des rideaux en ... — 2. Un voyage par ... — 3. Le permis de ... — 4. Une lettre sans ... — 5. Une machine à ... — 6. Le cahier de ... — 7. Un vaccin contre ...— 8. Un billet pour ... — 9. Une vue sur ... — 10. Une maison avec...

★ ★ **2.** On rencontre de nombreux GN contenant des CDN, dans les titres de livres, de journaux, etc., où ils remplacent toute une proposition.
A partir des phrases suivantes, formez des GN contenant un CDN.

Ex. : *Le dollar est en hausse.*
    → *Hausse du dollar.*

1. Les premières cigognes sont arrivées. — 2. Béziers a vaincu Agen en finale. — 3. Les départs ont été étalés toute la semaine. — 4. La piscine sera inaugurée samedi. — 5. Deux voitures se sont accrochées sous le tunnel. — 6. Le temps s'améliorera lentement. — 7. Les jeux Olympiques ont été ouverts officiellement hier.

★ **3.** Transformez les GN suivants en substituant à l'adjectif qualificatif de relation un CDN équivalent.

Ex. : *L'écorce terrestre.*
    → *L'écorce de la Terre.*

1. Le drapeau belge. — 2. Un port maritime. — 3. Une maladie pulmonaire. — 4. La production laitière. — 5. Une plante tropicale. — 6. L'agriculture montagnarde. — 7. Le transport ferroviaire. — 8. La viande bovine. — 9. Les sciences naturelles.

★ ★ **4.** Dans les phrases suivantes, soulignez les noms qui sont suivis d'un CDN, encadrez le CDN et indiquez sa nature.

Ex. : *Concorde est un **avion*** |à réaction.|
↓
CDN = GN

1. Le chef de gare donna le signal de départ et le train de midi s'ébranla. — 2. Grâce à cette performance, cet athlète de haut niveau vient de gagner son billet pour les jeux Olympiques. — 3. Il a le désir de réussir mais il échoue par manque de persévérance. — 4. L'année d'avant, ils n'avaient pas eu la possibilité de choisir. — 5. Les avantages de cette voiture vous feront oublier les défauts de celle-là. — 6. Les jeunes de maintenant passent plus d'années à l'école que leurs parents. — 7. Votre manteau d'hiver est épais : le tissu du mien est plus léger.

★ ★ ★ **5.** Les CDN juxtaposés aux noms qu'ils complètent sont très à la mode, notamment dans le langage publicitaire : *une voiture tout terrain, une ligne sport, un placement pierre, etc.*
Imaginez des noms qui seront directement suivis des CDN suivants.

1. Premier choix. — 2. Toute catégorie. — 3. Haute couture. — 4. Plein sud. — 5. Mauvais genre. — 6. Louis XV. — 7. Mayonnaise. — 8. Pur porc. — 9. Tous risques. — 10. Mode.

★ **6.** Complétez les adjectifs suivants par des CDA de votre choix.

1. Mauvais pour... — 2. Difficile à... — 3. Expert en... — 4. Las de... — 5. Résistant à... — 6. Spécialisés dans... — 7. Agréable à... — 8. Soucieux de... — 9. Apte à... — 10. Volontaire pour...

★ ★ **7.** Dans les phrases suivantes, soulignez les adjectifs qui sont suivis d'un CDA, encadrez le CDA et dites sa nature.

Ex. :
*Cette réponse n'est pas **digne*** |de vous.|
↓
CDA = pron. personnel

1. Ils sont partis pleins d'espoir mais dénués de ressources. — 2. Cette femme est trop sûre d'elle. — 3. Désireux de trop bien faire, ils ont commis une maladresse difficile à réparer. — 4. Elle est restée étrangère aux événements, attitude malaisée à comprendre. — 5. Ce club est accessible à tous. — 6. Ce professeur semble bienveillant pour les autres élèves et dur avec les siens. — 7. Le Périgord, riche en châteaux, est une région intéressante à visiter.

114

★★ **8.** Dans les phrases suivantes, mettez les appositions entre crochets et soulignez les noms qu'elles complètent.

Ex. : **Digne**, [*préfecture des Alpes de Haute-Provence,*] *est une ville thermale.*

1. Écrivain et comédien, Molière a consacré sa vie au théâtre. — 2. Si vous avez envie de découvrir les paysages du Grand Nord, toundra, collines et cours d'eau, venez en Laponie, terre merveilleusement illuminée du soleil de minuit. — 3. Le fabuliste La Fontaine est né à Château-Thierry, petite ville de l'Aisne. — 4. La capitale de la Toscane, Florence, possède d'innombrables monuments : cathédrale, palais, musées. — 5. La fête de Noël commémore la naissance de Jésus-Christ. — 6. Grande place entourée d'un portique, le forum est le centre de la vie publique et commerciale des villes romaines. — 7. Le nom de Pyrénées vient du grec.

★★ **9.** Dans le langage publicitaire, on utilise beaucoup l'apposition. A votre tour, imaginez des slogans avec un GN en apposition aux noms suivants.

Ex. : *Air Inter, le raccourci pour tous les Français.*

Le vin des Corbières, ... — 2. Vichy, ... — 3. Les vacances, ... — 4. La télévision, ...

★★ **10.** Ne confondez pas les compléments de détermination et les appositions. Classez les GN suivants en deux colonnes selon qu'ils contiennent un CDN ou une apposition.

Ex. : *Le mois de mai, mai* = mois → App.
Le soleil de mai, mai ≠ soleil → CDN.

1. La cité de Brest. — 2. Le maire de Brest. — 3. Le style Louis XVI. — 4. Le roi Louis XVI. — 5. Le fromage des Vosges. — 6. Les montagnes des Vosges. — 7. Le nom de Durand. — 8. Le père de Durand. — 9. Le titre de docteur. — 10. La voiture du docteur.

★ **11.** Ne confondez pas les GN en apposition et certains GN compléments circonstanciels du verbe, mis entre virgules.

Ex. : *Il partit, **le cœur gros**.*
Le cœur gros ≠ il → c. circ.
***Frêle coquille**, le bateau partit.*
Frêle coquille = bateau → App.

1. Le poil luisant et l'œil vif, Médor me parut en bonne santé. — 2. L'Afrique, immense continent, recèle des richesses inexplorées. — 3. Cité des Papes, Avignon organise chaque année un célèbre festival de théâtre. — 4. Tout le monde s'embarqua, le cœur léger, cheveux au vent. — 5. Le printemps, saison des pluies, n'est pas le meilleur moment pour visiter ce pays. — 6. La voix tremblante d'émotion, il proclama les résultats des élections. — 7. Les magnétoscopes, ces derniers venus de la technologie, ont de plus en plus de succès.

★★ **12.** Dictée et questions.

Le magasin de mercerie débordait de trésors [...] : rubans d'initiales rouges pour marquer le linge, centimètres de couturière, tresses, galons, ganses, fermetures « Éclair », élastiques... Olivier, qui aidait sa mère dans ses inventaires, connaissait le nom des marques de laine, de coton, de fil, les qualités des toiles de jute et de lin, les boutons de toutes espèces, ceux arrondis brillants comme des yeux noirs, ceux à pression, ceux en cuir, en bois, en nacre ou en métal [...], toute la mercerie métallique : ciseaux de lingère, de tailleur, de couturière, à broder, à cranter, à découper [...]. Le matin, le magasin était toujours plein, non seulement de ménagères mais aussi [...] de dames bavardes, de tailleurs de quartier auxquels Virginie consentait des remises.

Robert Sabatier,
Les Allumettes suédoises,
Albin Michel.

1. Encadrez tous les CDN et soulignez les noms qu'ils complètent. Relevez parmi ces CDN, quatre infinitifs.
2. Mettez entre crochets les appositions et soulignez les noms qu'elles complètent. Relevez, parmi elles, une apposition introduite par *de*, une apposition simplement juxtaposée, des appositions introduites par un deux-points.
3. Encadrez les CDÁ de *plein*.

18

Les pronoms :
les pronoms personnels

▶ *Remplacez les mots en couleur par un nom ou un groupe nominal.*

les pronoms

1. Origine du mot pronom

Le mot **pronom** vient de deux mots latins : *pro* = à la place de ; et *nomen* : le nom.
Pronom signifie donc : qui est mis à la place du nom.

2. Emplois

Le pronom sert le plus souvent à remplacer un nom ou un GN, généralement pour éviter une répétition :

$$J'aperçois\ \underline{le\ train,}\ \boxed{qui}\ entre\ en\ gare.$$

remplace *le train*

Il peut également représenter

— un adjectif qualificatif :

$$Es\text{-}tu\ \underline{prêt\ ?} — Je\ \boxed{le}\ suis.$$

— une proposition :

Il m'a sauvé la vie, je n'oublierai jamais **cela**.

— un infinitif :

Puis-je parler ? — Vous, **le** *pouvez.*

3. Fonctions

Les pronoms peuvent avoir les mêmes fonctions que le nom :

Elle m'a expliqué **ceci**.
S   COS   COD

les pronoms personnels

1. Définition

Les pronoms personnels sont appelés ainsi parce qu'ils correspondent aux trois personnes du verbe.

2. Formes

Les pronoms personnels ont des formes variées selon

— **leur personne** ; à chacune des trois personnes correspondent plusieurs formes de pronoms personnels :

je (1ʳᵉ personne), **tu** *(2ᵉ personne),* **il** *(3ᵉ personne), etc.*

— **leur genre** ; seuls les pronoms de la troisième personne varient en genre :

il - elle ; le - la ; ils, eux - elles.

— **leur nombre** :

il - ils ; le - les, etc.

Cependant le pronom **nous** ne représente pas plusieurs *moi*, et **vous** peut être autre chose que *toi* et *toi* :

nous =
toi et moi
vous et moi
lui (elle) et moi
eux (elles) et moi

vous =
toi et toi
lui (elle) et toi
eux (elles) et toi
vous = *tu* (pluriel de politesse)

— **leur fonction** :

Il *arrive, chacun* **le** *voit.*
S   COD

1. Formes simples

		Sujet	COD	COI, COS	Apposé ou après une préposition
Singulier	1re personne	*je* *je* lis	*me* on *me* voit	**me** on **me** parle	*moi* **moi**, je sais ; viens **avec moi.**
	2e personne	*tu*	*te*	**te**	*toi*
	3e personne masculin	*il*	*le*	*lui*	**lui**
	3e personne féminin	*elle*	*la*	*lui*	**elle**
Pluriel	1re personne	*nous*	**nous**	**nous**	**nous**
	2e personne	*vous*	**vous**	**vous**	**vous**
	3e personne masculin	*ils*	*les*	*leur*	*eux*
	3e personne féminin	*elles*	**les**	**leur**	**elles**

▶ *Sur le modèle des exemples donnés pour la première personne du singulier, complétez* *oralement le tableau.*

2. Formes réfléchies

Les **pronoms réfléchis** représentent le **sujet** du verbe. Ils s'emploient surtout avec les verbes pronominaux (voir chapitre 23).

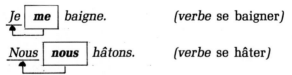

Je | **me** | baigne. (verbe se baigner)

Nous | **nous** | hâtons. (verbe se hâter)

A la première et à la deuxième personne, leurs formes sont identiques aux formes non réfléchies : *me, nous, te, vous.*
A la troisième personne, on trouve :

		COD, COI, COS	après préposition
3e personne	singulier	*se*	*soi, lui, elle*
	pluriel	*se*	*soi, eux, elles*

*Il **se** fatigue.*
*Il ne pense qu'**à lui**.*
*On ne doit pas toujours penser **à soi**.*

3. Formes invariables *en, y*

a) Le pronom personnel *en* remplace un **nom inanimé** introduit par : *de, du, des* (article et préposition).

Veux-tu des fruits ? — Oui, j' [**en**] *prendrais volontiers.*

Rentres-tu du collège ? — Oui, j' [**en**] *viens.*

Il doute du résultat. → *Il* [**en**] *doute.*
nom inanimé

mais   *Il doute de son ami.* → *Il doute de* [***lui***].
nom animé

b) Le pronom personnel invariable *y* remplace un **nom inanimé** introduit par *à, au, aux* :

Elle pense à son travail. → *Elle* [**y**] *pense.*
nom inanimé

mais   *Elle pense à son amie.* → *Elle pense à* [***elle***].
nom animé

3. Fonctions

Les pronoms personnels peuvent avoir **les mêmes fonctions que le nom.** Pour trouver leur fonction, il est pratique de les remplacer par le nom qu'ils représentent : le pronom aura la même fonction.

*J'adore cette émission, je **la** regarde toujours.*

= *je regarde toujours **cette émission**.*
COD

→ ***la*** = COD de *regarde*.

*C'est l'anniversaire d'Annie, je **lui** ai offert un disque.*

= *j'ai offert un disque **à Annie**.*
COS

→ ***lui*** = COS de *ai offert*.

*Connais-tu le collège Racine ? — Oui, j'**y** vais.*

= *je vais **au collège Racine**.*
c. circ. lieu

→ ***y*** = c. circ. de lieu de *vais*.

119

4. Place

La place du pronom personnel varie suivant sa fonction et le type de la phrase dans laquelle il se trouve.

> *Il vient. Vient-il ?*
>
> *Je le regarde. Regarde-le.*
>
> *Je le lui donne. Donne-le-lui.*

Récapitulons

■ Comme tous les pronoms, le **pronom personnel** représente générale-ment un nom ou un GN, mais aussi un adjectif qualificatif, une pro-position ou un infinitif :

> *J'aperçois le train,* $\boxed{il}$ *entre en gare.*

■ Les pronoms personnels sont classés en **trois personnes** corres-pondant aux **trois personnes du verbe.**

1re personne : *je, me, moi, nous*
2e personne : *tu, te, toi, vous*
3e personne : *il, le, lui, elle, la,*
                 ils, les, leur, eux, elles.

■ Les pronoms personnels varient en **genre** *(il, elle)*, en **nombre** *(ils, elles)* et suivant leur fonction dans la phrase : *il* (sujet) ; *le, lui* (complément).

■ Ils peuvent avoir les mêmes **fonctions** que le nom :

> *Je le vois.*
> S COD

■ Leur **place** varie suivant leur fonction :

> *Il le fait avec nous.*
> S   COD   c. circ.

Exercices

★ **1. Remplacez les points de suspension par les pronoms personnels qui convien-nent.**

1. Tiens, prends cette lettre, elle est pour ... — 2. ... avons souvent passé des vacances avec ..., mais ils ne veulent plus venir avec ... — 3. Où va-t-... ? Je ... ... demande. — 4. ... ont fini le rapport qu'... étaient obligées de faire. — 5. On a toujours intérêt à avoir quelques provisions chez ... — 6. Quand ... pénétrai dans la pièce, l'enfant ... cacha le visage en ... apercevant.

★ **2. Remplacez les groupes de mots par un pronom personnel sujet et complétez la phrase à votre guise.**

Ex. : *Pierre et Olivier...*
  → *Ils* jouent au ballon.

1. Mon chat et moi ... — 2. Ton frère et toi ... — 3. Ses sœurs et lui ... — 4. La pharma-cienne et la boulangère ... — 5. La tige, les feuilles et les pétales ... — 6. Papa, maman, grand-père et toi ... — 7. Le Poitou, la Breta-gne et la Normandie ... — 8. Toi et moi ... — 9. Éric, Claude et toi ...

★★ 3. Remplacez les pronoms personnels en italique par des noms, des GN ou tout autre sorte de mots ou groupes de mots.

Ex. : *Elle le lui* a lu.
→ *Annie* a lu *le journal à sa mère.*

1. *Il le leur* a montré. — 2. *Nous l'*avons trouvé avec *lui.* — 3. *Vous* pourrez *la leur* prêter. — 4. *Elle les* a faites pour *eux.* — 5. *Ils l'*ont été.

★ 4. Répondez aux questions sur le modèle suivant :

Ex. : A-t-il fini *son travail ?*
— Oui il *l'*a fini.

1. As-tu lu *ce livre ?* — 2. Arrivez-vous de chez *vos amis ?* — 3. Avais-tu invité *Claire et Sophie ?* — 4. Êtes-vous *malade ?* — 5. Aurons-nous *la volonté d'y parvenir ?* — 6. A-t-elle présenté ses excuses *à ses camarades ?* — 7. Avez-vous montré *votre chien au vétérinaire ?*

★★★ 5. Remplacez les mots et groupes de mots en italique par un pronom personnel. Attention à l'accord des participes passés quand le pronom est COD.

Ex. : Il lit *le journal.*
→ Il *le* lit.

1. Je n'ai pas reçu *votre lettre.* — 2. Julie donne des graines *aux oiseaux.* — 3. As-tu vu *les films dont je t'ai parlé ?* — 4. *L'empereur, sa femme et le petit prince* sont venus chez moi. — 5. J'ai appris *la nouvelle* par *Odile.* — 6. Viens avec *Claude et moi.* — 7. Le passant fait signe *au chauffeur de taxi.*

★★★ 6. Même exercice.

1. Ils partiront en vacances avec *leurs parents.* — 2. Ouvre *le portail* pour *les invités.* — 3. *La banque* a prêté *l'argent aux constructeurs.* — 4. *Michèle* a donné *ces chocolats à ton frère et à toi.* — 5. Je vous conseille *de revenir.* — 6. Nous sommes anxieux *de connaître les résultats.* — 7. Les policiers ont demandé *au témoin* pourquoi il avait pris la fuite.

★ 7. Recopiez les phrases suivantes en soulignant en bleu les articles définis et en noir les pronoms personnels.

1. La cuisinière connaît de délicieuses recettes mais ne les donne à personne. — 2.

Ils ont trouvé la maison de leurs rêves et l'ont achetée. — 3. Si tu les laisses traîner partout, tu finiras par perdre tes gants. — 4. L'avarice de cet individu est proverbiale, ne le saviez-vous pas ? — 5. Le fils du concierge collectionne les cartes postales et les colle sur les murs de sa chambre.

★★★ 8. Trouvez la fonction des pronoms personnels en italique en procédant de la manière suivante :

Ex. : *Un oiseau chante, mais je ne **le** vois pas.*
→ Je ne vois pas *l'oiseau*
                   COD
→ *le* : COD de *vois.*

1. J'écris à ma tante pour lui dire que je passerai chez *elle.* — 2. Un brocanteur est venu à la maison et maman *lui* a vendu de vieux objets. — 3. Je sais que ce chien est féroce puisque j'ai été mordu par *lui.* — 4. Appelle Marion, je voudrais *lui* parler. — 5. Il fait écouter son disque à ses camarades : il *le leur* prête.

★★ 9. Dans les phrases suivantes encadrez les pronoms personnels et indiquez s'ils sont : sujet (S), complément d'objet direct (COD), complément d'objet indirect (COI) ou complément d'objet second (COS).

Ex. : [Je] [la] trouve jolie.
   S   COD

1. Je suis partie avant la fin de l'émission, eux l'ont regardée jusqu'au bout. — 2. Il lui obéit au doigt et à l'œil. — 3. Elle lui a offert une cravate jaune. — 4. Nous pensons souvent à eux. Que deviennent-ils ? — 5. Vous aimez les films policiers, moi non. — 6. Leur avez-vous raconté l'affaire ? — Nous la leur avons expliquée dans les moindres détails.

★★ 10. Dans les phrases suivantes relevez les pronoms personnels et indiquez leur fonction.

1. Ce travail est interminable, pour le finir il faudrait avoir du temps devant soi. — 2. Je ne te crois pas. — 3. Grâce à toi, nous avons passé une excellente journée. — 4. Je vous trouve inquiet. Oui, je le suis. — 5. Elle tient à arriver avant eux. — 6. Cette voiture est un vrai tacot, c'est pourtant avec elle que je viens de parcourir trois mille kilomètres.

★ **11.** Recopiez les phrases suivantes en encadrant les pronoms personnels réfléchis et en soulignant les sujets qu'ils représentent. Attention, certaines phrases ne contiennent pas de pronoms réfléchis.

Ex. : *Il* $\boxed{se}$ *promène.*

1. Je m'ennuie. — 2. Tu m'ennuies. — 3. Nous nous ennuyons. — 4. Vous nous surprenez. — 5. Vous vous étonnez. — 6. Ils se voient. — 7. Ils le voient. — 8. Je t'envie. — 9. Tu t'en vas.

★ **12.** *Le, la, l', les* : distinguez les pronoms personnels des articles définis en procédant de la manière suivante :

Ex. : *Il attend* **les** *coureurs cyclistes pour* **les** *encourager.*
→ **les** *coureurs cyclistes* (GN), **les** : article défini.
→ **les** *encourager,* **les** (= les coureurs cyclistes) : pronom personnel.

1. L'orage a surpris les promeneurs et les a effrayés. — 2. J'aime le soleil mais ne le supporte pas. — 3. La lune éclaire la maison et la rend étrange. — 4. Le serpent se faufilait entre les herbes, mais nous le vîmes à temps. — 5. Tu es fâché, je le vois bien ! — 6. Je connais sa sœur car il me l'a présentée la semaine dernière.

★ **13.** Distinguez *leur* pronom personnel, de *leur, leurs,* adjectifs possessifs, en procédant de la manière suivante :

Ex. : *Je* **leur** *demande* $\boxed{de\ \textbf{leurs}\ nouvelles.}$
     ↓   verbe   ↓   GN
pronom personnel = à eux   adjectif possessif

1. Mes parents n'auraient pas accepté que je leur manque de respect. — 2. Leur étourderie leur a causé bien des désagréments. — 3. Leur professeur leur a communiqué leurs notes de géographie. — 4. Les enfants lancèrent leurs cacahuètes au singe qui leur fit une grimace. — 5. Ils ont planté leur tente près d'un torrent. — 6. Pour leur anniversaire leur grand-mère leur a offert des patins à roulettes.

★ ★ **14.** Complétez les phrases suivantes à l'aide des pronoms *en* et *y*.

1. Est-ce que tu te fies à ce récit ? — Non je ne ... — 2. Avez-vous du feu ? — Oui, nous ... — 3. Connais-tu des raccourcis ? — Oui, j'... — 4. Peux-tu me conduire à Lyon ? — Justement j'... arrive et j'... retourne. — 5. On ne doit pas se plaindre de ce soleil. — Non, ne nous ... — 6. Sont-ils habitués au froid ? — Oui, ils ... — 7. S'attarde-t-il à ces sottises ? — Non, il s'... moque.

★ ★ **15.** Remplacez les GN en italique par le pronom personnel qui convient : *en, y, lui, elle, eux.*

Ex. : Il se souvient *de son grand-père.*
→ Il se souvient *de* **lui.**
Il se souvient *de cette maison.*
→ Il s'**en** souvient.

1. Il croyait *à la sorcellerie.* — 2. Elle a acheté beaucoup *de pommes.* — 3. Le nageur s'accrocha *à la barque.* — 4. L'enfant s'accrocha *à sa mère.* — 5. Le professeur sort *de la salle.* — 6. Jacques parle *de son frère.* — 7. Vous vous adresserez à *la mairie.* — 8. Adresse-toi à *Véronique.* — 9. Tu t'ennuies *de tes amis.* — 10. Il échappa *aux recherches.*

★ ★ **16.** Dictée et questions.

Une rude bataille

Il hurla :
— Laisse-moi.
L'homme lui arracha la pique, la brisa en deux sur sa cuisse et ne lui rendit qu'un bâton. Ernaut reçut un autre coup sur la tête. Il vit Thierry par terre et le reconnut aux fleurs brodées sur sa tunique. Il y avait, tout près, un pied chaussé d'une botte noire. Cette botte frappait Thierry avec acharnement. Ernaut leva sa demi-pique et l'abaissa de toutes ses forces sur ce pied. Puis il saisit Thierry par les cheveux et le releva. Le forgeron était à côté d'eux. Il faisait des moulinets avec son énorme marteau et personne n'osait s'approcher.

Claude Cénac, *Demain l'an Mil,*
R. Laffont.

1. Relevez les pronoms personnels. Indiquez : a) leur personne ; b) le ou les mots qu'ils représentent ; c) leur fonction.
2. Trouvez un pronom personnel réfléchi.
3. Indiquez la fonction des GN : *aux fleurs brodées de sa tunique ; de toutes ses forces ; par les cheveux.*

19

Les pronoms possessifs, démonstratifs, indéfinis, numéraux, interrogatifs

Nous entendons un cri ; cela vient du bois ; quelqu'un appelle à l'aide. La lampe de Denis ne marche pas, j'ai perdu la mienne. Que pouvons-nous faire ? Chacun réfléchit un instant ; deux d'entre nous s'élancent pendant qu'un autre fait le guet.

▶ *Relevez les sujets des verbes ; classez-les selon que ce sont des GN, des pronoms personnels ou d'autres pronoms.*
▶ *Quelle est la fonction du pronom interrogatif* que ?

pronoms possessifs

1. Les **pronoms possessifs** remplacent en général un nom précédé d'un adjectif possessif.
Ils ont les mêmes fonctions que les noms.

> *Prête-moi ta lampe, j'ai perdu **la mienne.***
> $\qquad$ = ma lampe
> $\qquad$ COD

123

2. Ils ont des formes variées selon
  — la **personne** (1re, 2e, 3e) : *le mien, le tien, le sien ;*
  — le **genre** (masculin ou féminin) : *le mien, la mienne ;*
  — le **nombre** (singulier ou pluriel) : *le mien, les miens.*

	je	tu	il, elle	nous	vous	ils, elles
masc. sing. fém. sing.	*le mien* *la mienne*	*le tien* *la tienne*	*le sien* *la sienne*	*le nôtre* *la nôtre*	*le vôtre* *la vôtre*	*le leur* *la leur*
masc. plur. fém. plur.	*les miens* *les miennes*	*les tiens* *les tiennes*	*les siens* *les siennes*	*les nôtres* *les nôtres*	*les vôtres* *les vôtres*	*les leurs* *les leurs*

3. Remarque

Les pronoms possessifs peuvent prendre parfois un sens particulier
  — *les miens : mes parents, mes amis*
  — *les nôtres : nos compatriotes, nos soldats*, etc.

▶ *Faites deux phrases où vous emploierez* les tiens *et* les vôtres *avec ce sens particulier.*

pronoms démonstratifs

1. Les pronoms démonstratifs remplacent en général un nom précédé d'un adjectif démonstratif.
Ils ont les mêmes fonctions que les noms.

*Donne-moi cette lampe, **celle-là** ne marche pas.*
= *cette lampe-là*
S

2. Ils ont des formes simples ou des formes composées, c'est-à-dire suivies de -ci et -là.

	masculin	féminin		neutre
sing.	*celui (-ci), (-là)*	*celle (-ci), (-là)*	sing.	*ce, c', ceci, cela, ça*
plur.	*ceux (-ci), (-là)*	*celles (-ci), (-là)*		

3. a) Les formes simples du masculin et du féminin ne s'emploient que suivies d'un complément de détermination ou d'une proposition relative :

*Je préfère **celle de Denis, celle qui est neuve**.*

b) Les formes neutres s'emploient
  — pour reprendre un infinitif : *Partir, **c**'est mourir un peu.*

  — pour reprendre une proposition : *Il est absent, **cela** m'étonne.*

Ce, c' ne s'emploient que devant le verbe *être* ; ***ça*** est familier :

> ***Ce*** *sera long ;* ***ça*** *sera long.*

c) Les **formes composées** en ***-ci*** ou ***-là*** s'emploient selon les mêmes principes que les adjectifs démonstratifs composés (voir chapitre 13).

pronoms indéfinis

Les **pronoms indéfinis** sont très nombreux, de formes et d'emplois variés.

pronoms marquant	
la pluralité	***plusieurs, certains, quelques-uns, la plupart, les uns, les autres***
la totalité	***tout, chacun***
l'indétermination	***on, quelqu'un, quelque chose, n'importe qui, n'importe quoi***
la négation absolue	***personne, rien, nul, aucun***
la ressemblance ou la différence	***le même, l'autre***

> *Il existe une infinité de fleurs :* ***toutes*** *sont intéressantes,* ***chacune*** *a son originalité,* ***aucune*** *ne ressemble à* ***une autre***.

numéraux cardinaux et ordinaux

Les **numéraux cardinaux** et **ordinaux** peuvent être employés comme pronoms, avec les mêmes fonctions que les noms.

> *Les chasseurs tirent sur les sangliers, ils en tuent* ***deux*** *mais manquent* ***le troisième***.

▶ *Quelle est la fonction du pronom cardinal* deux *et du pronom ordinal* le troisième *?*

pronoms interrogatifs

1. Les **pronoms interrogatifs** posent une question sur un être ou une chose qui seront précisés dans la réponse.
Ils ont les mêmes fonctions que les noms.

> **Que** *veux-tu ? — Je veux* ¦*de la limonade.*¦
> COD

2. Il existe des formes simples et des formes composées.

a) **Formes simples**

	sujet	COD	préposition + pronom
masc. fém. sing., plur.	*qui*	*qui* *que*	*(avec) qui*
neutre sing.	*que*	*que*	*(avec) quoi*

b) **Formes composées**

	fonctions variées	*à* + pronom	*de* + pronom
masc. sing. masc. plur.	*lequel* *lesquels*	*auquel* *auxquels*	*duquel* *desquels*
fém. sing. fém. plur.	*laquelle* *lesquelles*	*à laquelle* *auxquelles*	*de laquelle* *desquelles*

3. Les **formes simples** peuvent être renforcées dans la langue courante par *est-ce qui, est-ce que* :

> *Que se passe-t-il ?*   *Qui préfères-tu ?*
> *Qu'est-ce qui se passe ?*   *Qui est-ce que tu préfères ?*

Les **formes composées** sont suivies d'un complément de détermination ou annoncées dans la phrase précédente :

> *Lequel d'entre vous est le plus fort ?*
>
> *L'un de vous ment ; lequel ?*

Récapitulons

■ Il existe des **pronoms**

possessifs	*Prête-moi ta lampe, j'ai perdu **la mienne**.*
démonstratifs	***Celle-ci** ne marche pas.*
indéfinis	***Aucune** ne marche.*
numéraux	***Les deux** sont cassées.*
interrogatifs	***Laquelle** veux-tu ?*

■ Tous ces pronoms peuvent avoir les mêmes **fonctions** que les noms qu'ils remplacent.

Exercices

★ **1.** Remplacez les GN suivants par un pronom possessif.

Mon histoire - Nos enfants - Ton âge - Ses chaussures - Votre livre - Leurs raquettes - Vos affaires - Leur solution - Ta date de naissance - Mes résultats.

★★ **2.** Complétez les phrases suivantes à l'aide du pronom possessif approprié.

1. Il m'a montré son jardin mais il n'est pas si beau que ... (2ᵉ pers. plur.) — 2. Votre voiture est plus récente que ... (1ʳᵉ pers. sing.). — 3. Mes parents sont d'accord avec ... (3ᵉ pers. plur.) — 4. Ta maison ne ressemble pas à ... (3ᵉ pers. sing.). — 5. Ils ont perdu leurs gants, prêtons-leur ... (1ʳᵉ pers. plur.). — 6. Notre classe est ensoleillée,... (3ᵉ pers. sing.) est obscure.

★★ **3.** Donnez la fonction des pronoms possessifs dans les phrases suivantes.

1. Il était retourné chez les siens dès qu'il avait pu. — 2. Cette écriture est la sienne, j'en suis sûre. — 3. J'ai noté ton adresse ; te souviens-tu de la nôtre ? — 4. Il a prévenu ses élèves ; dites-le aussi aux vôtres. — 5. Mon survêtement est gris ; je préfère la couleur du tien. — 6. Mes amis m'ont aidé, elle sera soutenue par les siens.

★ **4.** Remplacez les groupes suivants par un pronom démonstratif.

1. Ce journal. — 2. Ces gens-là. — 3. Cette robe-ci. — 4. Ces histoires. — 5. Lire ce roman.

★ **5.** Complétez les phrases suivantes à l'aide du pronom démonstratif approprié.

1. Prends plutôt ce manteau : ... est trop léger. — 2. ... qui arrivera le premier sera récompensé. — 3. Je ne comprends pas ... que tu me racontes. — 4. Je viens vous emprunter votre bicyclette : ... de ma mère n'a plus de freins. — 5. Ils ne répondent pas ? ... m'étonne. — 6. Ces papiers peints sont très fragiles, je te conseille plutôt ...

★ **6.** Ne confondez pas *ceux* et *ce* ; *ceux* remplace un nom au pluriel, *ce* est un neutre singulier.
Complétez les phrases suivantes à l'aide de *ce, ceux, ceci, ceux-ci, cela, ceux-là.*

1. Que ... qui savent lèvent la main. — 2. Il a obtenu tout ... qu'il souhaitait. — 3. Le contredire ainsi ! ... est bien maladroit. — 4. Tous les chatons sont touchants mais ... vous attendriront sûrement. — 5. Tu es serviable, ... mérite une récompense. — 6. Comme il s'était fait de nouveaux camarades, il oublia tous ... qui lui avaient fait du tort.

★ **7.** Ne confondez pas *c'est* et *s'est* ; *c'est* peut être remplacé par *cela est.* Complétez les phrases suivantes à l'aide de *c'est* ou *s'est.*

1. Il ... blessé ; ... peut-être grave ! — 2. ... elle qui ... retournée. — 3. ... qu'il ... donné de la peine. — 4. Ton chien ... encore sauvé, ... une habitude. — 5. Qu'est-ce qui ... passé ? — 6. Je ne vois pas qui ...

★★ **8.** Donnez la fonction des pronoms démonstratifs dans les phrases suivantes.

1. Il faut donner des vêtements à ceux qui sont le plus démunis. — 2. Je n'aime pas mon emploi du temps ; je préférais celui de l'an passé. — 3. La meilleure de ces deux eaux de toilette est celle-ci. — 4. Moi, j'aime mieux le parfum de celle-là. — 5. Vous recommencerez, c'est important. — 6. Ces deux entreprises sont sérieuses, mais les travaux seront effectués par celle-ci.

★★★ **9.** *Ceci* et *cela, ceux-ci* et *ceux-là* ne s'emploient pas indifféremment. Complétez les phrases suivantes avec les pronoms appropriés.

1. Vous êtes déçu ; ... me chagrine. — 2. Certains de mes amis seront absents mais vous rencontrerez ... : Claude, Éric et Nathalie. — 3. ... est essentiel : ne prends pas de retard. — 4. Un premier groupe de garçons arrive au but : ... ont trouvé la bonne piste.

★★ **10.** Soulignez les pronoms indéfinis et donnez leur fonction.

1. On a donné un nom à chacun de nos os. — 2. Tous ont été d'accord pour jouer mais je n'en ai trouvé aucun qui ait accepté de nettoyer. — 3. Mon père aide les uns à se loger, les autres à travailler : personne n'est délaissé. — 4. Plusieurs régions ont connu des inondations : certaines ont subi de gros dégâts, quelques-unes ont été déclarées sinistrées mais toutes seront indemnisées. — 5. Voici des illustrés ; ne relis pas toujours le même, prends-en un autre. — 6. Certains chuchotent qu'elle ne reviendra plus, mais nul n'en sait rien. — 7. Entendons-nous, c'est l'intérêt de tous !

★★ **11.** Même exercice.

1. La classe a été divisée en deux groupes : l'un aura cours de musique, l'autre de dessin. — 2. J'en connais plusieurs qui se plaignent du bruit. — 3. Ton attitude ne ressemble à rien ; personne ne t'approuve ; dis quelque chose ! — 4. On a distribué des livres neufs à certains, des livres usagés à d'autres : quelques-uns n'ont rien reçu. — 5. Ces conseils seront valables pour tous ; ils concernent chacun d'entre vous. — 6. Voulez-vous apprendre quelque chose d'étonnant ?

★★ **12.** Inventez deux phrases où *dix* sera employé d'abord comme déterminant d'un nom, puis comme pronom ; de même employez *dixième* d'abord comme adjectif puis comme pronom dans deux phrases.

★★ **13.** Inventez trois phrases où vous emploierez successivement les pronoms interrogatifs *lequel, auquel, duquel.*

★★ **14.** Complétez les phrases suivantes à l'aide du pronom interrogatif approprié et donnez sa fonction.

1. Voici trois noms : ... est au pluriel. — 2. ... d'entre tes amis ce disque appartient-il ? — 3. Avec ... puis-je écrire ? Mon crayon est usé. — 4. ... de ces élèves sont arrivées en retard ? — 5. ... arrive-t-il ? —

6. ... se souviendra-t-on, des bons ou des mauvais moments ? — 7. Il a écrit à des amis ; ... s'est-il adressé ?

★★★ **15.** Même exercice.

1. Je suis dans l'incertitude : ... suivre ? ... décider ? — 2. A ... reconnaît-on les faux billets ? — 3. Je te propose deux itinéraires : ... te paraît le plus pratique ? — 4. Quand je vous regarde tous les deux, je me demande ... ressemble Hervé. — 5. Raconte-moi ce ... te tracasse, de ... tu as peur. — 6. De nouvelles règles seront adoptées ; je ne sais pas ... — 7. ... est-ce que tu murmures ?

★★ **16.** Dictée et questions.

Lancer une nouvelle marque d'un produit aussi répandu que la sauce tomate, ce n'est pas commode. Laurence avait suggéré à Mona de jouer sur le contraste soleil-fraîcheur. La page réalisée était plaisante : en couleurs vives, un grand soleil au ciel, un village perché, des oliviers ; au premier plan, la boîte avec la marque et une tomate. Mais il manquait quelque chose : le goût du fruit, sa pulpe...
« Lequel de ces dessins te donnerait envie de manger de la sauce tomate ? », demanda Laurence...
Laurence les examine de nouveau. « Je crois que c'est celui-ci le meilleur. A cause du village : j'aime comme les maisons dégringolent. »

S. de Beauvoir,
Les Belles Images,
Gallimard.

1. Relevez les pronoms démonstratifs du texte ; que remplace le premier pronom ? Quel est son genre ? Quels autres pronoms du même genre aurait-on pu trouver à sa place ?
2. Relevez un pronom indéfini ; trouvez sa fonction. Mettez la phrase où il se trouve à la forme négative ; que devient le pronom ?
3. Relevez un pronom interrogatif ; aurait-on pu employer une forme simple ?
4. Quelle est la fonction des GN : *le goût du fruit, sa pulpe* ?

20
La subordonnée relative
Le pronom relatif

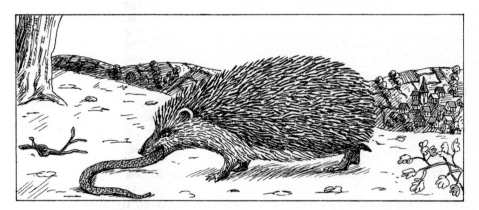

> Le hérisson est un petit mammifère au corps hérissé de piquants, que l'on rencontre fréquemment en Europe et qui détruit un grand nombre d'insectes nuisibles et de serpents.

▶ *Réduisez la phrase à sa forme minimale.*
▶ *Quel est le long GN dont le nom* mammifère *est le noyau ? Quelle est sa fonction ?*
▶ *Par quel adjectif épithète et quel GN le nom* mammifère *est-il complété ? Par quelles propositions l'est-il également ?*
▶ *Quel est le noyau verbal de chacune des deux propositions qui complètent le nom* mammifère *? Quel est leur subordonnant ?*

la proposition subordonnée relative

1. Rôle

La subordonnée relative sert à **compléter un nom** (ou un pronom). On dit qu'elle est une **expansion du nom**.

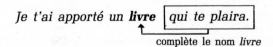

Je t'ai apporté un **livre** | *qui te plaira.*

complète le nom *livre*

Puisque la subordonnée relative est une expansion du nom, elle fait donc partie d'un **groupe nominal** dont le noyau est le nom complété.

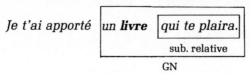

Je t'ai apporté | un **livre** | qui te plaira.
sub. relative
GN

▶ *Complétez le nom* livre *avec d'autres subordonnées relatives commençant par* qui *ou* que.

La subordonnée relative fait partie d'un groupe nominal, au même titre que les deux autres formes d'expansion du nom : l'adjectif épithète et le complément de nom.

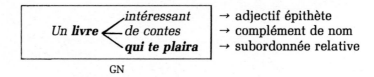

Un **livre** ⟨ *intéressant* → adjectif épithète
de contes → complément de nom
qui te plaira → subordonnée relative

GN

La subordonnée relative peut couper la principale :

Un homme | qui fumait la pipe | **s'assit sur un banc.**

proposition...   ... principale

2. Forme

La subordonnée relative est **introduite** par un **pronom relatif** et son **noyau** est un **verbe conjugué** :

Nous ramassons les coquillages | **que** *la mer* **laisse** *sur le sable.*

3. Fonction

La subordonnée relative complétant un nom a donc la fonction de **complément de détermination du nom**.
Le nom (ou le pronom) complété par la subordonnée relative est appelé **antécédent**. Cet antécédent **précède** toujours la subordonnée relative.
On dit que la subordonnée relative est **complément de son antécédent** :

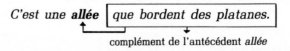

C'est une **allée** | que bordent des platanes.

complément de l'antécédent *allée*

▶ *Que signifie le préfixe* anté- *? Pourquoi le mot* antécédent *contient-il ce préfixe ?*

130

4. La subordonnée relative sans antécédent

Dans certains cas, particulièrement dans les proverbes, on rencontre des subordonnées relatives employées sans antécédent :

> *Qui dort dîne.*

L'antécédent sous-entendu est le pronom démonstratif *celui* (ou *ceux*) :

> *Qui dort dîne* → *(celui) qui dort dîne.*

La subordonnée relative est alors l'**équivalent d'un groupe nominal** :

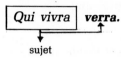

sujet

▶ *Cherchez d'autres proverbes construits de la même manière.*

le pronom relatif

1. Rôle

Le pronom relatif est un **pronom** parce qu'il **remplace** dans la subordonnée relative **un nom** ou un autre pronom : l'antécédent.
Il est appelé **relatif** parce qu'il établit une **relation**, un lien entre l'antécédent et la subordonnée relative.

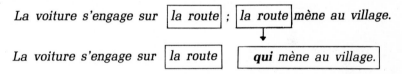

2. Formes

Le pronom relatif **varie** suivant sa **fonction**, son **genre** et son **nombre**. Il prend le genre, le nombre et la personne de son antécédent :

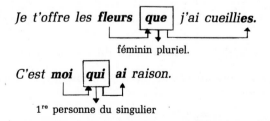

▶ *Employez l'exemple précédent à toutes les personnes.*

Le pronom relatif présente des formes simples et des formes composées.

1. Formes simples

qui	employé sans préposition est toujours sujet : *l'eau **qui** coule*
que	le plus souvent COD : *les livres **que** j'aime*
quoi	représente toujours une chose : *ce **à quoi** tu penses*
dont	représente l'antécédent précédé de *de* : *la personne **dont** je parle* (= je parle de la personne)
où	pronom-adverbe relatif exprimant le temps ou le lieu : *le jour **où** il est venu*

2. Formes composées

	masculin	féminin
singulier	**lequel** **auquel** **duquel**	**laquelle** **à laquelle** **de laquelle**
pluriel	**lesquels** **auxquels** **desquels**	**lesquelles** **auxquelles** **desquelles**

Les formes composées peuvent être précédées de nombreuses prépositions : *avec, pour*, etc.

3. Fonctions

Le pronom relatif a sa fonction **à l'intérieur** de la subordonnée relative. Il peut avoir presque toutes les **fonctions du nom**. Pour trouver la fonction d'un pronom relatif on le remplace par son antécédent dans la subordonnée relative.

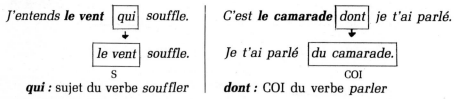

*J'entends **le vent** | qui | souffle.*　　*C'est **le camarade** | dont | je t'ai parlé.*

| le vent | souffle.
　　　S

Je t'ai parlé | du camarade.
　　　　　　　　　COI

qui : sujet du verbe *souffler*　　**dont** : COI du verbe *parler*

Attention ! Il ne faut pas confondre la fonction du pronom relatif avec celle de la subordonnée relative :

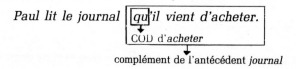

Paul lit le journal | qu'il vient d'acheter.
　　　　　　　　　　COD d'acheter

complément de l'antécédent *journal*

Récapitulons

■ La **subordonnée relative** est une **expansion du nom.** Elle est donc un constituant du groupe nominal. Le nom qu'elle complète est appelé **antécédent.**

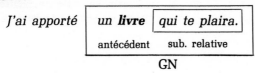

J'ai apporté | *un **livre*** | *qui te plaira.*
antécédent   sub. relative
GN

■ Elle est introduite par un **pronom relatif** et a pour noyau un **verbe conjugué :**

*J'ai apporté un livre **qui** te **plaira**.*

■ Elle est **complément de son antécédent**. Dans l'exemple ci-dessus, *qui te plaira* est complément de l'antécédent *livre*.

■ Le pronom relatif établit une **relation** entre l'antécédent et la subordonnée relative. Il présente des **formes simples : *qui, que, quoi, dont, où,*** et des **formes composées : *lequel, laquelle, lesquels, duquel, auquel,*** etc.

■ Il peut avoir presque toutes les **fonctions du nom.**

Exercices

★ **1.** Dans les phrases suivantes, relevez les groupes nominaux contenant une subordonnée relative, en les présentant de la manière suivante :

Ex. : *J'entends le chien qui aboie.*

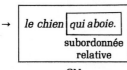

→ | *le chien* | *qui aboie.*
subordonnée
relative
GN

1. Le vent qui a soufflé cette nuit a arraché des tuiles. — 2. Annie est satisfaite du dessin qu'elle vient de faire. — 3. Nous avons visité, Place des Vosges, la maison où a vécu Victor Hugo. — 4. Le spectacle auquel vous allez assister est unique au monde. — 5. Je vais te montrer la mobylette dont je rêve. — 6. Voici l'avocat par qui l'accusé sera défendu. — 7. Cette forêt est un labyrinthe d'où on ne peut sortir.

★★★ **2.** *Qui, que, quoi, où* ne sont pas toujours des pronoms relatifs : dans les phrases suivantes, distinguez les subordonnées relatives en relevant les GN dont elles font partie. Attention, certaines phrases n'en comportent pas.

1. Le pain que j'ai acheté est rassis. — 2. Qui a dit que l'âne était un animal stupide ? — 3. L'appareil avec lequel cette photo a été prise est un modèle ancien. — 4. Avec lequel de ces deux appareils la photo a-t-elle été prise ? — 5. J'ignore où s'arrête ce train. — 6. Je note les gares où s'arrête ce train. — 7. C'est toi qui as le plus grandi.

★ **3.** Faites précéder chacun des noms suivants d'un déterminant, puis complétez-le à l'aide d'une subordonnée relative. Employez le GN obtenu dans une phrase.

1. Poisson. — 2. Idée. — 3. Rue. — 4. Jeu. — 5. Ballon. — 6. Surprise.

★ **4.** Complétez les subordonnées relatives, encadrez-les et soulignez l'antécédent.

1. C'est un petit village qui ... — 2. C'est un événement dont ... — 3. C'est celui par qui ... — 4. C'est le bruit que ... — 5. C'est la boutique où ... — 6. C'est un problème auquel...

★ **5.** Remplacez les adjectifs épithètes en italique par une subordonnée relative.

Ex. : *Des efforts* **inutiles.**
→ *Des efforts* **qui ne servent à rien.**

1. Jean Giono est son auteur *favori.* — 2. Mon père nous a emmenés dans son village *natal.* — 3. Cette famille est logée dans des conditions *inacceptables.* — 4. Le bateau était équipé d'un moteur *bruyant.* — 5. Le lilas dresse ses grappes *parfumées.* — 6. Ces élèves ont eu une conduite *inadmissible.* — 7. On n'entendait que le cri des animaux *nocturnes.* — 8. Ce bateau est un modèle *insubmersible.* — 9. Un passage *souterrain* relie les deux maisons. — 10. Citez dix noms d'animaux *aquatiques.*

★★ **6.** Remplacez les compléments de détermination du nom par une subordonnée relative.

Ex. : *Une gravure* **du siècle dernier.**
→ *Une gravure* **qui date du siècle dernier.**

1. Une maison de briques. — 2. Le bruit de la mer. — 3. Une station de ski. — 4. La maison de son enfance. — 5. Un homme d'une grande honnêteté. — 6. Les plages du débarquement.

★★ **7.** Les phrases suivantes sont composées de deux propositions indépendantes. Transformez-les pour qu'elles ne forment qu'une seule proposition contenant une subordonnée relative. Encadrez le pronom relatif. Soulignez son antécédent.

Ex. : *La lune éclairait la mer ; la mer était agitée de faibles remous.*
→ *La lune éclairait la mer* qui *était agitée de faibles remous.*

1. La France a participé aux jeux Olympiques ; les jeux Olympiques ont eu lieu à Los Angeles en 1984. — 2. J'ai pris un livre à la bibliothèque ; j'ai lu ce livre en deux jours. — 3. Nous sommes montés jusqu'au belvédère ; du belvédère la vue est magnifique.

— 4. Julien nous a montré une édition ancienne des *Fables* de La Fontaine ; il est très attaché à cette édition. — 5. Il s'est créé au collège un ciné-club ; Agnès est la trésorière du ciné-club. — 6. Des fourrés épais bordaient la route ; la voiture s'était engagée sur la route. — 7. La rivière coulait dans une vallée ; les pentes de la vallée étaient couvertes de vignes.

★★ **8.** Même exercice.

1. La mer a recouvert le château de sable ; nous avions passé l'après-midi à construire ce château. — 2. J'ai reçu une lettre d'un ami ; je n'avais plus de nouvelles de cet ami depuis deux ans. — 3. Une nouvelle boutique s'est ouverte ; dans cette boutique il y a un grand choix de jeux électroniques. — 4. J'ai acheté des fournitures scolaires ; j'ai besoin de ces fournitures pour la rentrée. — 5. Je vais te montrer l'école ; je vais à cette école. — 6. Nous avons fait signe à un chauffeur de taxi ; nous avons demandé à ce chauffeur de taxi de nous mener à la gare. — 7. Son départ a peiné ses voisins ; il était très estimé de ses voisins.

★ **9.** Remplacez les points de suspension par les pronoms relatifs qui conviennent.

1. Je ne retrouve plus l'endroit ... j'ai semé du persil. — 2. Elle s'est beaucoup attachée au bébé ... elle s'est occupée pendant un an. — 3. L'arbre ploie sous la tempête à ... il ne résistera pas. — 4. C'est ce en ... tu te trompes. — 5. Je vais te montrer l'arbre au pied ... j'ai enterré mon « trésor » et tu seras le seul à ... j'aurai confié mon secret — 6. Tu devrais faire des excuses au camarade ... tu t'es moqué.

★★ **10.** Dans les phrases suivantes, relevez le mot qui sert d'antécédent au pronom relatif.

1. La fillette poussait devant elle un troupeau d'oies qui avançaient en se dandinant. 2. On apercevait le toit de la maison qui émergeait des arbres. — 3. Quels sont ceux d'entre vous qui ont su faire l'exercice ? — 4. C'est moi qui partirai le dernier. — 5. J'ai reçu pour mon anniversaire les patins à roulettes que je désirais depuis longtemps. — 6. C'est elle qui a crié.

★ **11.** Écrivez la phrase suivante en remplaçant l'antécédent du pronom relatif, successivement par : *moi ; toi ; elle et lui ; toi et lui ; toi et moi.* Indiquez entre parenthèses la personne et le nombre du pronom relatif.

*C'est **Louis** qui a fini le premier.*

★★ **12.** Donnez la fonction des pronoms relatifs contenus dans les phrases suivantes.

1. Le chien qui gardait la maison se mit à gronder sourdement. — 2. Pierre a démonté le réveil que je lui avais offert. — 3. C'était l'époque où les prés commencent à reverdir. — 4. Au pied de cette colline se trouve une grotte où l'on a découvert des peintures rupestres. — 5. L'agence par laquelle j'ai obtenu ces renseignements est fermée le lundi. — 6. C'est le camarade à qui j'ai prêté mon vélo. — 7. J'ai confondu ton blouson avec le mien auquel il ressemble beaucoup.

★★★ **13.** Même exercice.

1. Sa timidité est la raison pour laquelle il a refusé de venir avec nous. — 2. Voici la recette avec laquelle j'ai fait la tarte d'hier soir. — 3. Je vais te présenter l'ami avec qui je fais du tennis. — 4. Tu n'imaginerais pas la rapidité avec laquelle il a détalé. — 5. Laisse cette abeille qui ne t'a fait aucun mal. — 6. Je suis allé chercher les clés chez le voisin à qui je les avais confiées. — 7. On ne pouvait reconnaître en ce vieillard amaigri le sportif qu'il avait été.

★★★ **14.** Donnez la fonction des pronoms relatifs contenus dans les phrases de l'exercice n° 1.

★★★ **15.** Quelle est la fonction de *dont* dans les phrases suivantes.

1. Nous avons cueilli des mûres dont nous avons fait de la gelée. — 2. Il sortit de sa poche un grand mouchoir dont il s'essuya le front. — 3. On m'a fait des compliments dont je suis encore confus. — 4. Il a mangé du chocolat dont il est encore tout barbouillé. — 5. Au ton dont elle m'adressa la parole, je compris qu'elle était fâchée. — 6. Céline fit preuve d'un grand sang-froid dont elle fut félicitée. — 7. Vous devez vous rendre à la préfecture dont vous dépendez.

★★★ **16.** Trouvez la fonction des pronoms relatifs, des subordonnées relatives et des groupes nominaux qui les contiennent, en procédant de la façon suivante.

Ex. : *Hélène écoute **le disque qu'elle a acheté.***
le disque qu'elle a acheté : COD du verbe *écoute.*
qu'elle a acheté : complément de l'antécédent *disque.*
qu' : COD du verbe *a acheté.*

1. Je me rends au Conservatoire où je prends des cours de flûte. — 2. Le seul détail dont je me souvienne est son chapeau bleu. — 3. On a retrouvé le chauffard par lequel la vieille dame a été renversée. — 4. Soyez attentif à la façon dont vous rapporterez les faits.

★★ **17.** Dictée et questions.

A la recherche d'un point d'eau

Nous rencontrâmes un troupeau de chèvres - des centaines de chèvres blanches, noires, brunes. Elles remontaient les pentes de la montagne poussées par un minuscule pâtre qui n'avait pas dix ans et qui, dès qu'il nous vit, s'éloigna en trottinant...
Encore un talus à descendre, de dalles écroulées, de pierres parmi lesquelles la piste se faufile. En bas, dans le fond plat de la vallée que depuis des heures nous suivons s'amorce l'entaille brutale d'un cañon[1] que l'érosion a tranché au travers du basalte[2].
A la tête de la gorge qui s'en allait vers l'aval, nous avons découvert soudain, au pied d'un énorme rocher surplombant, une tache de ciel violet emprisonnée entre les pierres. C'est très beau, une pièce d'eau...

Haroun Tazieff,
L'eau et le feu, Arthaud.

1 et 2. A écrire au tableau.

1. Relevez toutes les subordonnées relatives du texte. Quel est leur antécédent ?
2. Donnez la fonction des pronoms relatifs.
3. Remplacez la première subordonnée relative par un groupe de mots ayant pour noyau un adjectif épithète.

Exercices de révision

★★ 1. Faites précéder chacun des noms suivants de *un* ou de *une*. Si besoin est, consultez le dictionnaire.

Agrafe - alcool - anse - antre - argent - asile - atmosphère - autoroute - azalée - éclair - espèce - hémisphère - indice - intervalle - insigne - oasis - octave - orbite - pétale.

★ 2. Mettez les noms suivants au pluriel.

Métal - festival - minéral - littoral - chacal - attirail - rail - travail - soupirail - portail - clou - chou - feu - pneu - nez - houx.

★★ 3. Recopiez les phrases suivantes. Soulignez en rouge les sujets et en bleu les attributs du sujet.

1. Cette famille vivait tranquille dans un village retiré. — 2. Il est devenu notre plus fidèle client. — 3. Dans le brouillard, les arbres semblaient des êtres fantastiques. — 4. Elle redevint, l'espace d'un instant, la fillette d'autrefois. — 5. Cet élève est intelligent mais paresseux. — 6. Restez immobiles pendant qu'on vous photographie.

★★★ 4. Recopiez les phrases suivantes. Soulignez en rouge les COD et en bleu les attributs du COD.

1. Hélène a choisi Céline pour partenaire. — 2. Je vous trouve bien prétentieux. — 3. Tout le village considérait comme des intrus les nouveaux venus. — 4. Les Anglais servent souvent le gigot bouilli. — 5. Je ne ferai plus confiance à ce garçon que je croyais franc et sincère. — 6. Le chien l'a pris pour un voleur et l'a mordu. — 7. Ses camarades avaient surnommé Christian Rintintin.

★★★ 5. Reprenez les phrases de l'exercice précédent et précisez la nature des COD et des attributs du COD.

★★ 6. Étude de texte.

L'ours gris

Gaw se souvint des légendes rapportées par ceux qui avaient voyagé sur les terres hautes. L'ours gris terrasse l'aurochs[1] et l'urus[2] et les transporte plus aisément que le léopard ne transporte une antilope. Ses griffes peuvent ouvrir d'un seul coup la poitrine et le ventre d'un homme. Il étouffe un cheval entre ses pattes, il brave le tigre et le lion fauve ; le vieux Goûn croit qu'il ne cède qu'au lion géant, au mammouth ou au rhinocéros.

> J.-H. Rosny aîné, *La Guerre du feu*,
> Fasquelle et Borel-Rosny.

1. et 2. Bœufs sauvages.

1. Relevez quatre GN COD, quatre GN COI, un pronom personnel COD et une proposition subordonnée COD.
2. Dans la phrase *Gaw se souvint des légendes*, remplacez *des légendes* par un pronom personnel de même fonction.

★★ 7. Complétez les phrases suivantes avec un CO direct ou indirect et un COS ; variez la nature des compléments.

1. Je préfère ... à ... — 2. L'agent de police ordonne à ... de ... — 3. Mes amis ont apporté ... pour ... — 4. Ce nouvel emploi du temps permet à ... de ...

★★ 8. Étude de texte.

La jeune Tahoser suit en secret Poëri

Il sauta... dans la barque, repoussa le bord du pied et prit le large en manœuvrant la rame unique placée à l'arrière de la frêle embarcation.
La pauvre fille se tordait les mains de douleur ; elle allait perdre la piste du secret qu'il lui importait tant de savoir. Que faire ?... Elle se laissa couler le long du talus ; puis elle se glissa courageusement dans le fleuve, en ayant soin de ne pas faire rejaillir d'écume... Elle nageait admirablement car, chaque jour, elle s'exerçait avec ses femmes dans la vaste piscine de son palais.

> Th. Gautier, *Le Roman de la momie*.

1. Réduisez la première phrase du texte à la forme minimale ; quels sont les différents compléments circonstanciels que vous avez retranchés ? Précisez leur sens (lieu, temps, etc.).
2. Dans le 2ᵉ paragraphe, relevez un complément circonstanciel de cause et plusieurs compléments circonstanciels de manière. Précisez leur nature.

Exercices de révision

3. Relevez les trois compléments circonstanciels du verbe *s'exerçait* ; précisez leur sens. Récrivez la phrase de plusieurs façons en déplaçant ces compléments.

★ **9.** Dans le texte suivant, relevez les adjectifs qualificatifs et un participe passé employé comme adjectif, et dites leur fonction.

L'hiver

Tous les matins, l'herbe était blanche. Elle scintillait sous la froide lumière, et jusqu'au soir restait raidie sur les pentes des fossés que le soleil ne touchait point. Le temps depuis la lune nouvelle demeurait immuablement clair.

M. Genevoix, *Rroû*, Flammarion.

★ **10.** Accordez les adjectifs qualificatifs dans les phrases suivantes.

1. Dans les oasis (saharien), l'eau est (précieux). — 2. L'anse de cette (joli) corbeille est trop (court). — 3. Les (nouveau) espèces de maïs s'acclimatent même dans les pays (froid). — 4. De (beau) azalées garnissaient de (somptueux) vasques. — 5. Les pays (tropical) sont couverts d'une végétation (luxuriant).

★ **11.** Mettez les adjectifs suivants aux comparatifs de supériorité, d'infériorité, d'égalité ; aux superlatifs relatif et absolu. Faites-les suivre d'un complément toutes les fois que cela est possible.

1. Audacieux. — 2. Rapide. — 3. Célèbre.

★ **12.** Dans les phrases suivantes, soulignez les noms qui sont suivis d'un complément de détermination du nom (CDN) et encadrez le CDN.

1. La porte du salon claqua dans le courant d'air. — 2. Le Tour de France est une course à étapes, qui a lieu au début de l'été. — 3. Couronnant l'Acropole d'Athènes, le Parthénon est un temple de marbre qui a résisté au temps. — 4. Un dicton prétend qu'un repas sans vin est comme une journée sans soleil. — 5. La mère de Sophie confectionne des rideaux en velours qui décoreront les fenêtres du salon. — 6. Le travail à la chaîne sera peu à peu remplacé par l'installation de robots.

★ ★ **13.** Donnez la fonction des pronoms personnels dans les phrases suivantes.

1. Vous nous surprenez. — 2. Je vous envoie mes meilleurs vœux. — 3. Elle est venue avec eux. — 4. Je n'y crois pas. — 5. Donnez-le-moi, j'en ai besoin. — 6. Il est malade et je le suis aussi.

★ **14.** Étude de texte.

Le cortège triomphal du Pharaon

Après la musique arrivaient les captifs barbares...
Une cruauté ingénieuse et fantasque avait présidé à l'enchaînement de ces prisonniers. Les uns étaient liés derrière le dos par les coudes ; les autres, par les mains élevées au-dessus de la tête, dans la position la plus gênante ; ceux-ci avaient les poignets pris dans les cangues[1] de bois ; ceux-là, le col étranglé dans un carcan ou dans une corde qui enchaînait toute une file, faisant un nœud à chaque victime...
Des gardiens marchant à côté d'eux réglaient leur allure à coups de bâton.

Th. Gautier, *Le Roman de la momie*.

1. Sorte de carcans.

1. Parmi tous les déterminants contenus dans ce texte, choisissez : un article indéfini, un article défini, un adjectif démonstratif, un adjectif possessif, un adjectif indéfini. Indiquez dans chaque cas le nom qui est déterminé, et le genre et le nombre du déterminant.
2. Le GN *ces prisonniers* est remplacé à partir de la 3e phrase par différents pronoms (indéfinis, démonstratifs, personnel). Relevez-les et donnez leur fonction.

★ ★ ★ **15.** Dans les phrases suivantes, trouvez la fonction des groupes nominaux en italique, des subordonnées relatives et des pronoms relatifs.

1. Il ne reste plus un seul exemplaire *du journal par lequel la nouvelle a été diffusée*. — 2. Le froid n'a pas épargné *le midi de la France où de nombreux mimosas ont été détruits*. — 3. Des chercheurs ont découvert contre les rhumatismes *un produit dont on ignore encore le nom*. — 4. Je ne sais quel est *l'événement auquel vous faites allusion*.

21
Le verbe

Les pêcheurs

> Ils sautent du lit, s'habillent, allument une lanterne et vont dans le jardin. Poil de Carotte porte la lanterne, et le parrain une boîte de fer-blanc, à moitié pleine de terre mouillée. Il y entretient une provision de vers pour sa pêche... Quand il a plu toute la journée, la récolte est abondante.
>
> Jules Renard, *Poil de Carotte*, Gallimard.

▶ *Quels sont les verbes de ce texte ?*
▶ *Supprimez les verbes. Les mots restants suffisent-ils à former des phrases complètes et cohérentes ?*
▶ *Complétez la première phrase avec d'autres verbes exprimant une action.*
▶ *Un verbe est sous-entendu dans la deuxième phrase. Rétablissez-le.*
▶ *Donnez l'infinitif de chaque verbe.*
▶ *Excepté la dernière phrase, le récit se situe-t-il dans le passé, le présent ou l'avenir ?*

le verbe dans la phrase

1. Sens

1. *Ils sautent du lit, s'habillent, allument une lanterne et vont dans le jardin.*

Mimez cette phrase en caractérisant bien chaque verbe par un geste, une mimique ou un mouvement. Chacun de ces verbes exprime en effet une **action**.

2.   *La récolte est abondante.*

Il est impossible, dans cette phrase, de mimer le verbe *est*. En effet, le verbe n'exprime plus ici une action mais un état. Remplaçons le verbe *est* par d'autres verbes possibles.

$$\text{La récolte} \quad < \begin{array}{c} \textit{est, paraît, semble} \\ \textit{devient, reste, demeure} \end{array} > \quad \textit{abondante.}$$

Les verbes ci-dessus indiquent soit **l'apparence d'un état** *(paraît, semble)*, soit **un changement d'état** *(devient)*, soit **une continuité dans un état** *(reste, demeure)*. Ce sont des verbes d'état.

2. Rôle

$$\textit{Poil de Carotte} \rightarrow \boxed{\textbf{porte}} \rightarrow \textit{la lanterne.}$$

$$\textit{La récolte} \rightarrow \boxed{\textbf{est}} \rightarrow \textit{abondante.}$$

D'après ces exemples, on constate que le verbe sert de lien entre le **sujet** *(Poil de Carotte)* et le **complément** *(la lanterne)* ou bien entre le **sujet** *(la récolte)* et l'**attribut** *(abondante)*.

3. Accord avec le sujet

1. En **nombre**.

L'hôtesse *distribue des boissons aux passagers.*

Mettons le sujet au pluriel et écrivons la phrase :

Les hôtesses *distribuent des boissons aux passagers.*

On note une variation de la terminaison du verbe correspondant au nombre du sujet.

2. En **personne**

Remplaçons le sujet de la phrase précédente par les pronoms personnels *tu*, puis *nous* :

Tu *distribues des boissons.* **Nous** *distribuons des boissons.*

La terminaison du verbe varie également suivant la personne du sujet.

radical et terminaison

Le verbe est composé d'un radical et d'une terminaison.

1. Radical

Écoute, écoutai, écoutiez,
écoutent, écoutâmes, écoutera.

Écout- est la partie commune à ces différentes formes du verbe *écouter*. Cette partie s'appelle le radical du verbe.
Le radical est la partie « solide » du verbe, celle qui lui donne son sens.

Cependant de très nombreux verbes possèdent deux ou plusieurs radicaux :

> *boi*re, nous *buv*ons, ils *boiv*ent.
>
> *prend*re, nous *pren*ons, il *prit*, que je *prenne*.

2. Terminaison

> *Écoute, écoutai, écoutiez,*
> *écoutent, écoutâmes, écoutera.*

Le radical du verbe est suivi d'une **terminaison** qui renseigne
— sur le **nombre** du sujet : *écoute*, singulier ; *écoutent*, pluriel ;
— sur sa **personne** : *écoutai*, 1re personne ;
— sur le **moment** où se situe l'action : *écoutâmes*, passé ; *écoutera*, avenir.

les groupes

On classe traditionnellement l'ensemble des verbes en trois grands groupes.

1. Le **premier groupe** réunit tous les verbes dont l'infinitif se termine par *-er*.
Les verbes de cette catégorie conservent le plus souvent le même radical au cours de leur conjugaison. Mais les verbes en *-ger, -cer, -yer, -eter, -eler* subissent quelques variations (voir chapitre 24).

> *Chant*er : je *chante* — *Jet*er : je *jette*.

2. Le **deuxième groupe** comprend les verbes dont l'infinitif est en *-ir* et le participe présent en *-issant* :

> *grandir, grand**issant**.*

3. Le **troisième groupe** est formé de trois séries de verbes
— les verbes en *-ir* dont le participe présent est en *-ant* : *tenir, tenant ; partir, partant*.
— les verbes en *-re* : *prendre - vivre*.
— les verbes en *-oir* : *pouvoir - vouloir*.

4. Les verbes *avoir* et *être* s'ajoutent à ces trois groupes de verbes :

> *Nous **avons** de la chance. La clé **est** sur la porte.*

Les verbes *avoir* et *être* peuvent être également utilisés comme **auxiliaires** pour les autres verbes, aux temps composés du passé et à la tournure passive.

> *Il a couru* - passé composé actif du verbe *courir*.
> *Il est parti* - passé composé actif du verbe *partir*.
> *Il est écouté* - présent passif du verbe *écouter*.

140

les tournures (ou voix)

S'il **croit** que les travaux **seront achevés** dans un mois,
il **se trompe**.

Les trois verbes de la phrase ci-dessus appartiennent à trois tournures (ou voix) différentes.

1.   Il **croit**.

Le sujet *il* fait **l'action** de croire. Le verbe *croit* est donc à la tournure active.

2.   Les travaux **seront achevés**.

Le sujet ne fait pas l'action d'achever, il la subit, il reste **passif**. Le verbe *seront achevés* est donc à la tournure passive.

3.   Il **se trompe**.

Le verbe est précédé d'un **pronom** personnel représentant le sujet (ici, *se*). On dit qu'il est à la tournure pronominale.

les modes

Je sais qu'il **est venu**.
        fait réel ————————————→   indicatif

Je souhaite qu'il **vienne**.
        fait dont la réalité
        n'est pas assurée ————————→   subjonctif

Viens !
        ordre ——————————————————→   impératif

Dans ces trois phrases le verbe *venir* subit des variations de modes correspondant à trois façons différentes d'envisager l'action. On classe traditionnellement les modes en modes personnels et impersonnels.

modes personnels		modes impersonnels	
Indicatif :	*je prends*	**Infinitif :**	*prendre*
Subjonctif :	*que je prenne*	**Participe :**	*prenant*
Impératif :	*prends*	**Gérondif :**	*en prenant*

Il est préférable de considérer le conditionnel comme un temps de l'indicatif.

▶ *Pourquoi donne-t-on aux modes les qualificatifs de* personnels *ou* impersonnels *?*

les temps

1.

Passé	Présent	Avenir

il **est arrivé**
la nuit dernière

il **arrive**
aujourd'hui

il **arrivera**
le mois prochain

Le verbe **_arriver_** est à trois temps différents. Chacun de ces temps permet de **situer l'action dans le moment** : présent, passé ou avenir.

2. Il existe à l'indicatif cinq temps simples et cinq temps composés, formés de l'auxiliaire **_être_** ou **_avoir_** et du participe passé du verbe.

Temps simples		
présent	je fais	je viens
imparfait	je faisais	je venais
passé simple	je fis	je vins
futur	je ferai	je viendrai
conditionnel présent	je ferais	je viendrais
Temps composés		
passé composé	j'ai fait	je suis venu
plus-que-parfait	j'avais fait	j'étais venu
passé antérieur[1]	j'eus fait	je fus venu
futur antérieur	j'aurai fait	je serai venu
conditionnel passé	j'aurais fait	je serais venu

▶ _Justifiez l'appellation de_ simples _ou de_ composés _donnée aux temps._

les locutions et périphrases verbales

1.

Il **a l'air** fâché.	→	_Il **semble** fâché._
J'**ai envie** de partir.	→	_Je **désire** partir._

Dans les phrases du premier tableau le verbe est indissociable du mot qui le suit et forme avec lui une locution verbale. Chaque locution verbale est l'équivalent d'un verbe.

▶ _Trouvez d'autres locutions verbales._

1. Ce temps moins usité que les autres appartient à la langue littéraire.

2. Certaines **périphrases verbales** sont utilisées pour situer une action dans son accomplissement par rapport à un moment considéré.

Moment considéré

	il va jouer (futur proche)
	il commence à jouer
il est en	*train de jouer*
il finit de	*jouer*
(passé proche) *il vient de jouer*	

Ces périphrases verbales expriment les **aspects** de l'action.

Récapitulons

■ Le verbe traduit une **action** ou un **état** :
> *Ils s'habillent.*
> *La récolte est abondante.*

■ Il sert de **lien** entre le **sujet** et les **compléments** ou bien entre le **sujet** et l'**attribut** :
> *Il → porte → la lanterne.*

■ Il **varie** suivant le **nombre** et la **personne** du **sujet** :
> *Tu distribues. Nous distribuons.*

■ Un verbe est composé d'un **radical** et d'une **terminaison** :
> *J'écout / ais.*

■ Pour analyser un verbe il faut reconnaître :

— **son groupe** (il en existe trois)

— **sa tournure** : active, passive, pronominale

— **son mode**
> personnel : **indicatif, subjonctif, impératif**
> ou impersonnel : **infinitif, participe, gérondif**

— **son temps** : simple ou composé.

Exercices

★ **1.** Complétez les phrases ci-dessous avec les verbes suivants : *exécute, ratisse, s'élance, construisent, serpentait, bondit, édifie, réfléchissent.*

1. Le maçon ... un muret autour de la terrasse. — 2. Les hirondelles ... un nid sous l'auvent de la maison. — 3. Les élèves ... sur un exercice difficile. — 4. Le jardinier ... la pelouse. — 5. Le trapéziste ... un numéro de voltige. — 6. Un petit sentier ... à travers les sapins. — 7. L'écureuil ... et ... de branche en branche.

★ **2.** Complétez les phrases ci-dessous avec les verbes suivants : *est, reste, paraît, devient, semble.*

1. Jean ... plus raisonnable. — 2. A la longue, ce jeu ... lassant. — 3. Il ... moins étourdi qu'il n'en a l'air. — 4. Cet arbre ... vert même en hiver. — 5. Prends plutôt ce sac, il ... plus solide.

★★ **3.** a) Complétez les phrases ci-dessous avec les verbes suivants : *reste, craque, deviendra, entend, téléphone, crie, semble, surplombe, seras, se rompt, filtre.*
b) Soulignez d'un trait les verbes exprimant une action et de deux traits les verbes exprimant un état.

1. ... à ta mère pour l'avertir que tu ... en retard. — 2. Ne ... pas si fort, on t'... de la rue. — 3. Il ... sourd à tous mes conseils. — 4. La branche ... et ... — 5. Elle ... plus grande que son frère. — 6. La lumière ... à travers le feuillage. — 7. Un château en ruine ... la vallée. — 8. A manger comme il le fait, il ... obèse.

★★★ **4.** Suivant son emploi, un même verbe peut indiquer soit une action, soit un état. Dans les phrases suivantes soulignez d'un trait les verbes exprimant une action et de deux traits les verbes exprimant un état. Ces derniers peuvent être remplacés par le verbe *sembler*.

1. La lune paraît plus brillante que d'habitude. — 2. Cet hebdomadaire paraît chaque mardi. — 3. Nous demeurons rue de la Mairie. — 4. Il demeura saisi d'étonnement devant ce spectacle. — 5. Reste ici, je reviens tout de suite. — 6. Il reste insensible à mes prières.

★ **5.** Complétez chacune des phrases suivantes avec plusieurs verbes, de manière à obtenir chaque fois une phrase acceptable.

Ex. : *La foule ... le chanteur.*
→ *La foule applaudit (siffle, admire, acclame) le chanteur.*

1. Quelqu'un ... hier soir. — 2. Tous les élèves de ma classe ... ce jeu. — 3. Patrick ... le magnétophone. — 4. ...-tu la musique ? — 5. Stéphanie ... un pain au chocolat.

★ **6.** Écrivez correctement la terminaison des verbes au présent de l'indicatif.

1. Pierre et lui arriv... dans la soirée. — 2. Pierre et moi arriv... aujourd'hui. — 3. Pierre et toi arriv... ensemble. — 4. Tu t'amus... tandis que je travaill... — 5. Moi, je cueill... les pommes et eux les épluch...

★★ **7.** Isolez le radical de chacune des formes verbales suivantes.

Écrire - vous écrivez - explique-moi - il crée - nous riions - tu essaies - vous essuyez - elle nage - nous nageons - je rince - je rinçai.

★★★ **8.** Isolez la terminaison de chacune des formes verbales suivantes.

Je bois - il craint - vous pliiez - tu rangeais - que nous venions - vous mettez - il acheta - je veux - elles finissent.

★★ **9.** Sur le modèle suivant, faites un tableau dans lequel vous préciserez pour chaque verbe le nombre, la personne, le moment (présent, passé, avenir) indiqués par leur terminaison.

Ex. : *Partage*

Nombre	Personne	Moment
singulier	1re	présent

Partir**ont** - aim**ons** - march**ais** - chant**ai** - cours - jet**èrent** - courrez - espér**ons**.

★ 10. Donnez l'infinitif des verbes suivants et classez-les sur ce modèle :

| 1er groupe | 2e groupe | 3e groupe |

Il envoie - tu aperçois - je rendis - elle finit - nous fuyons - nous essuyons - ils vont - sachant - tu t'assois - je pliai - sers - vous répartissez - je sèmerai - elle écrit - elle s'écrie.

★ 11. Indiquez si les verbes suivants sont du 2e ou du 3e groupe.

Servir - offrir - garnir - dormir - polir - mûrir - mourir - jaillir - mugir - obéir.

★ 12. Même exercice.

Il tordit - il apprit - il saisit - il remplit - il dit - il choisit - il suffit - il mentit - il applaudit - il mit - il réunit - il ouvrit - il vernit - il établit - il réussit.

★ 13. Trouvez si le verbe *être* est employé ou non comme auxiliaire, dans les phrases suivantes. Donnez l'infinitif des verbes.

Ex. : *Mon chien est malade* → *(être)* verbe
Le facteur est passé → *(passer)* auxiliaire

1. Les alpinistes sont redescendus. — 2. Cet enfant est charmant. — 3. La neige était tombée. — 4. Ce chocolat est délicieux. — 5. La voiture est propre. — 6. La voiture est lavée par la pluie. — 7. Le mur a été démoli.

★★ 14. Indiquez à quelle tournure est employé chaque verbe des phrases suivantes. Donnez son infinitif.

1. Je vous ai raconté une aventure qui m'est arrivée. — 2. Le chasseur s'enfonce dans la forêt. — 3. On aperçoit la lune entre les nuages. — 4. Les voyageurs sont priés de se présenter au quai d'embarquement. — 5. Je me suis aperçu trop tard de mon erreur. — 6. Cette affaire ne me paraît pas très claire. — 7. Les pierres étaient recouvertes de mousse. — 8. Ce restaurant a engagé un nouveau cuisinier. — 9. Cette émission est très écoutée. — 10. Nous nous sommes rencontrés à Paris.

★★ 15. Dites à quelle tournure sont les verbes en italique.

L'arbre voyageur

L'arbre *s'arrêta* net, oui, mais non pas de frayeur. Il *était arrivé*. L'endroit était propice à *s'y fixer*. Il y *plongea* donc ses racines et, comme il *était* un peu *essoufflé* par la course qu'il *venait* de fournir, il *s'étira*, *se secoua* sur place, *respira* trois fois et *finit* par *s'endormir* debout.

Blaise Cendrars, *Petits Contes nègres pour les enfants des Blancs*, Denoël.

★ 16. Dites si les phrases suivantes se situent dans le passé, le présent ou l'avenir.

1. J'ai été retardé par un embouteillage. — 2. Il viendra vous voir, quand il sera revenu. — 3. La porte claque. — 4. Avez-vous appris votre leçon ? — 5. Savez-vous votre leçon ? — 6. Je n'aurai pas fini. — 7. Vous pourrez disposer de ma voiture. — 8. Le vent souffla toute la nuit. — 9. Les skieurs dévalent la pente.

★ 17. Transposez le texte suivant dans le présent.

La petite fille, soudain, plia les genoux, sauta aussi haut qu'elle put et se laissa retomber, les pieds réunis, et d'un élan qui redoublait la violence de sa chute, sur le flanc du lion. Elle rebondit contre le sol et recommença plusieurs fois cet assaut. Puis, elle martela le ventre à coups de poing, à coups de tête. Puis elle se jeta sur la crinière, la saisit des deux mains et se mit à secouer en tous sens le mufle terrible.

Joseph Kessel,
Le Lion, Gallimard.

★★ 18. Mettez les verbes entre parenthèses au temps convenable.

1. Dès que la réunion se terminera, la foule (se disperser). — 2. Près de la maison (s'étendre) un étang où foisonnaient les carpes. — 3. Si tu (arriver) plus tôt, tu l'aurais rencontré. — 4. Nous (passer) par le Périgord, quand nous irons en Espagne. — 5. Les enfants (ramasser) les coques que la mer a laissées sur le sable. — 6. Tu me (rendre) mon livre dès que tu l'auras fini. — 7. Un garçon qui (vouloir) parler à Patrice a téléphoné ce matin.

★★ 19. Même exercice (temps et mode).

1. S'il avait de la colle il (finir) sa maquette. — 2. Je souhaite que tu (faire) des progrès. — 3. J'espère qu'il (venir) demain. — 4. Pourvu que cet accident n'(avoir) pas de conséquences. — 5. Je voudrais que tu (aller) chez le libraire. — 6. Frédéric croit qu'il (pouvoir) escalader cette paroi rocheuse. — 7. Il faut que vous (remettre) ce dossier, demain au plus tard. — 8. Nous devons rester au cas où Marc (téléphoner).

★★★ 20. Complétez les locutions verbales suivantes à l'aide du verbe à l'infinitif manquant. Plusieurs réponses sont quelquefois possibles.

Ex. : *... envie = avoir envie.*

... garde - ... beau - ... face - ... soin - ... fi - ... fin - ... part - ... l'oreille - ... front - ... horreur - ... note - ... honte - ... affaire - ... profit - ... droit.

★★★ 21. Refaites les deux phrases suivantes en utilisant des périphrases verbales, de manière à exprimer : a) un futur proche ; b) un passé proche ; c) une action en cours d'accomplissement. Essayez de varier les tournures.

1. L'avion décolle. — 2. Philippe fait ses devoirs.

★ 22. Dictée et questions.

Marche nocturne en montagne

Il se laisse guider par son instinct et marche du bout des pieds, tâtant le sol avec volupté, tous ses sens en éveil. Par moments même, il ferme les yeux pour mieux sentir la montagne. D'autres fois, il lève son regard jusqu'au sommet de la tranchée plus claire, tracée dans les arbres et qui jalonne la trouée du chemin ; une étoile solitaire brille d'un éclat très froid, plus froid que la nuit et Pierre guide sa marche sur cette étoile.

Frison Roche,
Premier de cordée, Arthaud.

1. Relevez et analysez tous les verbes conjugués du texte.
2. Donnez le radical de chacun d'eux.
3. Quelle est leur terminaison commune ? Quels renseignements cette terminaison nous donne-t-elle (nombre, personne, moment) ?
4. Ces verbes indiquent-ils une action ou un état ?

★ 23. Dictée et questions.

Une opération improvisée

« Bon. Deux minutes pour souffler », dit-il en se relevant. La sueur coulait le long de ses joues. Il sentit tous les yeux fixés sur lui. « Elle est perdue si on ne l'opère pas sur-le-champ, articula-t-il d'une voix brève. Essayons. »
Aussitôt tous s'écartèrent du lit, même la femme rousse qui tenait la lampe, même le jeune docteur troublé.
Antoine serrait la mâchoire, et son regard, contracté, brutal, semblait entièrement tourné en dedans. « Voyons, pensa-t-il, du calme. Une table ? La table ronde que j'ai vue en entrant. »
« Éclairez-moi, cria-t-il à la jeune femme. Et vous, venez », ajouta-t-il en s'adressant au médecin.

Roger Martin du Gard,
Les Thibault, Gallimard.

1. Relevez et analysez tous les verbes du texte conjugués à un mode personnel.
2. Quelle est la particularité de la phrase : *« Deux minutes pour souffler »* ?
3. Relevez des phrases de type impératif.

22

Tournures active et passive
Le complément d'agent

Naissance d'un voilier

Les idées sont d'abord réunies dans un bureau d'études. Les premières lignes de la carène[1] sont tracées par les architectes. Puis un plan définitif est discuté et adopté par tous.

Un prototype[2] est construit, mis à l'eau, essayé par tous les temps. Techniciens et ingénieurs réalisent ensuite le voilier définitif : ils construisent la coque, le pont et les aménagements intérieurs. Quand le bateau est terminé, il est inspecté et contrôlé par toute l'équipe. Enfin il est mis à l'eau et fait son premier voyage.

1. *carène : quille et flancs du bateau.*
2. *prototype : premier exemplaire avant la fabrication en série.*

▶ *Relevez tous les verbes de ce texte et classez-les selon qu'ils expriment une action accomplie par le sujet (tournure active) ou subie par lui (tournure passive).*
▶ *Certains verbes à la tournure passive sont suivis d'un GN désignant les auteurs de l'action. Relevez ces GN. Où sont-ils placés par rapport aux verbes ? Par quelle préposition sont-ils introduits ?*
▶ *Nous pouvons transformer la 2ᵉ phrase sans en changer le sens : les architectes tracent les premières lignes de la carène. Transformez la 3ᵉ phrase de la même manière. Peut-on faire de même avec la 4ᵉ phrase ?*

tournure active, tournure passive

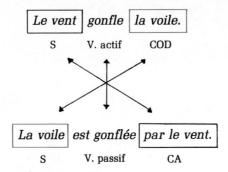

1. Un verbe d'action est à la **tournure** ou **voix active** si son sujet **fait** l'action exprimée par le verbe. Il est à la **tournure** ou **voix passive** si le sujet **subit** l'action exprimée par le verbe. L'auteur de l'action est le **complément d'agent** (CA).

Dans la transformation de la tournure active à la tournure passive, le sujet devient le complément d'agent, le COD devient le sujet. Le temps du verbe ne change pas.

Seuls les verbes transitifs suivis d'un COD peuvent être tournés au passif. Pour les autres verbes, la transformation passive est impossible.
Avoir et *pouvoir* ne s'emploient pas au passif.

2. Cas particulier.

Quand le sujet du verbe à la tournure active est le pronom personnel indéfini *on*, il n'apparaît pas comme agent à la tournure passive :

<table>
<tr><td>On</td><td>demande</td><td>M. Dupont</td><td>au bureau.</td></tr>
<tr><td>S</td><td>V. actif</td><td>COD</td><td></td></tr>
</table>

<table>
<tr><td>M. Dupont</td><td>est demandé au bureau.</td></tr>
<tr><td>S</td><td>V. passif</td></tr>
</table>

On rencontre donc des verbes passifs qui ne sont pas suivis d'un complément d'agent. Si vous devez les tourner à l'actif, prenez *on* comme sujet.

▶ *Trouvez dans le texte initial un exemple de verbe passif sans complément d'agent. Tournez-le à l'actif.*

le complément d'agent

Il a été aidé | **par ses amis.** |
CA

Le chocolat est apprécié | **de tous les enfants.** |
CA

Le **complément d'agent** (CA) désigne l'auteur de l'action exprimée par le verbe passif. Il est introduit par *de* ou *par*.

Attention ! Il ne faut pas confondre le complément d'agent avec d'autres compléments également introduits par ces prépositions :

> *Cette leçon sera apprise **par cœur.***
>
> c. circ. manière
>
> *Il a été renvoyé **de l'école.***
>
> c. circ. lieu

▶ *Cherchez dans le texte initial un verbe passif suivi de la préposition par et d'un complément circonstanciel de temps.*

la conjugaison passive

1. Pour conjuguer un verbe à un temps déterminé du passif, on emploie l'auxiliaire *être* à ce temps, suivi du **participe passé passif** accordé avec le sujet.

		Actif	Passif
Indicatif	présent	je prends	je **suis** pris(e)
	futur	je prendrai	je **serai** pris(e)
	imparfait	je prenais	j'**étais** pris(e)
	passé simple	je pris	je **fus** pris(e)
	passé composé	j'**ai** pris	j'**ai été** pris(e)
	plus-que-parfait	j'**avais** pris	j'**avais été** pris(e)
	futur antérieur	j'**aurai** pris	j'**aurai été** pris(e)
	conditionnel présent	je prendrais	je **serais** pris(e)
	conditionnel passé	j'**aurais** pris	j'**aurais été** pris(e)
Subjonctif	présent	que je prenne	que je **sois** pris(e)
	passé	que j'**aie** pris	que j'**aie été** pris(e)

2. Attention ! Ne confondez pas, malgré leur ressemblance, les temps simples des verbes transitifs conjugués au passif avec les temps composés de certains verbes intransitifs conjugués à l'actif avec l'auxiliaire **être** :

je suis pris (présent passif) - *je suis venu* (passé composé actif)

j'étais pris (imparfait passif) - *j'étais venu* (plus-que-parfait actif)

je serai pris (futur passif) - *je serai venu* (futur antérieur actif).

▶ *A quel temps sont les verbes passifs du texte initial ?*

Récapitulons

■ Un verbe est à la **tournure active** si son sujet **fait** l'action exprimée. Il est à la **tournure passive** s'il la **subit** :

Maman repasse le linge. → tournure active
Le linge a été repassé. → tournure passive

Seuls les verbes transitifs suivis d'un COD peuvent se tourner au passif ; le COD devient sujet du verbe passif, le sujet devient complément d'agent du verbe passif. Le temps du verbe ne change pas.

Le bruit nous fatigue.
Nous sommes fatigués par le bruit.

■ Le **complément d'agent** (CA) est introduit par **de** ou **par**.

■ Pour conjuguer un verbe à un temps déterminé de la tournure passive, on emploie l'auxiliaire **être** à ce même temps, suivi du **participe passé passif** accordé avec le sujet :

Futur passif de *prendre* → *elle sera prise.*

Exercices

★ **1.** Dites si les verbes des phrases suivantes sont à la tournure active ou à la tournure passive.

1. En quelques instants, le ciel devint noir ; le beau temps fut remplacé par l'orage. — 2. J'avais oublié de te prévenir. — 3. Les bateaux étaient emportés par un fort courant. — 4. Il sera certainement contraint d'abandonner la course. — 5. Il avait chanté devant un millier de spectateurs. — 6. Il est venu te dire bonjour. — 7. Ces nouvelles furent annoncées à la radio dès le matin.

★ **2.** Même exercice.

1. Thomas était parti acheter le journal quand Pierre est arrivé et l'a demandé d'urgence. — 2. Les corbeaux sont considérés comme des oiseaux très intelligents. — 3. L'avion qui a quitté Paris à 13 heures est attendu à Rome vers 15 heures. — 4. Les joueurs de notre équipe ont lutté vaillamment mais ils ont été battus par leurs adversaires. — 5. Il est tombé sur la voie publique et a été transporté à l'hôpital. — 6. José aura probablement été prévenu du changement d'horaire.

★ ★ **3.** Transformez les phrases suivantes en tournant leur verbe au passif. Respectez bien les temps. Soulignez les CA obtenus.

Ex. : *La tempête avait endommagé le bateau.*
→ *Le bateau avait été endommagé par la tempête.*

1. Les grands couturiers ont conçu cette année de merveilleux modèles. — 2. Le gouvernement étendra cette mesure à tous les contribuables. — 3. Les hôtesses prièrent les passagers d'attacher leur ceinture. — 4. Des fumeurs occupent ce wagon. — 5. Tous les ans les ouvriers de l'entretien repeignaient les portes. — 6. Les amateurs de ski attendent impatiemment les premières chutes de neige. — 7. Le mistral avait chassé tous les nuages.

★ ★ **4.** Transformez les phrases suivantes en tournant leur verbe à l'actif. Respectez bien les temps.

Ex. : *Ce problème difficile ne sera pas compris des élèves.*
→ *Les élèves ne comprendront pas ce problème difficile.*

1. Les vacances ont été gâchées par la pluie. — 2. Cette émission de radio est écoutée par tous les amis des bêtes. — 3. Cette partition fut composée par Mozart. — 4. La cuisine sera préparée à tour de rôle par tous les enfants. — 5. Ce monument avait été ébranlé par les vibrations du chantier voisin. — 6. Une grève des transports fut annoncée par la télévision. — 7. *La Joconde* a déjà été volée.

★ **5.** Dites, pour chacune des phrases suivantes, si la transformation passive est possible ou non. Si oui, faites-la.

Ex. : *On a réparé ma voiture rapidement.*
→ *Ma voiture a été réparée rapidement.*

1. La nuit tombe de bonne heure. — 2. Les voitures dépassent les camions dans les côtes. — 3. Depuis sa maladie, Nicolas mange moins. — 4. Les souris ont rongé la plinthe — 5. Son échec étonnerait le professeur. — 6. Isabelle n'avait pas peur de l'orage. — 7. Maman avait tricoté ce chandail, il y a deux ans.

★ **6.** Dites si les groupes en italique sont des CA ou d'autres compléments.

1. Je serais contrarié *par votre absence*. — 2. La chatte est sortie *par la fenêtre*. — 3. L'empereur Néron était haï *de ses sujets*. — 4. La fièvre est souvent causée *par une infection*. — 5. Il paie 1 000 F de loyer *par mois*. — 6. Nous sommes heureux *de ton succès*.

★ **7.** Même exercice.

1. Tous les ans, cette route est inondée *par la Seine*. — 2. Il a agi *par bêtise* plus que *par méchanceté*. — 3. Vous serez convoqués *par nos services*. — 4. Monique ne s'est plus souvenue *de ton adresse*. — 5. J'ai des nouvelles *par ma mère*. — 6. Sa peau est brûlée *par le soleil*. — 7. En rentrant de l'île d'Elbe, Napoléon est passé *par les Alpes*.

★ **8.** Mettez le verbe *décorer* à la tournure passive, aux formes indiquées.

1. 1re personne du singulier, futur de l'indicatif. — 2. 2e personne du pluriel, imparfait de l'indicatif. — 3. 3e personne du singulier, passé simple de l'indicatif. — 4. 1re personne du pluriel, présent de l'indicatif. — 5. 2e personne du singulier, passé composé de l'indicatif. — 6. 3e personne du pluriel, plus-que-parfait de l'indicatif. — 7. 1re personne du singulier, futur antérieur de l'indicatif. — 8. 2e personne du pluriel, conditionnel présent.

★ ★ **9.** Analysez les formes verbales suivantes du verbe *surprendre*.

1. Je serai surpris. — 2. Vous aviez été surpris. — 3. Il fut surpris. — 4. Nous serions surpris. — 5. Ils ont été surpris. — 6. Nous étions surpris. — 7. Elle aura été surprise. — 8. Vous êtes surpris.

★ ★ **10.** Dites si les formes suivantes sont des présents passifs ou des passés composés actifs.

1. Je suis bousculé. — 2. Il est tombé. — 3. Vous êtes passés. — 4. Elles sont ramassées. — 5. Tu es arrivé. — 6. Nous sommes restés. — 7. Il est appelé. — 8. Elles sont apparues.

★★ 11. Dites le temps et la tournure des formes verbales suivantes.

1. Il sera aimé. — 2. Vous étiez restés. — 3. Nous sommes découragés. — 4. Il était effrayé. — 5. Il sera venu. — 6. Elles seront nettoyées. — 7. Ils sont accompagnés. — 8. Il était sorti.

★ 12. Dictée et questions.

Les débuts de l'aéropostale.

La ligne Casa-Dakar fut ouverte — après un vol de reconnaissance qu'effectua en 1923 la mission Rorg — le 1er janvier 1925 par le pilote Émile Lécrivain. Depuis cette date, régulièrement, chaque semaine, en moins de deux jours, le courrier a été descendu de Casablanca à Dakar et remonté de Dakar à Casablanca. J'ai fait avec Lécrivain — aller et retour — son dernier voyage favorable. Au voyage suivant les flots de l'Atlantique l'ont englouti avec son appareil.

Joseph Kessel, *Vent de sable*, Hachette.

1. Relevez tous les verbes à la tournure passive et indiquez leur mode et leur temps.
2. Dans la première phrase, soulignez le complément d'agent puis tournez la phrase à l'actif en respectant le temps du verbe.
3. Tournez la dernière phrase au passif.

★★★ 13. Dictée et questions.

Le réveil terrifiant d'Hasib

Qui sait depuis combien de temps il dort, lorsqu'il est réveillé par d'étranges sifflements, comme s'il était entouré de milliers de serpents... Hélas ! il ne s'agit pas de milliers de serpents mais plutôt de dizaines de milliers. Ils sont assis sur les petits sièges et se balancent d'un côté et de l'autre, leurs méchants yeux noirs fixés sur lui...
Au milieu, sur le trône, un serpent à visage de jeune fille le regarde et l'interpelle : « Ne crains rien, Hasib. Ta destinée est liée à la mienne, et je ne te ferai aucun mal. Je suis la reine serpent et je dois t'enseigner la sagesse car tel est mon destin. »

Contes des Mille et Une Nuits,
adaptés par Corinne Odot, Hatier.

1. Relevez quatre verbes à la tournure passive et indiquez leur temps.
2. Cherchez deux compléments d'agent ; l'un introduit par la préposition *par*, l'autre par *de*.
3. Relevez un pronom indéfini et un pronom possessif.
4. Quelle est la fonction de *te* dans : *je ne te ferai aucun mal* ?

23

Tournure pronominale Constructions impersonnelles

La veille, il avait fait très froid et quand je m'éveillai, je m'aperçus qu'il avait neigé pendant la nuit. Des fleurs de givre s'étaient formées sur les vitres. Déjà, dans la rue quelques enfants se battaient avec des boules de neige. Comme il était tentant de les rejoindre ! Je m'habillai chaudement et m'élançai sur le trottoir verglacé. Je me retrouvai sur le dos au milieu des rires moqueurs de mes camarades.

▶ Relevez les verbes précédés d'un pronom personnel réfléchi, c'est-à-dire reprenant le sujet, et mettez-les à l'infinitif.
▶ Mettez au présent de l'indicatif le premier de ces verbes qui est à la tournure pronominale ; mettez-le ensuite au présent de l'indicatif de la tournure active, puis de la tournure passive. Comparez.
▶ Relevez les verbes ou locutions verbales dont le sujet est le pronom il, qui ne représente rien ni personne. Peut-on les conjuguer à toutes les personnes ?

tournure pronominale

Certains verbes peuvent être précédés d'un pronom personnel réfléchi reprenant le sujet ; on les appelle verbes **pronominaux** et on dit qu'ils sont à la **tournure pronominale**.

> Je **m**'habillai. — Vous **vous** parlez.

153

1. Classification des verbes pronominaux

On classe les verbes pronominaux en quatre catégories selon leur sens.

1. Sens réfléchi

*Françoise **se** regarde dans le miroir.*
= regarde elle-même

Dans cette phrase, l'action est faite par le sujet et porte sur le sujet. *Se regarder* est un verbe pronominal de **sens réfléchi**. Comme le miroir réfléchit l'image, le verbe réfléchit l'action sur le sujet.
Autres exemples : *se blesser, se nourrir, se laver,* etc.

▶ *A votre tour, trouvez trois verbes pronominaux de sens réfléchi et employez-les dans une phrase.*

2. Sens réciproque

*Eric et Arnaud **se** lancent des boules de neige.*
= lancent l'un à l'autre

Cette phrase signifie : *Eric lance des boules à Arnaud et Arnaud en lance à Eric.* L'action part d'un sujet et porte sur l'autre et réciproquement. *Se lancer* est un verbe pronominal de **sens réciproque.**
Autres exemples : *s'embrasser, se téléphoner, s'écrire,* etc.

▶ *Trouvez trois exemples de verbes pronominaux de sens réciproque et employez chacun d'eux dans une phrase.*

3. Sens passif

*Ce livre **se** lit vite.*
= est lu

Dans cette phrase, on ne peut pas dire que le sujet fait l'action ; il la subit comme le sujet d'un verbe passif. *Se lire* est un verbe pronominal de **sens passif.**
Autres exemples : *s'appeler* (= être appelé), *se dire* (= être dit), *se faire* (= être fait), etc.

▶ *Trouvez trois autres exemples que vous emploierez dans trois phrases.*

154

4. Verbes essentiellement pronominaux

> *L'avion **s'**envole face au vent.*
> = *décolle*

S'envoler n'existe pas autrement qu'à la tournure pronominale.
On dit qu'il est **essentiellement pronominal**. On peut le remplacer par un verbe à la tournure active : *décoller*.
Autres exemples : *s'évanouir, s'absenter, se moquer.*

On range avec les verbes essentiellement pronominaux ceux qui existent à la tournure pronominale avec un sens complètement différent de celui qu'ils ont à la tournure active :

> *s'apercevoir* ≠ *apercevoir* ; *se rendre* ≠ *rendre.*

▶ *Imaginez des phrases où vous emploierez successivement ces deux verbes à la tournure pronominale et à la tournure active.*

▶ *Dans le texte initial, trouvez quatre verbes pronominaux appartenant chacun à l'une des quatre catégories étudiées ci-dessus.*

2. Conjugaison

Les verbes pronominaux[1] se conjuguent aux temps simples comme les verbes actifs ; aux temps composés, ils prennent l'auxiliaire **être.** Ils sont toujours précédés d'un pronom personnel réfléchi.

Indicatif	présent	*Je m'habille...*
	imparfait	*Je m'habillais...*
	passé composé	*Je me suis habillé...*
	plus-que-parfait	*Je m'étais habillé...*
Impératif	présent	*Habille-toi...*

▶ *Conjuguez l'indicatif présent à toutes les personnes. Quelles formes successives prend le pronom ?*
▶ *Que remarquez-vous sur la forme et la place du pronom à l'impératif ?*

1. L'accord des participes passés dans les verbes pronominaux sera étudié en 4e-3e.

constructions impersonnelles

Il existe des verbes **toujours impersonnels** et d'autres verbes qui peuvent **parfois** avoir une **construction impersonnelle**. On peut ajouter à ces constructions le présentatif **c'est.**

1. Verbes toujours impersonnels

> *Il avait neigé.*

155

Certains verbes et locutions verbales n'existent qu'à la 3ᵉ personne du singulier et à l'infinitif. Leur sujet est toujours le pronom **il** qui ne représente rien ni personne :

Il faut, il pleut, il tonne, il y a, etc.

2. Verbes occasionnellement impersonnels

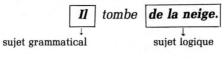

sujet grammatical   sujet logique

= De la neige tombe.

De nombreux verbes peuvent avoir une **construction impersonnelle**. Ils ont alors un **sujet grammatical** avec lequel ils s'accordent et qui est toujours **il**, et un **sujet logique** qui fait ou subit l'action verbale. On distingue parmi ces verbes

— des verbes **intransitifs** :

Il est venu beaucoup de monde.

Autres exemples : *Il manque, il reste, il arrive*, etc.

— des verbes **attributifs** suivis d'un **adjectif** :

Il est impossible de se tromper.

Autres exemples : *Il semble, il paraît, il devient... facile, étonnant, agréable*, etc.

— des verbes à la **tournure passive** :

Il a été trouvé un porte-monnaie.

Autres exemples : *Il est interdit, il est conseillé, il est décidé*, etc.

— des verbes à la **tournure pronominale** :

Il s'est produit un accident.

Autres exemples : *Il se trouve, il se prépare, il se passe*, etc.

3. Le présentatif *c'est*

La locution *c'est* est un **présentatif**. Elle sert à **présenter** un être ou une chose :

C'est un petit village niché dans la montagne.

Elle peut également servir à **mettre en relief** un mot ou un groupe de mots :

C'est Hergé qui a inventé le personnage de Tintin.

▶ *Refaites la phrase en supprimant la locution* c'est... qui. *Comment vous paraît-elle par rapport à la phrase initiale ?*

C'est peut être employé seul, suivi, par exemple :
— d'un nom : *c'est Marie*.
— d'un GN : *c'est le facteur*.
— d'un adjectif : *c'est intéressant*.

Il peut être aussi employé en liaison avec le pronom relatif *qui* ou *que* :

> **C'est** toi **qui** as fini le premier.

Dans la langue soutenue, la locution **c'est** se transforme en **ce sont** lorsqu'elle est suivie d'un GN ou d'un pronom au pluriel :

> **Ce sont** nos amis. **Ce sont** eux.

Récapitulons

■ Un verbe est à la **tournure pronominale** quand il est précédé d'un **pronom personnel réfléchi** :

> *Je **m**'habillai.*

■ On classe les verbes pronominaux en quatre catégories selon leur sens

— **sens réfléchi** :	*Elle se regarde.*
— **sens réciproque** :	*Ils se lancent des boules de neige.*
— **sens passif** :	*Ce livre se lit vite.*
— **verbes essentiellement pronominaux** :	*L'avion s'envole.*

■ Les verbes pronominaux se conjuguent aux temps simples comme les verbes actifs, aux temps composés avec l'auxiliaire *être* :

> *Il se levait ; il s'était levé.*

■ Il existe des verbes qui ont **toujours** une **construction impersonnelle** :

> *Il neige.*

D'autres ont **occasionnellement** une construction impersonnelle. Ils ont alors un **sujet grammatical** et un **sujet logique** :

> *Il a été trouvé **un porte-monnaie**.*
> sujet grammatical   sujet logique

■ Le présentatif *c'est* sert à **présenter** ou à **mettre en relief** un mot ou un groupe de mots :

> **C'est** Hergé qui a inventé le personnage de Tintin.

157

★ **1.** Dites si les verbes des phrases suivantes sont pronominaux ou non. Indiquez leur infinitif entre parenthèses.

1. Je l'ai vu hier. — 2. Vous vous trompez certainement. — 3. Nous vous avertirons le moment venu. — 4. Ils ne s'étonnent de rien. — 5. Il le sait parfaitement. — 6. Nous nous en tirons bien. — 7. Elles les connaissent depuis peu. — 8. Je me retenais de rire. — 9. Tais-toi. — 10. Les enfants se sont retrouvés à la piscine.

★ **2.** Dites si les verbes pronominaux des phrases suivantes sont réfléchis ou réciproques.

1. Patrice s'est commandé une voiture neuve. — 2. Ils se sont téléphoné pendant une demi-heure. — 3. Marie et sa sœur s'aiment beaucoup. — 4. Tu t'achètes des bonbons en cachette. — 5. Elle se regarde longuement dans son miroir. — 6. Les deux hommes se disputèrent violemment. — 7. Mes parents se préparent avant d'aller au théâtre. — 8. Les journalistes s'interrogent les uns les autres pour connaître les nouvelles. — 9. Laurent se coupa le genou en tombant. — 10. Nous nous voyons tous les samedis.

★★ **3.** Dites si les verbes pronominaux des phrases suivantes sont de sens passif ou non. Voyez si on peut les remplacer par une tournure passive.

Ex. : *Ce monument s'appelle le Centre Georges-Pompidou*
s'appelle = est appelé
→ Sens passif.

1. Le cours se fera dans la salle bleue. — 2. Il s'est absenté une demi-journée. — 3. Cette explosion s'est entendue de loin. — 4. Ils s'éloignèrent à grands pas. — 5. Elle se passera de votre aide. — 6. Les concerts se donnent le samedi soir. — 7. Le chien se précipita sur le facteur. — 8. Ce pull peut se laver à la main et ne se repasse pas. — 9. Ces taches de graisse ne s'enlèveront pas facilement. — 10. Un tel exploit ne s'oublie jamais.

★★★ **4.** Dites si les verbes pronominaux des phrases suivantes sont réfléchis, réciproques, passifs ou essentiellement pronominaux.

Ex. : *Tout le monde se moquait de lui*
→ *se moquait :* essentiellement pronominal.

1. L'avion s'envola dans les nuages. — 2. Maman s'est taillé une jolie robe. — 3. Le blessé s'évanouit pendant son transport à l'hôpital. — 4. Le gardien de but se jeta sur le ballon. — 5. Débarrassez-vous de vos bagages. — 6. Je m'étonne que tu sois déjà là. — 7. Cette aventure s'acheva au milieu des éclats de rire. — 8. Nous nous sommes rencontrés au lycée. — 9. Les lampadaires s'allument quand le jour baisse. — 10. Réchauffe-toi auprès de la cheminée.

★★★ **5.** Même exercice.

1. Ils se sont absentés quelques minutes. — 2. La porte s'ouvrit tout doucement. — 3. Claudine se voyait déjà vedette de cinéma. — 4. L'oiseau s'enfuit à notre approche. — 5. Mes amis et moi, nous nous donnons régulièrement des nouvelles. — 6. Le téléphone se mit à sonner. — 7. Le ciel s'obscurcit d'un seul coup. — 8. Le donjon s'élevait fièrement au-dessus des arbres. — 9. Les romans de Jules Verne se lisent encore beaucoup. — 10. Vous vous laverez les mains avant de passer à table.

★ **6.** Dites si les phrases suivantes ont une construction impersonnelle ou non.

1. Chaque matin, il se passe de la crème sur le visage. — 2. Chaque nuit, il se passe d'étranges choses dans cette maison. — 3. Il a été trouvé un sac dans l'autobus. — 4. Il a été trouvé sans vie dans son bureau. — 5. Il est fatigant de répéter dix fois la même chose. — 6. Il est fatigant avec ses questions perpétuelles. — 7. Il reste deux élèves dans la classe. — 8. Il reste dans la classe pendant la récréation. — 9. Il se fait tard. — 10. Il se fait du souci.

★★ **7.** Transformez les phrases suivantes en employant la construction impersonnelle. Soulignez d'un trait le sujet grammatical et de deux traits le sujet logique.

Ex. : *Une erreur a été commise.*
→ *Il a été commis une erreur.*

1. Dix mille exemplaires de cet ouvrage ont déjà été vendus. — 2. Fumer est désormais interdit. — 3. Une participation de 10 F sera demandée à chacun. — 4. Un parapluie a été oublié. — 5. Bien se couvrir est vivement recommandé.

★★ **8.** Même exercice.

1. Deux énormes camions sont passés par là. — 2. De la fumée sortait du moteur. — 3. Un accident est peut-être arrivé. — 4. Des rires étouffés survenaient parfois. — 5. Des flocons de neige commencent à voltiger. — 6. Marquer un but est difficile. — 7. Une chose extraordinaire se produisit alors. — 8. Se tromper paraît impossible.

★★ **9.** Employez chacun des verbes suivants dans deux phrases où il aura une construction personnelle puis une construction impersonnelle.

Ex. : Arriver
→ *Les premières cigognes sont arrivées en Alsace.*
→ *Il est arrivé un heureux événement.*

1. Devenir (rare). — 2. Rester. — 3. Exister. — 4. Faire. — 5. Tomber. — 6. Être conseillé.

★★★ **10.** Complétez les phrases suivantes avec des sujets logiques de natures variées.

Ex. : *Il faut...* (GN, infinitif, proposition subordonnée)
→ *Il faut du temps ; il faut patienter ; il faut que tu viennes.*

1. Il est réclamé à tous... (GN, infinitif). —
2. Il est assez étrange... (infinitif, proposition subordonnée). — 3. Il arrive souvent... (GN, proposition subordonnée). — 4. Il suffit... (GN, infinitif, proposition subordonnée).

★★ **11.** Mettez en relief les mots ou groupes de mots en italique à l'aide des présentatifs : *c'est ... qui, c'est ... que.*

Ex. : J'ai acheté *ce disque.*
→ *C'est ce disque que j'ai acheté.*

1. *Anne* a été témoin de l'accident. —
2. *Ils* ont été sélectionnés pour le match. —
3. Thierry *m*'a donné *ce livre* (deux réponses). — 4. Je t'ai présenté *ces camarades.* — 5. Le cirque donnera trois représentations *la semaine prochaine.*

★ **12.** Dictée et questions.

Conte

Un jour, quatre marchands se rencontrèrent dans le désert. Comme ils allaient dans la même direction, ils décidèrent de faire route ensemble. Mais ils ne se connaissaient pas et se méfiaient les uns des autres...
Arrivés aux portes d'une ville, ils aperçoivent un magnifique jardin où ils décident de se reposer... Ils s'étendent à l'ombre d'un amandier et sombrent dans un profond sommeil. Une fois reposés, ils décident de se baigner dans l'eau claire du bassin ; ils sautent, jouent, s'éclaboussent comme des enfants et sont bientôt trempés des pieds à la tête et tout ébouriffés.

Contes des Mille et Une Nuits,
adaptés par Corinne Odot, Hatier.

1. Relevez les verbes à la tournure pronominale et dites à quelle catégorie chacun appartient.
2. A quel mode et à quel temps sont les six premiers de ces verbes ?
3. Relevez une proposition subordonnée relative ; par quel relatif est-elle introduite ? Quel est son antécédent ?

24
Le présent de l'indicatif

En Camargue

Je n'entends rien que l'eau qui clapote, et la voix du gardien qui rappelle ses chevaux dispersés sur le bord... Chaque bête, en s'entendant
nommer, accourt, la crinière au vent, et vient manger l'avoine dans la
main du gardien.

A. Daudet, *Lettres de mon moulin*, Fasquelle.

▶ *Relevez les verbes du texte. Indiquez leur terminaison et leur infinitif.*
▶ *Mettez-les à la personne correspondante du pluriel. Quelle est leur terminaison ?*

conjugaison

1. Verbes *avoir, être, aller*

Avoir		Être		Aller	
j'	ai	je	suis	je	vais
tu	as	tu	es	tu	vas
il	a	il	est	il	va
nous	avons	nous	sommes	nous	allons
vous	avez	vous	êtes	vous	allez
ils	ont	ils	sont	ils	vont

2. Verbes du premier groupe

Au présent de l'indicatif, les verbes du premier groupe prennent les terminaisons : -e, -es, -e, -ons, -ez, -ent.

Conjugaison type **Chanter**	Verbes comme **Céder**	Verbes comme **Lever**	Verbes en **-eler** **Appeler**	Verbes en **-eter** **Jeter**
je chante	je cède	je lève	j' appelle	je jette
tu chantes	tu cèdes	tu lèves	tu appelles	tu jettes
il chante	il cède	il lève	il appelle	il jette
ns chant**ons**	ns cédons	ns levons	ns appelons	ns jetons
vs chant**ez**	vs cédez	vs levez	vs appelez	vs jetez
ils chant**ent**	ils cèdent	ils lèvent	ils appellent	ils jettent

Verbes en **-cer** **Avancer**	Verbes en **-ger** **Nager**	Verbes en **-guer** **Naviguer**	Verbes en **-oyer, -uyer** **Appuyer**	Verbes en **-ayer** **Payer**
j' avance	je nage	je navigue	j' appuie	je paie ou paye
tu avances	tu nages	tu navigues	tu appuies	tu paies ou payes
il avance	il nage	il navigue	il appuie	il paie ou paye
ns avançons	ns nageons	ns naviguons	ns appuyons	ns payons
vs avancez	vs nagez	vs naviguez	vs appuyez	vs payez
ils avancent	ils nagent	ils naviguent	ils appuient	ils paient ou payent

Remarques

| **Verbes en -eler et -eter** | • Liste des verbes les plus courants se conjuguant comme **appeler** et **jeter** : amonceler, atteler, carreler, chanceler, dételer, ensorceler, épeler, étinceler, ficeler, morceler, niveler, renouveler, ressemeler, ruisseler, cacheter, caqueter, décacheter, déchiqueter, empaqueter, épousseter, étiqueter, projeter, rejeter, voleter.

• Certains verbes en **-eler** et **-eter** prennent un accent grave et ne doublent pas la consonne : ciseler, déceler, démanteler, écarteler, geler, harceler, marteler, modeler, peler, acheter, crocheter, fureter, haleter, et leurs dérivés : *il gèle, j'achète*. |
|---|---|
| **Interpeller, regretter, guetter** | Ces verbes gardent leur consonne double tout au long de leur conjugaison : *nous interpellons, vous regrettez, ils guettent.* |
| **Verbes en -yer** | Le **y** devient **i** devant **e** muet : *je tutoie, tu essuies*. Seuls les verbes en **-ayer** peuvent conserver le **y** à toutes les personnes. |

Verbes en **-éer,** **-ier, -uer, -ouer**	Attention ! Il ne faut pas oublier le **e** muet : *je crée, il s'écrie, tu situes, elle secoue.*
Assaillir, cueillir, offrir, souffrir, tressaillir	Ces verbes et leurs dérivés, bien qu'étant du troisième groupe, se conjuguent comme les verbes en **-er.**

3. Verbes du deuxième groupe

Au présent de l'indicatif, les verbes du deuxième groupe prennent les terminaisons : -is, -is, -it, -issons, -issez, -issent.

Conjugaison type				Haïr			
Grandir							
je	grandi**s**	nous	grandi**ssons**	je	hai**s**	nous	haï**ssons**
tu	grandi**s**	vous	grandi**ssez**	tu	hai**s**	vous	haï**ssez**
il	grandi**t**	ils	grandi**ssent**	il	hai**t**	ils	haï**ssent**

Remarque

Bruire et **maudire**, bien qu'étant du troisième groupe, se conjuguent comme les verbes du deuxième groupe.

4. Verbes du troisième groupe

La conjugaison de ces verbes est assez complexe. La plupart des verbes du troisième groupe prennent les terminaisons : -s, -s, -t ou -d, -ons, -ez, -ent.

Verbes en **-dre**		Verbes en **-indre**		Verbes en **-soudre**		Verbes en **-tir**		Verbes en **-tre**	
Perdre		**Peindre**		**Résoudre**		**Partir**		**Battre**	
je	per**ds**	je	pein**s**	je	réso**us**	je	par**s**	je	ba**ts**
tu	per**ds**	tu	pein**s**	tu	réso**us**	tu	par**s**	tu	ba**ts**
il	per**d**	il	pein**t**	il	réso**ut**	il	par**t**	il	ba**t**
nous	per**dons**	nous	pei**gnons**	nous	réso**lvons**	nous	par**tons**	nous	ba**ttons**
vous	per**dez**	vous	pei**gnez**	vous	réso**lvez**	vous	par**tez**	vous	ba**ttez**
ils	per**dent**	ils	pei**gnent**	ils	réso**lvent**	ils	par**tent**	ils	ba**ttent**

Remarque

Les verbes en **-aître** et le verbe **plaire** prennent un accent circonflexe sur le **i** du radical devant **t**. La troisième personne du singulier du présent s'écrit donc **-aît** : *il connaît.*

Quelques verbes irréguliers

Apercevoir	Asseoir		Boire	Courir
j' aperçois	j' assieds ou	j' assois	je bois	je cours
nous apercevons	nous asseyons ou	nous assoyons	nous buvons	nous courons

Devoir	Émouvoir	Fuir	Mourir	Rompre
je dois	j' émeus	je fuis	je meurs	je romps
nous devons	nous émouvons	nous fuyons	nous mourons	nous rompons

Savoir	Servir	Valoir	Vivre	Vouloir
je sais	je sers	je vaux	je vis	je veux
nous savons	nous servons	nous valons	nous vivons	nous voulons

Acquérir	Croire	Dire	Pouvoir	Prendre
j' acquiers	je crois	je dis	je peux	je prends
nous acquérons	nous croyons	nous disons	nous pouvons	nous prenons
ils acquièrent	ils croient	vous dites	ils peuvent	ils prennent

Tenir	Vaincre	Voir	Croître	Faire
je tiens	je vaincs	je vois	je croîs	je fais
nous tenons	il vainc	nous voyons	tu croîs	nous faisons
ils tiennent	nous vainquons	ils voient	il croît	vous faites
			nous croissons	ils font

emplois du présent

1. Le présent exprime généralement un **fait actuel** qui se déroule au moment où on le rapporte :

> *J'aperçois Sylvie qui vient à notre rencontre.*

2. Il peut également exprimer un fait se rapportant à un **passé proche** ou à un **futur proche** :

> *Il sort à l'instant. (= il est sorti il y a un instant.)*
> *Je pars bientôt. (= je partirai bientôt.)*

3. Il sert à traduire des **vérités générales**, des **faits** ou des **événements habituels ou** qui se répètent :

> *Le tabac nuit à la santé.*
> *Mon chien adore l'eau.*
> *Nous avons cours de dessin le lundi.*

4. Il permet de faire revivre des événements passés. C'est le **présent historique** :

> *En ce jour de janvier 1874, le ciel est gris et un vent aigre balaie la plaine.*

C'est aussi le **présent de narration** :

> *Une grenouille vit un bœuf*
> *Qui lui sembla de belle taille*
> *Elle, qui n'était pas grosse en tout comme un œuf,*
> *Envieuse, s'étend, et s'enfle, et se travaille.* (La Fontaine.)

▶ *Quels sont, dans ces vers, les verbes au présent de narration ? A quels temps sont les autres verbes ?*

Récapitulons

■ Au **présent** de l'indicatif, les verbes du 1ᵉʳ groupe prennent les terminaisons : **-e, -es, -e, -ons, -ez, -ent.**
Les verbes du 2ᵉ groupe prennent les terminaisons : **-is, -is, -it, -issons, -issez, -issent.**
La plupart des verbes du 3ᵉ groupe prennent les terminaisons : **-s, -s, -t** ou **-d, -ons, -ez, -ent.** Leur conjugaison est assez complexe.

■ Le présent exprime généralement un **fait actuel.**
Il peut également correspondre à un **passé proche** ou un **futur proche** :

> *Il part à l'instant.*

Il sert à traduire des **vérités générales**, des **faits habituels** ou **répétés** :

> *Le tabac nuit à la santé.*

C'est également le temps du récit : **présent historique, présent de narration.**

Exercices

Pour faire ces exercices, il est conseillé de se reporter, en plus de la leçon, aux tableaux des conjugaisons à la fin du livre.

★ **1.** Mettez les verbes suivants à la première personne du singulier et du pluriel du présent de l'indicatif.

Rincer - rappeler - manger - geler - acheter - projeter - ficeler - modeler - achever - posséder - broyer - ruisseler - essayer - enfoncer - naviguer - partager - aller.

★ **2.** Mettez les verbes suivants à la deuxième personne du singulier et du pluriel du présent de l'indicatif.

Envoyer - aller - peler - interpeller - regretter - mener - persévérer - étiqueter - fureter - harceler - ennuyer - envier - soulever - effrayer - ployer.

★ **3.** Complétez les verbes suivants au présent de l'indicatif. Indiquez l'infinitif entre parenthèses.

Je pli... - je ri... - tu di... - elle appui... - il vi... - tu souri... - tu cri... - je pari... - je li... (deux réponses) - elle bondi... - tu grandi... - j'envi... - je construi... - il fui...

★ **4. Même exercice.**

Tu cou... - tu secou... - il dissou... - je nou... - il bou... - elle mou... - tu avou... - je conclu... - je remu... - tu salu... - elle exclu...

★ **5. Même exercice.**

Je ten... - tu tein... - elle fon... - je peu... - je pein... - tu ren... - il join... - je déten... - tu détien... - il romp... - tu tromp... - il tor... - elle dor...

★ **6.** Écrivez les verbes entre parenthèses au présent de l'indicatif.

Je (croire) - je (croître) - vous (peigner) - vous (peindre) - tu (pouvoir) - ils (venir) - elle (créer) - nous (joindre) - vous (dire) - je (renouveler) - nous (renoncer) - tu (haïr) - il (plaire) - nous (boire) - vous (faire) - elles (voir) - nous (acquérir) - tu (serrer) - tu (servir).

★ **7. Même exercice.**

Il (asseoir) (deux réponses) - elle (prendre) - tu (tressaillir) - il (fureter) - vous (déménager) - je (recueillir) - tu (nourrir) - il (mourir) - nous (courir) - elle (valoir) - tu (tenir) - je (servir) - il (émouvoir) - je (vouloir) - ils (croire) - il (vaincre).

★ **8. Même exercice.**

Nous (naviguer) - je (mettre) - tu (battre) - tu (bâtir) - il (nier) - je (suivre) - je (être) - vous (interpeller) - nous (vaincre) - elles (appuyer) - tu (échouer) - ils (vieillir) - je (saluer) - tu (acquérir) - elle (mener) - tu (partir).

★★ **9.** Mettez sur les *i* le signe qui convient : point, accent circonflexe ou tréma.

Je hais - nous haïssons - tu crois (croire) - tu crois (croître) - vous dites - il naît - elle fait - elle plaît - tu parais - il apparaît - vous faites.

★★ **10.** Reliez chaque élément de la première colonne à un élément de la deuxième colonne, pour obtenir un verbe au présent de l'indicatif. Plusieurs combinaisons sont possibles.

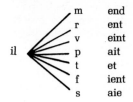

★★ **11.** Mettez les verbes entre parenthèses au présent de l'indicatif.

1. Je les (envoyer) aujourd'hui même. — 2. Où (vendre)-on cet article ? Où le (trouver)-on ? — 3. Nous vous (rejoindre) dans deux heures. — 4. Je (prendre) mon manteau et je (partir). — 5. Où (aller)-on ? — 6. Je (remplir) ce papier, je le (plier), le (mettre) dans une enveloppe et l'(expédier). — 7. Tu m'(interrompre) toujours, quand je te (parler). — 8. Ils (tenir) beaucoup à ce livre qui (provenir) de leur arrière-grand-père. — 9. Je te (certifier) que je (devoir) lui répondre aujourd'hui même. — 10. Elle (parvenir) jusqu'au banc et s'(asseoir).

★ **12.** Dans ce poème : a) relevez les verbes au présent de l'indicatif et indiquez leur infinitif ; b) mettez chacun de ces verbes à la troisième personne du pluriel.

Spectacle rassurant

Sous les bois, où tout bruit s'émousse,
Le faon craintif joue en rêvant.
Dans les verts écrins de la mousse
Luit le scarabée, or vivant.

Tout vit, et se pose avec grâce,
Le rayon sur le seuil ouvert,
L'ombre qui fuit sur l'eau qui passe,
Le ciel bleu sur le coteau vert.

La plaine brille, heureuse et pure ;
Le bois jase, l'herbe fleurit.
— Homme, ne crains rien ! La nature
Sait le grand secret, et sourit.

Victor Hugo, *Les Rayons et les ombres.*

★ **13.** Transposez ce texte au présent de l'indicatif.

Les skieurs

Ils lièrent à leurs pieds leurs ailes, et ils commencèrent leur vol par-dessus les petites vallées. Parfois ils rayaient de grands cercles les champs immaculés. Selon leurs bonds, ils voyaient une contrée concave les quitter, revenir à eux, s'écarter encore. Leurs chutes les poudraient de nacre ; ils plongeaient, tête première, dans des cratères de paillettes où le soleil mettait les sept couleurs d'Iris.

Colette, *Le Voyage égoïste*.

★★★ **14.** Indiquez quelle est la valeur du présent dans les phrases suivantes.

1. Le dimanche je fais la grasse matinée. — 2. A qui téléphones-tu ? — 3. Demain nous allons à la mer. — 4. Le chat a des griffes rétractiles. — 5. Tu aurais pu rencontrer Myriam, elle nous quitte à l'instant. — 6. Mon frère fait du judo. — 7. Tous les matins, à la même heure, il va acheter son journal. — 8. François Ier fait construire le château de Fontainebleau à partir de 1527. — 9. Je t'écris pour t'annoncer que nous déménageons au printemps.

★ **15.** Rédaction.

Racontez, au présent, le meilleur souvenir de vos vacances.

★★ **16.** Dictée et questions.

Découverte de la musique

Mais le plus beau de tout, c'est quand on met deux doigts sur deux touches à la fois. Jamais on ne sait au juste ce qui va se passer. Quelquefois les deux esprits sont ennemis ; ils s'irritent, ils se frappent, ils se haïssent, ils bourdonnent d'un air vexé ; leur voix s'enfle ; elle crie, tantôt avec colère, tantôt avec douceur. Christophe adore ce jeu : on dirait des monstres enchaînés qui mordent leurs liens, qui heurtent les murs de leur prison ; il semble qu'ils vont les rompre et faire irruption au dehors, comme ceux dont parle le livre de contes...
Ainsi l'enfant se promène dans la forêt des sons, et il sent autour de lui des milliers de forces inconnues qui le guettent et l'appellent pour le caresser ou pour le dévorer.

Romain Rolland, *Jean-Christophe*,
Albin Michel.

1. Relevez les verbes au présent de l'indicatif et indiquez leur infinitif et leur groupe.
2. Relevez les verbes à l'infinitif. Mettez-les à la première et à la troisième personne du singulier, et à la première personne du pluriel du présent de l'indicatif.
3. Conjuguez au présent de l'indicatif les verbes conjugués des deux premières phrases.

166

25

Le futur simple de l'indicatif

Ne pleure pas, Jeannette,
Nous te mari-e-rons,
Nous te mari-e-rons !

▶ *Dans cette chanson, on articule distinctement le e d'ordinaire muet de* marierons. *Quel est le temps de ce verbe ? A quel groupe appartient-il ?*

conjugaison

1. Verbes *avoir, être, aller*

Avoir		Être		Aller	
j'	aurai	je	serai	j'	irai
tu	auras	tu	seras	tu	iras
il	aura	il	sera	il	ira
nous	aurons	nous	serons	nous	irons
vous	aurez	vous	serez	vous	irez
ils	auront	ils	seront	ils	iront

Remarque

Les radicaux sur lesquels sont formés ces trois futurs sont complètement différents des radicaux du présent et de l'infinitif.

167

2. Verbes du premier groupe

Au futur simple de l'indicatif, les verbes du premier groupe prennent les terminaisons : **-erai** [əRe], **-eras, -era, -erons, -erez, -eront**.

Conjugaison type	Verbes en **-ier**	Verbes en **-oyer, -uyer**	Verbes en **-ayer**	
Chanter	**Crier**	**Appuyer**	**Payer**	
je chant**erai**	je crier**ai**	j' appuie**rai**	je payerai	ou paierai
tu chant**eras**	tu crier**as**	tu appuie**ras**	tu payeras	ou paieras
il chant**era**	il crier**a**	il appuie**ra**	il payera	ou paiera
nous chant**erons**	nous crier**ons**	nous appuie**rons**	nous payerons	ou paierons
vous chant**erez**	vous crier**ez**	vous appuie**rez**	vous payerez	ou paierez
ils chant**eront**	ils crier**ont**	ils appuie**ront**	ils payeront	ou paieront

Remarques

Verbes en **-ier**, **-éer, -uer, -ouer**	Ne pas oublier le **e** muet devant le **r** : *je crierai, tu crée-ras, il suera, nous secouerons.*
Verbes en **-yer**	Ces verbes changent le **y** en **i** devant **e** muet comme au présent de l'indicatif ; les verbes en **-ayer** peuvent aussi garder le **y** : *je noierai, tu essuieras, il payera.* **Envoyer** est irrégulier : *j'enverrai, tu enverras,* etc.
Verbes comme **lever, semer**	Ces verbes prennent un accent grave au futur : *je lèverai, tu sèmeras.*
Verbes comme **espérer, céder**	Ces verbes gardent l'accent aigu au futur : *j'espérerai, tu céderas.*
Verbes en **-eler**, en **-eter**	1. Ceux qui se conjuguent comme **appeler** ou **jeter** doublent le **l** ou le **t** au futur : *j'appellerai, tu jetteras.* 2. Les autres prennent un accent grave : *je pèlerai, tu achèteras.*

3. Verbes du deuxième groupe

Au futur simple de l'indicatif, les verbes du deuxième groupe prennent les terminaisons : **-irai, -iras, -ira, -irons, -irez, -iront**.

Grandir			
je grand**irai**	nous grand**irons**		
tu grand**iras**	vous grand**irez**		
il grand**ira**	ils grand**iront**		

4. Verbes du troisième groupe

Les verbes du troisième groupe prennent les terminaisons : **-rai, -ras, -ra, -rons, -rez, -ront**. Le radical du futur simple de l'indicatif est souvent très différent de celui du présent de l'indicatif ou de l'infinitif.

	Partir		**Perdre**		**Devoir**
je	parti**rai**	je	perd**rai**	je	dev**rai**
tu	parti**ras**	tu	perd**ras**	tu	dev**ras**
il	parti**ra**	il	perd**ra**	il	dev**ra**
nous	parti**rons**	nous	perd**rons**	nous	dev**rons**
vous	parti**rez**	vous	perd**rez**	vous	dev**rez**
ils	parti**ront**	ils	perd**ront**	ils	dev**ront**

Quelques verbes irréguliers

Acquérir	**Asseoir**		**Courir**	**Cueillir**
j'acquerrai	j'assoirai ou j'assiérai		je courrai	je cueillerai
Faire	**Mourir**	**Pouvoir**	**Recevoir**	**Savoir**
je ferai	je mourrai	je pourrai	je recevrai	je saurai
Tenir	**Valoir**	**Venir**	**Voir**	**Vouloir**
je tiendrai	je vaudrai	je viendrai	je verrai	je voudrai

emplois du futur

1. Le futur simple s'emploie quand l'action ou l'état exprimés par le verbe se situent dans l'**avenir** :

*Dans dix ans, tu **seras** un homme.*

2. Il s'emploie aussi pour exprimer un **ordre**, avec un sens voisin de l'impératif :

Vous m'attendrez sur le quai.
= Attendez-moi sur le quai.

3. Enfin, il s'emploie parfois quand on veut **atténuer** des paroles :

Je vous prierai de partir.

Récapitulons

■ Au futur simple de l'indicatif, les verbes du 1ᵉʳ groupe prennent les terminaisons : **-erai, -eras, -era, -erons, -erez, -eront.**
Les verbes du 2ᵉ groupe prennent les terminaisons : **-irai, -iras, -ira, -irons, -irez, -iront.**
Les verbes du 3ᵉ groupe prennent les terminaisons : **-rai, -ras, -ra, -rons, -rez, -ront.**

Les radicaux auxquels s'ajoutent ces terminaisons sont souvent très différents de ceux du présent de l'indicatif et de l'infinitif :

> Infinitif : *vouloir*
>
> Présent : je **veux**
>
> Futur : je **voud**rai.

■ Le futur s'emploie pour exprimer un fait situé dans l'**avenir**, un **ordre** ou parfois quand on veut **atténuer** des paroles.

Exercices

★ **1.** Mettez les formes verbales suivantes au futur simple de l'indicatif.

Il devient - tu accours - elle dénoue - ils effrayent (deux réponses) - nous voulons - je défais - nous asseyons (deux réponses) - il meurt - tu nourris - vous savez.

★ **2.** Même exercice.

Il tournoie - vous rejetez - elles croient - ils envoient - vous retenez - tu peux - nous devons - il croît - nous gelons - tu sors.

★ **3.** Même exercice.

Tu offres - nous conquérons - vous paraissez - vous pesez - il appuie - nous possédons - tu veux - ils concourent - tu blanchis - vous buvez.

★ **4.** Même exercice.

Je hais - tu suis - elle noue - nous relayons (deux réponses) - vous protégez - il assoit (deux réponses) - vous cousez - ils valent - je découvre - tu vaincs.

★ **5.** Même exercice.

Nous plions - tu bondis - il tressaille - vous sciez - il atterrit - j'atténue - tu conclus - elle loue - nous mourons.

★ **6.** Même exercice.

Il se tait - nous payons (deux réponses) - tu raies (deux réponses) - vous plaisez - tu bois - ils aboient - vous croyez - il conduit - nous essuyons - tu réduis.

★ **7.** Même exercice.

Nous célébrons - vous emmenez - vous achetez - nous harcelons - je décachette - il ensorcelle - nous crevons - elles reflètent - vous haletez - nous pelons.

★ **8.** Conjuguez à toutes les personnes du futur simple les couples de verbes suivants.

1. Crier et s'enfuir. — 2. Demander et répandre. — 3. Mettre et regretter.

★ **9.** Même exercice.

1. Recevoir et livrer. — 2. Estomper et rompre. — 3. Adoucir et apprécier.

170

★ ★ 10. Donnez l'infinitif correspondant à chacune de ces formes.

1. Nous lierons. — 2. Tu déferas. — 3. Je fondrai. — 4. Ils liront. — 5. Il ressoudera. — 6. Vous défierez. — 7. Je m'écrierai. — 8. Vous résoudrez. — 9. Elles fonderont. — 10. Nous écrirons. — 11. Je serai. — 12. Je saurai.

★ 11. Transposez le texte suivant au futur simple.

La route

La route partit de Saint-André, à travers les prairies d'eau et les pommiers, en rampe douce, comme un être vivant, volontaire mais calme. Puis elle entra dans la vallée étroite pour grimper en lacets vers les hautes crêtes.
Des équipes marchaient avec elle, remuaient la terre, coupaient les arbres, creusaient les rochers à coups de mines, bâtissaient des ponts sur les torrents et les précipices. Sous les rochers, aux creux des arbres, aux couverts des taillis, des bêtes couraient, surprises, des serpents s'écrasaient sur des roches précipitées... Les équipes riaient et s'acharnaient à bousculer ces landes, ces forêts, ces rocailles. Une longue bande de terre s'aplanissait et s'allongeait comme pour se soumettre...

André Chamson, *Les Hommes de la route,*
Grasset.

★ ★ ★ 12. Justifiez les emplois du futur simple dans les phrases suivantes.

1. La voyante lisait dans sa boule de cristal : « Vous ne connaîtrez pas la fortune mais vous épouserez un homme très célèbre. » — 2. Vous serez assez aimable de nous donner une réponse rapide. — 3. Qui vivra verra. — 4. Son père se mit en colère : « Jamais plus tu ne fréquenteras ce garnement ! » — 5. Si je fais des progrès en allemand d'ici l'été, je pourrai partir en vacances en Bavière.

★ ★ ★ 13. Relevez les verbes au futur simple du texte suivant et donnez leur infinitif. Puis à votre tour, rédigez un texte d'une dizaine de lignes sur le thème : « Quand je serai grand... ». Tous les verbes seront au futur.

Rêves d'avenir

« Que feras-tu quand tu seras grand ?
— Je travaillerai aux Papeteries ?
— Si cela te plaît bien sûr. Mais tu auras peut-être envie de faire autre chose. Il faut toujours faire ce dont on a envie. Sinon, on le regrette toute sa vie... Pendant toute une partie de sa vie, on se dit : "Quand je serai grand, je ferai..." ou "Plus tard, je deviendrai..." ; et puis, un matin, en se faisant la barbe, on se regarde dans le miroir et apparaît une évidence dictée par le temps : "Quand je serai grand...", mais c'est maintenant que je suis grand, et je suis un marchand de papier, je ne suis pas un acteur, ni un chanteur, ni un auteur de théâtre... Et, si tout va bien pour vous, les autres affirment : "Il a réussi" alors qu'on n'a réussi qu'une chose, celle qui vous intéressait le moins, et manqué toutes les autres. »

Robert Sabatier,
Trois Sucettes à la menthe,
Albin Michel.

★ ★ 14. Rédaction.

Imaginez comment vivront les hommes au milieu du XXIᵉ siècle. Tous les verbes seront au futur.

★ 15. Dictée et questions.

Le petit prince et le renard

— Si tu veux un ami, apprivoise-moi !
— Que faut-il faire ? dit le petit prince.
— Il faut être très patient, répondit le renard ; tu t'assoiras d'abord un peu loin de moi, comme ça, dans l'herbe. Je te regarderai du coin de l'œil et tu ne diras rien... Mais chaque jour, tu pourras t'asseoir un peu plus près...
Le lendemain revint le petit prince.
— Il eût mieux valu[1] revenir à la même heure, dit le renard. Si tu viens, par exemple, à quatre heures de l'après-midi, dès trois heures, je commencerai d'être heureux. Plus l'heure avancera, plus je me sentirai heureux. A quatre heures, déjà je m'agiterai et m'inquiéterai : je découvrirai le prix du bonheur ! Mais si tu viens n'importe quand, je ne saurai jamais à quelle heure m'habiller le cœur...

A. de Saint-Exupéry, *Le Petit Prince,*
Gallimard.

1. Écrire la forme verbale au tableau.

1. Relevez tous les verbes au futur simple de l'indicatif et mettez-les à la même personne du pluriel.

2. Dans la phrase : *le lendemain revint le petit prince,* donnez la fonction des GN *le lendemain* et *le petit prince.*

★ ★ ★ **16.** Dictée et questions.

Mort d'un quartier

Un à un les magasins fermeront et ne seront pas remplacés, une à une les fenêtres des appartements devenus vacants seront murées et les planchers défoncés pour décourager les squatters[1] et les clochards. La rue ne sera plus qu'une suite de façades aveugles — fenêtres semblables à des yeux sans pensée...

Les démolisseurs viendront et leurs masses feront éclater les crépis et les carrelages, défonceront les cloisons, tordront les ferrures, disloqueront les poutres et les chevrons, arracheront les moellons et les pierres : images grotesques d'un immeuble jeté à bas, ramené à ses matières premières dont les ferrailleurs à gros gants viendront se disputer les tas.

Georges Perec, *La Vie mode d'emploi,*
Hachette.

1. Squatters : occupants illégaux d'un appartement inoccupé.

1. Relevez tous les verbes au futur simple de l'indicatif en précisant leur tournure.

2. *Les fenêtres des appartements seront murées.* Tournez cette phrase à l'actif. Quel sujet devra-t-on employer ?

3. Relevez une proposition relative ; encadrez le pronom relatif et soulignez son antécédent.

4. Cherchez dans le dictionnaire le sens de : *chevrons, moellons, grotesques.*

26
L'imparfait de l'indicatif

L'oncle Jules

> Sa langue roulait les R comme un ruisseau roule des graviers. Je l'imitais, pour faire rire mon frère Paul. Nous pensions en effet que l'accent provençal était le seul accent français véritable, puisque c'était celui de notre père, examinateur au Certificat d'Études et que les R de l'oncle Jules n'étaient que le signe extérieur d'une infirmité cachée.
>
> Marcel Pagnol, *La Gloire de mon père*, Pastorelly.

▶ *Relevez tous les verbes conjugués de ce texte. A part la forme* roule, *à quel moment du temps renvoient-ils : présent, passé, avenir ?*
▶ *Dites à quelle personne du singulier ou du pluriel est chaque verbe et relevez sa terminaison.*

conjugaison

Pour tous les verbes, l'imparfait de l'indicatif se forme avec les terminaisons : -ais [ɛ], -ais, -ait, -ions, -iez, -aient. Le radical auquel s'ajoutent ces terminaisons est le même que celui de la 1ʳᵉ personne du pluriel du présent de l'indicatif :

Infinitif : **peindre**   Présent : nous **peign**ons   Imparfait : je **peign**ais

Avoir		Être		Chanter *1ᵉʳ groupe*		Grandir *2ᵉ groupe*		Partir *3ᵉ groupe*	
j'	avais	j'	étais	je	chantais	je	grandissais	je	partais
tu	avais	tu	étais	tu	chantais	tu	grandissais	tu	partais
il	avait	il	était	il	chantait	il	grandissait	il	partait
nous	avions	nous	étions	nous	chantions	nous	grandissions	nous	partions
vous	aviez	vous	étiez	vous	chantiez	vous	grandissiez	vous	partiez
ils	avaient	ils	étaient	ils	chantaient	ils	grandissaient	ils	partaient

173

Verbes en **-ger**	Ils prennent un **e** après le **g** devant les terminaisons en **-a** : *je nageais, nous nagions*.
Verbes en **-guer**	Ils gardent le **u** après le **g** devant les terminaisons en **-a** : *je conjuguais, nous conjuguions*.
Verbes en **-cer**	Le **c** prend une **cédille** devant les terminaisons en **-a** : *je lançais, nous lancions*.
Verbes en **-éer** **-ier, -ouer, -uer**	Ces verbes font par exemple : *je créais, nous créions* *je criais, nous criions* (2 **i**) *je secouais, nous secouions* *je remuais, nous remuions*
Verbes en **-ier,** **-yer, -gner,** **-indre** Verbes comme **travailler, piller, cueillir**	Ces verbes prennent régulièrement les terminaisons **-ions** et **-iez** mais le **i** s'entend mal : *nous remerciions, vous essuyiez,* *nous signions, vous craigniez,* *nous travaillions, vous cueilliez.*

emplois de l'imparfait

1. L'imparfait de l'indicatif est un temps du passé, il s'emploie quand l'action ou l'état exprimés par le verbe sont envisagés dans leur durée :

> *Shakespeare vivait en Angleterre.*

Il s'oppose au passé simple et au passé composé qui envisagent l'action passée comme achevée et nettement délimitée dans le temps.

> *Shakespeare vécut en Angleterre de 1564 à 1616.*

2. L'imparfait s'emploie souvent pour une action ou un état passés en train de se dérouler au moment où survient un autre événement (rapporté au passé simple ou au passé composé) :

> *Il avait trente-deux ans quand il écrivit* Roméo et Juliette.

3. C'est aussi le temps qui exprime la répétition dans le passé et l'habitude dans le passé :

> *Chaque fois qu'il parlait, tout le monde se taisait.*

4. Enfin c'est le temps de la description par excellence :

> *Le maître de ce commerce était très grand, très maigre, et très sale. Il portait une barbe grise, et des cheveux de troubadour sortaient d'un grand chapeau d'artiste. Son air était mélancolique, et il fumait une pipe en terre. (Marcel Pagnol.)*

5. Dans une proposition subordonnée circonstancielle introduite par *si*, l'imparfait marque la condition :

> *Si tu voulais, tu pourrais.*

Récapitulons

■ Pour tous les verbes, l'imparfait de l'indicatif se forme avec les terminaisons : **-ais, -ais, -ait, -ions, -iez, -aient** ajoutées à un radical qui est le même que celui de la 1re personne du pluriel du présent de l'indicatif :

> Infinitif :   ***prendre***
>
> Présent :   *nous **pren**ons*
>
> Imparfait : *je **pren**ais, nous **pren**ions.*

■ C'est un temps du **passé** qui exprime la **durée**, la **répétition**, l'**habitude**. Il est le temps de la **description**.

Exercices

★ **1. Mettez les verbes suivants à la 2ᵉ personne du singulier et du pluriel de l'imparfait de l'indicatif.**

Naviguer - voir - balancer - nier - appuyer - peindre - assaillir - manger - conquérir - soigner.

★ **2. Même exercice.**

Payer - appeler - recueillir - insinuer - résoudre - connaître - devoir - balbutier - conclure - peigner.

★ **3. Mettez les formes suivantes à l'imparfait de l'indicatif.**

Vous accueillez - tu finis - il se fatigue - elles croient - elle naît - nous saluons - vous signez - tu ponces - je m'assieds - nous agréons.

★ **4. Même exercice.**

Nous instituons - il soulage - elles défont - tu dissous - ils gravissent - vous froncez - je prends - il vend - vous mouillez - nous plions.

★ **5. Mettez les verbes suivants aux formes demandées de l'imparfait de l'indicatif.**

1. Songer : 3ᵉ personne du singulier. — 2. Grogner : 1ʳᵉ personne du pluriel. — 3. S'asseoir : 1ʳᵉ personne du singulier. — 4. Bégayer : 2ᵉ personne du pluriel. — 5. Dissoudre : 3ᵉ personne du singulier. — 6. Mincir : 3ᵉ personne du pluriel. — 7. Connaître : 2ᵉ personne du singulier. — 8. Briller : 1ʳᵉ personne du pluriel. — 9. Boire : 3ᵉ personne du pluriel. — 10. Éteindre : 2ᵉ personne du pluriel.

★ **6.** Dans le texte suivant, mettez les verbes entre parenthèses à l'imparfait de l'indicatif.

Au fond de la mer

La lumière qui (éclairer) le sol jusqu'à trente pieds au-dessous de l'Océan, m'étonna par sa puissance. Les rayons du soleil (traverser) aisément cette masse aqueuse et en (dissiper) la coloration. Je (distinguer) nettement les objets à une distance de cent mètres. Au-delà, les fonds (se nuancer) des fines dégradations de l'outre-mer, puis ils (bleuir) dans les lointains et (s'effacer) au milieu d'une vague obscurité... Nous (marcher) sur un sable fin, uni, non ridé, comme celui des plages qui conserve l'empreinte de la houle. Ce tapis éblouissant, véritable réflecteur, (repousser) les rayons du soleil avec une surprenante intensité.

Jules Verne,
20 000 Lieues sous les mers,
Hachette.

★ **7.** Le texte suivant a été écrit, à l'origine, à l'imparfait de l'indicatif. Récrivez-le en rétablissant l'imparfait.

La journée d'une paysanne bretonne

Ma mère se lève avec le jour d'été et bien avant celui d'hiver. Elle commence par mettre soigneusement sa coiffe..., fait la pâtée du cochon, trait la vache, prépare le déjeuner des petits, les fait se lever, les envoie à l'école, mène la vache au champ en battant du crochet, travaille la terre selon ses forces, revient avec la vache au bout de sa corde..., retrouve les enfants, maintient la discipline du petit monde, fait faire les devoirs, raccommode les hardes, tempête ou rit à pleine gorge, gave de nouveau le cochon, trait une seconde fois la vache, cuit la bouillie ou les pommes de terre, fait la vaisselle, couche la troupe, range tout, reprend son crochet ou son aiguille à la lueur d'une lampe-pigeon, attend mon père et ne gagne son lit qu'après lui.

D'après Pierre-Jakez Hélias,
Le Cheval d'orgueil,
Plon.

★★★ **8.** Dans les phrases suivantes, justifiez l'emploi de l'imparfait de l'indicatif :

passé qui dure, qui se déroule en même temps qu'un autre événement, qui se répète, description, condition.

1. Tous les matins, ils attendaient le même autobus. — 2. Si Pierre avait le temps de s'entraîner, il ferait des progrès. — 3. Nous écoutions les informations quand la sonnette retentit. — 4. Depuis toujours, il désirait connaître la capitale. — 5. Ma grand-mère ne sortait jamais sans son chapeau. — 6. Il était mince et avait les yeux rieurs. — 7. Il était une fois un berger qui rêvait de devenir prince.

★★★ **9.** Même exercice.

1. La maison était en pierres sèches et possédait encore un toit de chaume. — 2. Chaque année, ils partaient camper en montagne. — 3. Pendant que le professeur expliquait la géométrie aux uns, les autres bavardèrent et furent punis. — 4. En ce temps-là, on n'avait pas l'électricité. — 5. S'il fallait répondre à chacun, on n'en finirait pas. — 6. Auparavant, les écoliers n'avaient pas d'école le jeudi.

★★★ **10.** Dictée et questions.

Effets de lune

La scène sur la terre n'était pas moins ravissante : le jour bleuâtre et velouté de la lune descendait dans les intervalles des arbres et poussait des gerbes de lumière jusque dans l'épaisseur des plus profondes ténèbres. La rivière qui coulait à mes pieds tour à tour se perdait dans les bois, tour à tour reparaissait brillante des constellations de la nuit, qu'elle répétait dans son sein. Dans une savane, de l'autre côté de la rivière, la clarté de la lune dormait sans mouvement sur les gazons ; des bouleaux agités par les brises et dispersés çà et là formaient des îles d'ombres flottantes sur cette mer immobile de lumière.

Chateaubriand,
Le Génie du christianisme.

1. Relevez les verbes à l'imparfait de l'indicatif, mettez-les à l'infinitif et dites à quel groupe ils appartiennent.
2. Justifiez l'emploi de ces imparfaits.

27

Le passé simple de l'indicatif

Lancement d'un projectile vers la Lune

Murchison, pressant du doigt l'interrupteur de l'appareil, rétablit le courant et lança l'étincelle électrique au fond de la Columbiad.

Une détonation épouvantable, inouïe, surhumaine se produisit instantanément. Une immense gerbe de feu jaillit des entrailles du sol comme d'un cratère. La terre se souleva, et c'est à peine si quelques personnes purent un instant entrevoir le projectile fendant victorieusement l'air au milieu des vapeurs flamboyantes.

Jules Verne, *De la Terre à la Lune,* Hachette.

▶ *Ce récit se situe-t-il dans le présent, le passé ou l'avenir ?*
▶ *Relevez les verbes conjugués, donnez leur terminaison et leur infinitif. Mettez-les à la personne correspondante du pluriel.*
▶ *Ces verbes traduisent-ils des actions durables, habituelles ou au contraire des actions isolées dans le passé ?*

conjugaison

1. Verbes *avoir, être, aller*

Avoir	Être	Aller
j' eus	je fus	j' allai
tu eus	tu fus	tu allas
il eut	il fut	il alla
nous eûmes	nous fûmes	nous allâmes
vous eûtes	vous fûtes	vous allâtes
ils eurent	ils furent	ils allèrent

Remarque

Au passé simple, le verbe **aller** se conjugue comme un verbe du premier groupe.

2. Verbes du premier groupe

Au passé simple de l'indicatif, tous les verbes du premier groupe prennent les terminaisons : **-ai, -as, -a, -âmes, -âtes, -èrent.**

Chanter
je chant**ai**
tu chant**as**
il chant**a**
nous chant**âmes**
vous chant**âtes**
ils chant**èrent**

Remarques

Verbes en **-ger**	Ils prennent un **e** après le **g** devant les terminaisons en **-a** : *je nageai, ils nagèrent.*
Verbes en **-guer**	Ils gardent le **u** après le **g** devant les terminaisons en **-a** : *je naviguai, ils naviguèrent.*
Verbes en **-cer**	Le **c** prend une **cédille** devant les terminaisons en **-a** : *je lançai, ils lancèrent.*
Verbes en **-eler** et **-eter**	Ils gardent leur consonne simple tout au long de la conjugaison du passé simple : *j'appelai, tu jetas.*

3. Verbes du deuxième groupe

Tous les verbes du deuxième groupe se conjuguent sur le modèle suivant :

Grandir			
je	grandis	nous	grandîmes
tu	grandis	vous	grandîtes
il	grandit	ils	grandirent

Remarque

Les verbes du deuxième groupe ont les trois personnes du singulier semblables au présent et au passé simple de l'indicatif, à l'exception de **haïr** (présent : *je hais, tu hais, il hait*. Passé simple : *je haïs, tu haïs, il haït*).

4. Verbes du troisième groupe

On peut les classer en trois catégories selon leur terminaison : **-i-, -u-, -in-**.

Partir type en **-i-**		Apercevoir type en **-u-**		Tenir type en **-in-**	
je	partis	j'	aperçus	je	tins
tu	partis	tu	aperçus	tu	tins
il	partit	il	aperçut	il	tint
nous	partîmes	nous	aperçûmes	nous	tînmes
vous	partîtes	vous	aperçûtes	vous	tîntes
ils	partirent	ils	aperçurent	ils	tinrent

1. La majorité des verbes du troisième groupe ont une terminaison en **-i-** semblable à celle des verbes du deuxième groupe. En voici quelques-uns parmi les plus irréguliers :

Dire	: je dis	**Faire**	: je fis
Voir	: je vis	**Asseoir**	: j'assis
Rire	: je ris	**Naître**	: je naquis
Écrire	: j'écrivis	**Acquérir**	: j'acquis
Conduire	: je conduisis	**Prendre**	: je pris
Vaincre	: je vainquis	**Mettre**	: je mis
Rompre	: je rompis	**Fuir**	: je fuis

Les verbes en **-aindre, -eindre, -oindre** ont le passé simple respectivement en **-aignis, -eignis, -oignis. Peindre :** *je peignis.*

2. Voici quelques verbes dont le passé simple est en **-u-** :

Courir	: je courus	**Recevoir**	: je reçus
Boire	: je bus	**Moudre**	: je moulus
Savoir	: je sus	**Taire**	: je tus
Lire	: je lus	**Mourir**	: je mourus
Vouloir	: je voulus	**Devoir**	: je dus
Connaître	: je connus	**Vivre**	: je vécus
Croire	: je crus	**Pouvoir**	: je pus
Croître	: je crûs	**Émouvoir**	: j'émus
Résoudre	: je résolus	**Plaire**	: je plus

3. Seuls **tenir, venir** et leurs composés ont le passé simple en **-in-** :

Tenir : je tins   **Venir** : je vins

▶ *Cherchez des composés de* tenir *et de* venir. *Employez-les à la première personne du* *passé simple.*

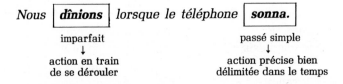

emplois du passé simple

1. Le passé simple est avant tout le temps du récit dans le passé. Il sert à traduire des faits précis, isolés dans le passé, sans notion de durée.

> *A peine le marteau eut-il résonné sous la main du jeune* *homme, que le tumulte* ***cessa****, que des pas* ***s'approchèrent****, que* *la porte* ***s'ouvrit*** *et que d'Artagnan, l'épée nue,* ***s'élança*** *dans* *l'appartement de maître Bonacieux.*
>
> (A. Dumas.)

2. Le passé simple s'oppose donc à l'imparfait qui exprime des faits habituels ou considérés dans leur durée, leur déroulement, ou encore, non achevés à un moment précis du passé.

Nous │ *dînions* │ lorsque le téléphone │ *sonna.*

imparfait   passé simple
↓   ↓
action en train   action précise bien
de se dérouler   délimitée dans le temps

3. Le passé simple appartient surtout à la langue écrite, tandis que la langue parlée emploie plus volontiers le passé composé.

Récapitulons

■ Au passé simple de l'indicatif, les verbes du 1er groupe prennent les terminaisons : **-ai, -as, -a, -âmes, -âtes, -èrent.**
Les verbes du 2e groupe prennent les terminaisons : **-is, -is, -it, -îmes, -îtes, -irent.**
Les verbes du 3e groupe prennent les terminaisons :
    -is, -is, -it, -îmes, -îtes, -irent.
    -us, -us, -ut, -ûmes, -ûtes, -urent.
    -ins, -ins, -int, -înmes, -întes, -inrent.

■ Le passé simple est le temps du **récit dans le passé**. Il sert à exprimer des faits **précis, isolés**, sans notion de durée. Il appartient à la **langue écrite.**

Exercices

★ **1.** Mettez les verbes suivants à la première personne du singulier et du pluriel du passé simple.

Ranger - nier - expliquer - acheter - guetter - distinguer - pincer - aller - ennuyer - appeler - créer - exercer - fatiguer - loger - travailler.

★ **2.** Mettez les verbes suivants à la deuxième personne du singulier et du pluriel du présent et du passé simple de l'indicatif.

Écrire - fournir - partir - haïr - souffrir - nuire - lire - dire - courir - saisir.

★ ★ **3.** Mettez les verbes suivants à la troisième personne du singulier et du pluriel du passé simple.

Détruire - faire - attendre - prendre - croire - croître - naître - connaître - apparaître - plaire - vaincre - joindre - vivre - écrire - boire - lire - peindre.

★ **4.** Classez les verbes suivants en trois groupes, selon que leur terminaison au passé simple est en *-i-*, *-u-*, ou *-in-*.

Tendre - revoir - retenir - accourir - asseoir - vouloir - prévenir - boire - teindre - renaître - entrevoir - contenir - recevoir - répandre - intervenir.

★ **5.** Conjuguez au passé simple :

1. Vouloir et obtenir. — 2. Lire et rire. — 3. Essayer et parvenir.

★ ★ **6.** Écrivez les verbes entre parenthèses au passé simple.

Je (secouer) - tu (boire) - il (rebâtir) - elle (rabattre) - j'(accroître) - vous vous (endormir) - tu (plaire) - nous (essayer) - ils (revivre) - j'(avoir) - vous (naître) - elle (acquérir) - ils (se taire) - ils (tuer) - tu (savoir) - nous (pouvoir).

★ ★ **7.** Même exercice.

Nous (prononcer) - tu (conclure) - je (lier) - je (lire) - elle (rompre) - nous (gravir) - il (mourir) - il (nourrir) - vous (faire) - tu (instruire) - je (s'écrier) - tu (écrire) - nous (devoir) - elle (frémir).

★ ★ **8.** Indiquez le temps et l'infinitif des verbes suivants.

Je vis (deux réponses) - je sus - je sue - tu hais - tu haïs - tu grossis (deux réponses) - il tue - il tut - il plut (deux réponses) - elle valut - elle évalue.

★ **9.** Mettez les verbes entre parenthèses au passé simple.

« Levez-vous » (dire) le professeur.
Il (se lever) ; sa casquette (tomber). Toute la classe (se mettre) à rire. Il (se baisser) pour la reprendre. Un voisin la (faire) tomber d'un coup de coude ; il la (ramasser) encore une fois. Il y (avoir) un rire éclatant des écoliers qui (décontenancer) le pauvre garçon,

si bien qu'il ne savait s'il fallait garder sa casquette à la main, la laisser par terre ou la mettre sur sa tête. Il (se rasseoir) et la (poser) sur ses genoux.

« Levez-vous, (reprendre) le professeur, et dites-moi votre nom. »

Le nouveau (articuler), d'une voix bredouillante, un nom inintelligible.

Gustave Flaubert, Madame Bovary.

★ ★ ★ **10.** Transposez ce texte au passé. Certains verbes seront au passé simple, d'autres à l'imparfait. Soulignez les verbes au passé simple. Justifiez leur emploi.

Le distrait

Ménalque descend son escalier, ouvre sa porte pour sortir ; il la referme. Il s'aperçoit qu'il est en bonnet de nuit ; et, venant à mieux s'examiner, il se trouve rasé à moitié ; il voit que son épée est mise du côté droit, que ses bas sont rabattus sur ses talons, et que sa chemise est par-dessus ses chausses...

Il entre à l'appartement, et passe sous un lustre où sa perruque s'accroche et demeure suspendue : tous les courtisans regardent et rient ; Ménalque regarde aussi et rit plus haut que les autres.

La Bruyère, Caractères.

★ ★ ★ **11.** Mettez les verbes entre parenthèses à l'imparfait ou au passé simple suivant le temps qui convient.

Suzanne qui s'était approchée de la fenêtre (étouffer) un cri.

« Regarde... un homme près du bassin. »

Un homme en effet (s'éloigner) d'un pas rapide. Il (porter) sous le bras un objet d'assez grandes dimensions dont elles ne (pouvoir) discerner la nature, et qui, en ballottant contre sa jambe, (contrarier) sa marche. Elles le (voir) qui (passer) près de l'ancienne chapelle et qui (se diriger) vers une petite porte dont le mur était percé. Cette porte (devoir) être ouverte, car l'homme (disparaître) subitement, et elles n'(entendre) point le grincement habituel des gonds.

Maurice Leblanc,
L'Aiguille creuse,
Librairie générale française
et Claude Leblanc.

★ ★ ★ **12.** Même exercice.

Robert (demeurer) un bon moment sans bouger. Peu à peu, entre lui et les pierres mal jointes de la façade proche, des images (revenir), rapides, fugitives, insaisissables et qu'il ne (chercher) pas vraiment à fixer. Se retournant, il (avancer) près du buffet où (se trouver) le réveille-matin. Il n'(être) que 5 heures et demie et Robert (hésiter), (s'asseoir) sur le coin de la table, (se lever), (ouvrir) le placard, (sortir) une assiette où (se trouver) un reste de pâté de foie qu'il (flairer) longuement avant de le remettre en place. Il (empoigner) un morceau de pain très dur qu'il (reposer) aussitôt.

Bernard Clavel,
Malataverne,
Robert Laffont.

★ ★ **13.** Rédaction.

Racontez, au passé, un numéro exécuté par deux clowns. Soulignez les verbes au passé simple (il vous sera peut-être nécessaire, au cours de votre récit, d'utiliser aussi des temps du passé autres que le passé simple).

★ **14.** Dictée et questions.

Un étrange pouvoir

Dutilleul venait d'entrer dans sa quarante-troisième année lorsqu'il eut la révélation de son pouvoir. Un soir, une courte panne d'électricité l'ayant surpris dans le vestibule de son petit appartement de célibataire, il tâtonna un moment dans les ténèbres et, le courant revenu, se trouva sur le palier du troisième étage. Comme sa porte d'entrée était fermée à clé de l'intérieur, l'incident lui donna à réfléchir et, malgré les remontrances de sa raison, il se décida à rentrer chez lui comme il en était sorti, en passant à travers la muraille.

Marcel Aymé,
Le Passe-muraille,
Gallimard.

1. Relevez les verbes au passé simple. Mettez-les à la troisième personne du pluriel et donnez leur infinitif.

2. A quels temps sont les autres verbes du texte ?

3. Relevez les déterminants du texte. Indiquez entre parenthèses les noms ou GN déterminés.

182

28
Le passé composé de l'indicatif
L'accord du participe passé

▶ *A quel moment du temps appartiennent ces trois formes verbales : passé, présent, avenir ? Comment est formée la première ? A quelle tournure est-elle ? Comment sont formées les deux autres ? A quelle tournure sont-elles ?*

conjugaison

Avoir	**Être**	**Aller**
j' ai eu	j' ai été	je suis allé
tu as eu	tu as été	tu es allé
il a eu	il a été	il est allé
nous avons eu	nous avons été	nous sommes allés
vous avez eu	vous avez été	vous êtes allés
ils ont eu	ils ont été	ils sont allés

Chanter *1er groupe*	**Grandir** *2e groupe*	**Partir** *3e groupe*
j' ai chanté	j' ai grandi	je suis parti
tu as chanté	tu as grandi	tu es parti
il a chanté	il a grandi	il est parti
nous avons chanté	nous avons grandi	nous sommes partis
vous avez chanté	vous avez grandi	vous êtes partis
ils ont chanté	ils ont grandi	ils sont partis

Le passé composé de l'indicatif se forme avec le **présent de l'auxiliaire** *être* ou *avoir* selon les verbes, suivi du **participe passé** du verbe.

1. Choix de l'auxiliaire

La plupart des verbes se conjuguent avec *avoir.*
Les principaux verbes conjugués avec *être* sont : *aller, arriver, devenir, naître, mourir, partir, rester, sortir, tomber, venir.* Certains verbes se conjuguent tantôt avec *être* tantôt avec *avoir* mais leur sens varie :

> *J'ai monté une caisse au premier étage.*
> *Je suis monté au premier étage.*

▶ *Imaginez deux phrases contenant le verbe* rentrer *au passé composé. Dans la première, le passé composé sera formé avec l'auxiliaire* avoir, *dans la seconde, il sera formé avec l'auxiliaire* être.

2. Formes du participe passé

Le participe passé est en
— -é pour les verbes du 1er groupe : *chanté.*
— -i pour les verbes du 2e groupe : *grandi.*
— -i, -u, -s, -t pour ceux du 3e groupe : *parti, reçu, pris, peint.*

Quelques verbes irréguliers

Acquérir	: j'ai acquis	**Naître**	: je suis né
S'asseoir	: je me suis assis	**Offrir**	: j'ai offert
Boire	: j'ai bu	**Pouvoir**	: j'ai pu
Connaître	: j'ai connu	**Prendre**	: j'ai pris
Craindre	: j'ai craint	**Recevoir**	: j'ai reçu
Devoir	: j'ai dû	**Résoudre**	: j'ai résolu
Dire	: j'ai dit	**Savoir**	: j'ai su
Dissoudre	: j'ai dissous	**Souffrir**	: j'ai souffert
Faire	: j'ai fait	**Se taire**	: je me suis tu
Mourir	: je suis mort	**Vivre**	: j'ai vécu

accord du participe passé

L'accord du participe passé varie selon l'auxiliaire avec lequel il est employé.

1. *Avoir* + participe passé

Le participe passé employé avec *avoir* ne s'accorde **jamais avec le sujet** :

Marie a déjà vu cette femme.

Il s'accorde avec le **COD** quand celui-ci est placé **avant** le verbe, c'est-à-dire dans le cas

— d'un pronom personnel COD : *Cette femme, je* $\boxed{l'}$ *ai vue.*

COD

— d'un pronom relatif COD : *La femme* $\boxed{que}$ *j'ai vue est ici.*

COD

— d'une phrase interrogative commençant par le COD :

$\boxed{\textit{Quelle femme}}$ *as-tu vue ?*

COD

▶ *Remplacez* femme *par* livres *dans les exemples ci-dessus et récrivez les phrases.*

185

2. *Être* + participe passé

Le participe passé[1] employé avec *être* s'accorde avec le sujet :

> **Les feuilles** *sont tombées.*
> S

1. L'accord du participe passé dans les verbes pronominaux sera étudié en 4ᵉ-3ᵉ.

emplois du passé composé

1. Le passé composé s'emploie couramment dans la langue parlée pour exprimer le passé ; il a les mêmes emplois que le passé simple réservé à la langue écrite. Comparez :

> *Victor Hugo est né en 1802.*
> *Victor Hugo naquit en 1802.*

▸ *Dans quelles circonstances dira-t-on chacune de ces deux phrases ?*

2. Il s'emploie aussi pour un fait passé, achevé, dont les conséquences durent encore :

> *J'ai perdu mon parapluie.*

Récapitulons

■ Le passé composé se forme avec le **présent de l'auxiliaire *être*** ou *avoir* selon le cas, suivi du **participe passé** du verbe :

> *J'ai chanté ; je suis allé.*

Le participe passé se termine par **-é** pour les verbes du 1ᵉʳ groupe, **-i** pour ceux du 2ᵉ groupe, **-i, -u, -s, -t** pour ceux du 3ᵉ groupe :

> *J'ai crié, grandi, ri, reçu, pris, peint.*

■ Le participe passé employé avec *avoir* ne s'accorde **jamais avec le sujet** ; il s'accorde avec le **COD** si celui-ci est placé **avant** le verbe :

> *J'ai mangé une pomme ; je l'ai trouvée acide.*

Employé avec *être*, le participe passé s'accorde avec le **sujet** :

> **Les feuilles** *sont tombées.*

■ Le passé composé s'emploie dans la **langue parlée** pour un fait **passé** ou pour un fait **achevé** dont les conséquences durent encore.

Exercices

★ **1. Mettez les verbes suivants aux formes demandées au passé composé de l'indicatif.**

1. Mettre : 1re personne du pluriel. — 2. Rougir : 2e personne du singulier. — 3. Prédire : 3e personne du singulier. — 4. Devenir : 3e personne du pluriel. — 5. Surprendre : 2e personne du pluriel. — 6. Émouvoir : 3e personne du singulier. — 7. Refaire : 1re personne du singulier. — 8. Devoir : 2e personne du singulier et 1re personne du pluriel.

★ **2. Même exercice**

1. Ouvrir : 1re personne du singulier. — 2. Paraître : 2e personne du singulier. — 3. Sortir : 3e personne du singulier. — 4. Conquérir : 3e personne du pluriel. — 5. Naître : 1re personne du pluriel. — 6. Conduire : 2e personne du pluriel. — 7. Agréer : 2e personne du pluriel. — 8. Vendre : 3e personne du singulier. — 9. Décevoir : 1re personne du singulier. — 10. Élire : 3e personne du pluriel.

★ **3. Donnez la 1re personne du singulier du passé composé des verbes suivants ; attention à la terminaison du participe passé !**

Surgir - maudire - acquérir - mentir - comprendre - écrire - servir - frire - haïr - soumetttre.

★★ **4. Même exercice (aidez-vous du dictionnaire).**

Résoudre - coudre - dissoudre - moudre - absoudre - conclure - exclure - inclure.

★ **5. Conjuguez simultanément les groupes verbaux suivants au passé composé.**

1. Partir et appeler. — 2. Aller à l'étranger et y vivre longtemps. — 3. Recevoir et offrir des cadeaux.

★★ **6. Dans les phrases suivantes, mettez les verbes entre parenthèses au passé composé.**

1. Il (ne pas pouvoir) prévenir : il (devoir) travailler toute la journée et (ne pas sortir).

— 2. Il (sembler) l'emporter sur les autres coureurs puis soudain (ralentir). — 3. Nous (tomber) de haut quand nous (apprendre) la vérité. — 4. Cette plante (dépérir) puis (mourir) par manque de soleil. — 5. (Apercevoir) vous le sommet entre les nuages ? — 6. (Boire) tu le café que je te (servir) ? — 7. Je (connaître) ce garçon quand il n'était qu'un enfant ; maintenant il (devenir) un homme mais il (garder) son sourire.

★★ **7. Mettez les verbes entre parenthèses au passé composé ; attention au choix de l'auxiliaire !**

1. Il (descendre) ses boules de pétanque à la cave. — 2. Le chien (sortir) en aboyant lorsqu'il (entendre) la voiture. — 3. Nous ne (sortir) pas le chien quand il (faire) de l'orage. — 4. Vous (grimper) jusqu'au sommet en trois heures et (redescendre) plus rapidement dans la vallée. — 5. Il (monter) dans le train à la dernière minute, et ne pas (trouver) de place assise. — 6. Ce metteur en scène ne jamais (monter) de pièces étrangères, il (préférer) le répertoire français. — 7. (Rentrer) tu ta voiture ?

★★ **8. Faites l'accord des participes passés dans les phrases suivantes. Soulignez le mot avec lequel se fait l'accord.**

1. J'ai souvent (revu) les amis que vous m'avez (présenté) et avec qui j'ai (sympathisé) aussitôt. — 2. La chatte est (resté) chez les voisins qui l'ont (recueilli) quand elle a (perdu) ses maîtres. — 3. Quelles chaussures avez-vous (emporté) quand vous êtes (allé) à la montagne ? — 4. Je pense que la meilleure a (gagné) mais la technique de son adversaire l'a (perturbé) au début du match. — 5. La pluie est (tombé) toute la nuit, et n'a (cessé) qu'au petit matin. — 6. C'est la plus belle peinture que nous avons (vu). — 7. Les sauveteurs l'ont (retrouvé), cachée sous un mètre de neige.

★★ **9. Même exercice.**

1. Les athlètes sont (entré) sur le stade et ont (salué) le public qui les a (applaudi). — 2. Quelle sottise avez-vous encore (fait) ?

— 3. Elle a (fui) par le grenier, je l'ai (vu).
— 4. Les cerises que tu as (cueilli) ont été (utilisé) pour les confitures. — 5. Ils ont (ramassé) des champignons, mais ils ne les ont pas (consommé) car ils ne les ont pas (identifié). — 6. La décision que le directeur a (pris) a (recueilli) l'approbation de tous. — 7. Quelle émission as-tu (préféré) ?

★ ★ ★ **10.** Écrivez le texte suivant en mettant les verbes qui sont au présent de l'indicatif au passé composé, attention aux accords !

En vacances avec les cousines

Je les suis ! Nous passons une journée délicieuse à battre les champs, à entrer jusqu'aux genoux dans la rivière ! Je cours après elles en sautant sur les pierres que polit le courant.
A un moment, le pied me glisse et je tombe dans l'eau. Je sors ruisselant, et je m'en vais, le pantalon tout collé et pesant, m'étendre au soleil. Je fume comme une soupe.
« Si nous le tordions ? » dit une cousine, en faisant un geste de lessive.

Jules Vallès, *L'Enfant.*

★ ★ ★ **11.** Dans les phrases suivantes, justifiez l'emploi du passé composé, et quand c'est possible, remplacez-le par un passé simple.

Ex. : *Soudain, il a perdu le contrôle de sa voiture.*
→ *A perdu :* fait passé, langue parlée.
→ *Soudain il perdit...*

1. Mes amis sont partis il y a huit jours et je n'ai pas encore eu de nouvelles. — 2. Un vent frais l'a réveillé, il a ouvert les yeux et a aperçu le premier rayon du soleil. — 3. Aujourd'hui nous avons bien travaillé. — 4. En 1976, l'été a été particulièrement chaud et sec. — 5. Désormais ils ont compris leur erreur. — 6. Tout à coup, elle a pâli et s'est évanouie.

★ ★ **12.** Dans le texte suivant, relevez tous les verbes à l'indicatif ; dites leur temps et indiquez leur infinitif.

Le pain

Un jour, je jetais une croûte, mon père est allé la ramasser. Il ne m'a pas parlé durement comme il le fait toujours.
« Mon enfant, m'a-t-il dit, il ne faut pas jeter le pain ; c'est dur à gagner... Tu en manqueras peut-être un jour, et tu verras ce qu'il vaut... »
Je ne l'ai jamais oublié... et j'ai eu le respect du pain depuis lors.
Les moissons m'ont été sacrées, je n'ai jamais écrasé une gerbe pour aller cueillir un coquelicot ou un bleuet ; jamais je n'ai tué sur sa tige la fleur du pain !

Jules Vallès, *L'Enfant.*

★ **13.** Dictée et questions.

Déjeuner du matin

Il a mis le café
Dans la tasse
Il a mis le lait
Dans la tasse de café
Il a mis le sucre
Dans le café au lait
Avec la petite cuiller
Il a tourné
Il a bu le café au lait
Et il a reposé la tasse
Sans me parler...
Il s'est levé
Il a mis
Son chapeau sur sa tête
Il a mis
Son manteau de pluie
Parce qu'il pleuvait
Il est parti
Sous la pluie
Sans une parole
Sans me regarder
Et moi j'ai pris
Ma tête dans ma main
Et j'ai pleuré

Jacques Prévert,
Paroles, Gallimard.

1. A quel temps sont la plupart des verbes de ce poème ? Aurait-on pu employer le passé simple ? Justifiez l'emploi de l'imparfait *pleuvait.*
2. Relevez tous les GN formés d'un nom et d'un complément de détermination.
3. Donnez la fonction des groupes suivants : *Avec la petite cuiller. Sans une parole. Dans ma main.*

29

Le plus-que-parfait et le futur antérieur de l'indicatif

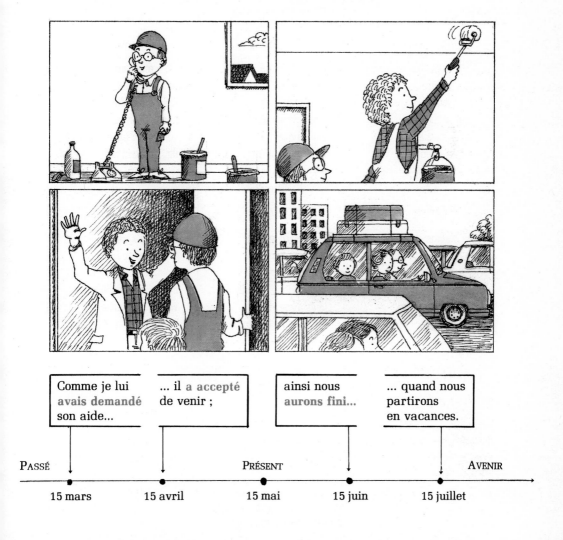

| Comme je lui **avais demandé** son aide... | ... il **a accepté** de venir ; | ainsi nous **aurons fini**... | ... quand nous partirons en vacances. |

PASSÉ — PRÉSENT — AVENIR

15 mars — 15 avril — 15 mai — 15 juin — 15 juillet

▶ *Quelles sont les formes verbales qui appartiennent : a) au passé ; b) à l'avenir ?*
▶ *Quel est le verbe exprimant le fait le plus ancien de tous ?*
▶ *Quel est le verbe exprimant un fait à venir mais qui se produira avant un autre ?*

le plus-que-parfait

1. Conjugaison

Le plus-que-parfait de l'indicatif se forme avec l'**imparfait de l'auxiliaire** *être* ou *avoir*, selon les verbes, suivi du **participe passé** du verbe. Le choix de l'auxiliaire et l'accord du participe passé suivent les mêmes règles qu'au passé composé.

Avoir	Être	Aller
j' avais eu	j' avais été	j' étais allé
tu avais eu	tu avais été	tu étais allé
il avait eu	il avait été	il était allé
nous avions eu	nous avions été	nous étions allés
vous aviez eu	vous aviez été	vous étiez allés
ils avaient eu	ils avaient été	ils étaient allés

Chanter	Grandir	Partir
1er groupe	*2e groupe*	*3e groupe*
j' avais chanté	j' avais grandi	j' étais parti
tu avais chanté	tu avais grandi	tu étais parti
il avait chanté	il avait grandi	il était parti
nous avions chanté	nous avions grandi	nous étions partis
vous aviez chanté	vous aviez grandi	vous étiez partis
ils avaient chanté	ils avaient grandi	ils étaient partis

2. Emplois

1. Le plus-que-parfait s'emploie pour une action **passée, achevée, plus ancienne** qu'une autre action passée, elle-même à l'imparfait, au passé simple ou au passé composé :

> *Il me disait hier qu'il **avait redoublé** l'an dernier.*
> *As-tu su que nous **avions déménagé ?***
> *Il jura qu'il n'**avait** rien **vu**.*

2. On le rencontre dans les propositions subordonnées introduites par *si* quand le verbe de la principale est au conditionnel passé :

> *S'il **avait pu**, il serait venu.*

le futur antérieur

1. Conjugaison

Le futur antérieur se forme avec le **futur de l'auxiliaire *avoir*** ou **être**, selon les verbes, suivi du **participe passé** du verbe.
Le choix de l'auxiliaire et l'accord du participe passé suivent les mêmes règles qu'au passé composé.

Avoir	**Être**	**Aller**
j' aurai eu	j' aurai été	je serai allé
tu auras eu	tu auras été	tu seras allé
il aura eu	il aura été	il sera allé
nous aurons eu	nous aurons été	nous serons allés
vous aurez eu	vous aurez été	vous serez allés
ils auront eu	ils auront été	ils seront allés
Chanter	**Grandir**	**Partir**
1ᵉʳ groupe	*2ᵉ groupe*	*3ᵉ groupe*
j' aurai chanté	j' aurai grandi	je serai parti
tu auras chanté	tu auras grandi	tu seras parti
il aura chanté	il aura grandi	il sera parti
nous aurons chanté	nous aurons grandi	nous serons partis
vous aurez chanté	vous aurez grandi	vous serez partis
ils auront chanté	ils auront grandi	ils seront partis

2. Emplois

1. Le futur antérieur s'emploie pour un fait **futur** qui sera **déjà passé** quand un autre fait futur aura lieu :

> *Nous **aurons terminé** quand nous partirons en vacances.*

2. Il marque aussi un fait présenté comme **achevé dans le futur** :

> *Dans une heure, je **serai arrivé**.*

3. Enfin, il peut exprimer une **supposition** portant sur le passé :

> *Ils **auront** sans doute **perdu** notre adresse !*
> *= Ils ont sans doute perdu notre adresse !*

5ᵉ

Récapitulons

■ Le plus-que-parfait se forme avec l'**imparfait de l'auxiliaire** *être* ou *avoir*, selon les verbes, et le **participe passé** du verbe :

J'avais chanté ; tu étais parti.

■ Il s'emploie pour un fait **plus ancien** qu'un autre fait passé, et dans certaines subordonnées introduites par *si* :

*Il me disait qu'il **avait redoublé** l'an dernier.*
*S'il **avait pu**, il serait venu.*

■ Le futur antérieur se forme avec le **futur de l'auxiliaire** *être* ou *avoir*, selon les verbes, et le **participe passé** du verbe :

J'aurai chanté ; tu seras parti.

■ Il s'emploie pour un fait **futur** qui sera déjà **passé** quand un autre fait futur aura lieu, ou pour exprimer une **supposition** :

*Nous **aurons terminé** quand nous partirons en vacances.*
*Ils **auront** sans doute **perdu** notre adresse !*

Exercices

★ **1. Mettez les verbes suivants aux formes demandées, conjuguées au plus-que-parfait de l'indicatif.**

1. Créer : 1ʳᵉ personne du singulier. —
2. Arriver : 1ʳᵉ personne du pluriel. —
3. Bondir : 3ᵉ personne du singulier. —
4. Savoir : 2ᵉ personne du singulier. —
5. Offrir : 3ᵉ personne du singulier. —
6. Mourir : 3ᵉ personne du pluriel. —
7. Construire : 2ᵉ personne du pluriel. —
8. Tenir : 2ᵉ personne du singulier. —
9. Craindre : 1ʳᵉ personne du singulier. —
10. Coudre : 1ʳᵉ personne du pluriel.

★ **2. Même exercice.**

1. Recevoir : 2ᵉ personne du singulier. —
2. Venir : 1ʳᵉ personne du pluriel. —
3. Mettre : 1ʳᵉ personne du singulier. —
4. Émouvoir : 3ᵉ personne du singulier. —
5. Atterrir : 3ᵉ personne du pluriel. —
6. Conduire : 2ᵉ personne du pluriel. —
7. Voir : 3ᵉ personne du pluriel. —
8. Payer : 1ʳᵉ personne du singulier. —
9. Être : 3ᵉ personne du singulier.

★ **3. Conjuguez simultanément les groupes verbaux suivants au plus-que-parfait de l'indicatif.**

1. Revenir et sonner.
2. Ouvrir et entrer.
3. Conclure et clore l'entretien.
4. Naître et vivre.

★ **4. Dans les phrases suivantes, mettez les verbes entre parenthèses au plus-que-parfait de l'indicatif.**

1. Il (pleuvoir) toute la matinée mais vers midi un timide rayon de soleil (percer) les nuages. — 2. Nous ne (recevoir) jamais autant de compliments. — 3. Il (revenir) de Chine par les États-Unis où il (rester) quelques jours. — 4. Nathalie (devoir) partir plus tôt. — 5. Chateaubriand (passer) son enfance en Bretagne. — 6. Les organisateurs de la foire (ne prévoir pas) une telle affluence. — 7. Gustave Eiffel, quand il (construire) sa tour, (ne imaginer pas) qu'elle deviendrait le symbole de Paris.

★★ 5. Ne confondez pas le plus-que-parfait actif conjugué avec *être* et l'imparfait passif. Dans les phrases suivantes, dites si le verbe est au plus-que-parfait actif ou à l'imparfait passif.

Ex. : *Nous étions surpris.*
→ imparfait passif.

1. Il était devenu. — 2. Vous étiez alertés. — 3. Ils étaient nés. — 4. J'étais accueilli. — 5. Elle était apparue. — 6. Nous étions perdus. — 7. Tu étais blessé. — 8. J'étais arrivée. — 9. Il était averti. — 10. Elles étaient sorties.

★★★ 6. Dans les phrases suivantes, mettez les verbes entre parenthèses au plus-que-parfait de l'indicatif ; veillez à l'accord du participe passé.

1. On les (élire) délégués de classe mais ils (hésiter) à accepter cette tâche puis finalement ils l'(assumer) avec compétence. — 2. Nous pensions qu'avant de nous vendre cette machine vous l'(essayer). — 3. Grâce aux bonnes notes qu'elle (avoir) en français, elle (passer) facilement dans la classe supérieure. — 4. Cette maison, il la (découvrir) au cours d'un voyage, en (rechercher) le propriétaire et la (louer) pour y vivre en paix. — 5. Le sorcier lui (révéler) des secrets qu'il (ne pas divulguer). — 6. Quand elle (sortir), elle (sourire) mystérieusement et nous (quitter) sans un mot.

★★ 7. Dans le texte suivant, relevez les verbes conjugués au plus-que-parfait de l'indicatif et indiquez leur tournure.

Un hiver rigoureux

Tout avait commencé le 10 décembre, un dimanche. Le vent qui, jusque-là, se tenait dans l'humidité de l'ouest avait, d'une virevolte, sauté d'abord au nord. Il n'y était pas resté, ou à peine, mais suffisamment pour changer la couleur des nuages. Ce n'était plus de l'eau qu'ils brassaient mais de la neige. Et puis, aussi vite qu'il avait fui l'ouest, il s'était installé plein est et s'y plaisait depuis. Le thermomètre de la mairie avait marqué moins dix ce dimanche-là, puis moins douze le lendemain, et enfin le mardi moins seize. C'est alors que la neige était arrivée ; pas un flocon ne s'était perdu sur un sol aussi froid. Depuis, gelée à cœur par quelques nuits terribles, elle tenait.

Claude Michelet,
Des grives aux loups, Laffont.

★★★ 8. Justifiez l'emploi du plus-que-parfait de l'indicatif dans les phrases suivantes.

Ex. : *Je croyais qu'il n'**avait** pas **entendu**.*
→ action passée plus ancienne qu'une autre action passée.

1. S'ils avaient poursuivi leurs efforts, ils seraient passés dans la classe supérieure. — 2. Elle avait déjà envoyé sa lettre quand je suis arrivé. — 3. Comme les discussions avaient traîné, le président décida de suspendre la séance. — 4. Je t'ai déjà dit que je n'avais pas réussi à le joindre. — 5. Il aurait réagi s'il avait été là. — 6. A peine étions-nous arrivés qu'un terrible orage éclata.

★★★ 9. Texte.

Rencontre de Pharaon et de Tahoser

En passant devant le talus où se tenaient Tahoser et Nofré, le Pharaon, que sa litière posée sur les épaules des oëris[1] mettait par-dessus la foule au niveau de la jeune fille, avait lentement fixé sur elle son regard noir ; il n'avait pas tourné la tête, pas un muscle de sa face n'avait bougé, et son masque était resté immobile comme le masque d'or d'une momie ; pourtant ses prunelles avaient glissé entre ses paupières peintes du côté de Tahoser. Une de ses mains avait quitté le bras de son trône et s'était levée à demi ; geste imperceptible pour tout le monde, mais que remarqua un des serviteurs...
Cependant la nuit était tombée subitement car il n'y a pas de crépuscule en Égypte, la nuit, ou plutôt un jour bleu succédant à un jour jaune.

Théophile Gautier,
Le Roman de la momie.

1. Oëris : chefs militaires.

1. Relevez tous les verbes conjugués à un mode personnel et indiquez leur tournure et leur temps.
2. Justifiez l'orthographe des participes passés dans les formes : *avait quitté, était tombée.*
3. Justifiez l'emploi du présent de l'indicatif dans la dernière phrase alors que tout le contexte est au passé.
4. Donnez la fonction des groupes : *Tahoser et Nofré, son regard noir, immobile.*

★ **10.** Reprenez les verbes de l'exercice 1 et mettez-les aux formes demandées, conjuguées au futur antérieur de l'indicatif.

★ **11.** Même exercice avec les verbes de l'exercice 2.

★ **12.** Reprenez les groupes verbaux de l'exercice 3 et conjuguez-les au futur antérieur de l'indicatif.

★ **13.** Mettez les verbes entre parenthèses au futur antérieur de l'indicatif.

1. Vous dépenserez en quelques jours tout ce que vous (économiser). — 2. Le printemps (revenir) quand apparaîtront les premières hirondelles. — 3. Si tu ne l'arroses pas, dans quelques jours ton cyclamen (mourir). — 4. Nous pourrons voyager un peu partout quand nous (apprendre) l'anglais. — 5. Comme elle (ne pas entendre), elle te fera répéter. — 6. Quand tu (aller) en Afrique, tu ne pourras plus oublier ce pays.

★★★ **14.** Justifiez l'emploi du futur antérieur de l'indicatif dans les phrases suivantes.

Ex. : *Quand ils seront rentrés, vous leur raconterez tout.*
→ fait futur déjà passé quand un autre fait futur aura lieu.

1. Le chien se sera encore sauvé en notre absence. — 2. Dès que vous aurez coupé vos fleurs, trempez-les dans un seau d'eau fraîche. — 3. Dans dix ans, tu auras atteint ta majorité. — 4. Je pense que vous serez revenus bientôt. — 5. S'ils ont bien appris leur leçon, ils auront su répondre à toutes les questions. — 6. Il se présentera dès que vous lui aurez téléphoné.

★★ **15.** Dictée et questions.

Ils étaient partis vers deux heures et demie et avaient tout de suite grimpé vers l'immense plateau qui surplombait le bourg. En passant à côté de la source du Diamond[1]... ils n'avaient pas résisté à l'envie de briser les grosses stalactites[1] de glace qui pendaient de la voûte. Puis ils étaient repartis, chacun suçant une chandelle de glace, délicieuse et tellement froide qu'elle en coupait le souffle et brûlait la langue.
L'escalade à travers bois les avait réchauffés et leurs capes leur avaient paru trop chaudes et presque inutiles. Déjà, Léon avait rabattu son capuchon et déroulé son cache-nez. Mais une bise glaciale les attendait sur le plateau.

Claude Michelet,
Des grives aux loups,
Laffont.

1. Écrire ces mots au tableau.

1. Relevez les formes verbales au plus-que-parfait de l'indicatif.
2. Quels sont les participes passés de ces formes verbales qui s'accordent avec le sujet ; quel est celui qui s'accorde avec le COD placé avant ?
3. Récrivez le texte en remplaçant les plus-que-parfaits par des futurs antérieurs et les imparfaits par des futurs simples.
4. Relevez deux propositions relatives et indiquez leur antécédent.

194

30
Le conditionnel présent et passé

Si j'avais une fusée, j'**irais** sur la Lune.

▶ *Quel est le radical du verbe irais ? Quelle est sa terminaison ? De quel temps de l'indicatif se rapproche-t-il par son radical ? Quel temps de l'indicatif a une terminaison identique ?*

▶ *L'action d'aller sur la Lune est-elle présentée comme une action certaine, réalisable ? A quelle condition est-elle soumise ? Comparez avec la phrase : demain j'irai à l'école.*

conjugaison

1. Le conditionnel présent

Le conditionnel présent est formé à partir du radical du futur suivi de terminaisons identiques à celles de l'imparfait : -ais, -ais, -ait, -ions, -iez, -aient. Ces terminaisons sont les mêmes, quel que soit le groupe du verbe.

Avoir	Être	Chanter *1er groupe*	Grandir *2e groupe*	Perdre *3e groupe*
j' aurais	je serais	je chanterais	je grandirais	je perdrais
tu aurais	tu serais	tu chanterais	tu grandirais	tu perdrais
il aurait	il serait	il chanterait	il grandirait	il perdrait
nous aurions	nous serions	nous chanterions	nous grandirions	nous perdrions
vous auriez	vous seriez	vous chanteriez	vous grandiriez	vous perdriez
ils auraient	ils seraient	ils chanteraient	ils grandiraient	ils perdraient

Les verbes irréguliers ont, au conditionnel, le même radical qu'au futur.

Faire : futur → *je ferai* ; conditionnel → *je ferais*.

Voir le futur des verbes irréguliers page 169.

Il n'est pas toujours facile de distinguer la première personne du futur de celle du conditionnel présent, malgré la différence de prononciation de leur terminaison : *je jouerai* [e], *je jouerais* [ɛ]. Pour savoir à quelle forme on a affaire, il est conseillé de remplacer la première personne par la troisième personne du singulier :

Je jouerai → *il jouera* : futur

Je jouerais → *il jouerait* : conditionnel présent.

2. Le conditionnel passé

Le conditionnel passé se forme avec le **conditionnel présent de l'auxiliaire** *avoir* ou *être*, selon les verbes, suivi du **participe passé** du verbe correspondant.

Avoir	Être	Chanter	Venir
j' aurais eu nous aurions eu	j' aurais été nous aurions été	j' aurais chanté nous aurions chanté	je serais venu nous serions venus

emplois du conditionnel

Suivant son emploi, le conditionnel peut avoir des **valeurs temporelles** ou **modales**

1. Valeurs temporelles : futur dans le passé

Représentons les deux exemples ci-dessous sur deux lignes du temps :

> *J'espère que je **finirai** demain.*
> *J'espérais que je finirais le lendemain.*

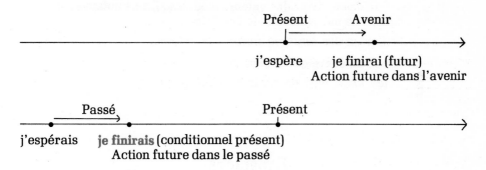

Le futur dans le passé s'utilise pour indiquer qu'un fait, contenu dans une surbordonnée, se situe **après** un autre fait **passé** contenu dans la principale.

▶ *Mettez les deux exemples ci-dessus à toutes les personnes.*
▶ *En quoi cet emploi du conditionnel est-il lié à sa formation (radical du futur + terminaison de l'imparfait) ?*

2. Valeurs modales

Le conditionnel exprime de nombreuses nuances. Nous retiendrons qu'il est employé :

— pour exprimer un fait soumis à une **condition** :

> *Si j'avais des œufs, je **ferais** des crêpes.*
> → *Je **ferais** des crêpes **à condition** d'avoir des œufs.*

— pour **atténuer** un ordre ou un conseil :

> ***Pourrais**-tu me passer le sel ?*
> (plus aimable que : *Passe-moi le sel.*)

> *Vous **feriez** bien de rentrer avant la nuit.*

197

Récapitulons

■ Le conditionnel présent est formé à partir du **radical du futur**, suivi des **terminaisons de l'imparfait** :

Je chanter-ais.

■ Le conditionnel passé se forme avec le **conditionnel présent de l'auxiliaire** *avoir* ou *être*, selon le cas, et le **participe passé** du verbe :

J'aurais chanté ; ils seraient partis.

■ Le conditionnel peut avoir des **valeurs temporelles** : **futur dans le passé**.

*J'espérais que je **finirais** le lendemain.*

■ Il peut également avoir **des valeurs modales** : il sert notamment à accompagner une subordonnée de **condition** :

Si j'avais des œufs, je ferais des crêpes.

ou à **atténuer** un **ordre** ou un **conseil** :

Vous feriez bien de rentrer avant la nuit.

Exercices

★ **1.** Mettez les verbes suivants au conditionnel présent.

Je (nouer) - tu (lever) - elle (ennuyer) - nous (appeler) - vous (interpeller) - ils (rejeter) - je (colorier) - tu (espérer) - elle (manier) - nous (ployer) - vous (aller) - ils (ruer).

★★ **2.** Même exercice.

Je (recueillir) - tu (noircir) - il (courir) - nous (nourrir) - elles (acquérir) - je (voir) - tu (devoir) - il (pouvoir) - nous (croire) - vous (s'asseoir) - elles (prévoir) - je (attendre) - tu (atteindre) - nous (faire) - vous (joindre) - ils (avoir) - je (savoir) - tu (être) - nous (prendre) - elles (vouloir) - vous (venir).

★ **3.** Mettez les verbes de l'exercice 1 au conditionnel passé.

★★ **4.** Mettez les verbes de l'exercice 2 au conditionnel passé.

★ **5.** Associez chaque élément de gauche à un des trois éléments de droite, de manière à former des verbes au conditionnel présent. Indiquez l'infinitif entre parenthèses.

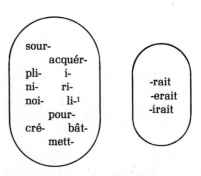

sour-
acquér-
pli-
i-
ni-
ri-
noi-
li-[1]
pour-
cré-
bât-
mett-

-rait
-erait
-irait

1. deux réponses

★ **6.** Conjuguez parallèlement au futur et au conditionnel présent les verbes suivants.

Crier - polir - battre.

★ **7.** Mettez les phrases suivantes à l'imparfait, au futur et au conditionnel présent.

1. Le chien (courir) derrière la voiture de son maître. — 2. Isabelle (pleurer) en regardant le film. — 3. Sans eau, les plantes (mourir). — 4. Sylvie (nourrir) son hamster. — 5. Les pompiers (secourir) les blessés. — 6. Je (préférer) partir au mois d'août. — 7. Vous (rire) de ses plaisanteries.

★ **8.** Récrivez le texte suivant en utilisant le conditionnel, selon le cas, présent ou passé.

Un repas sur l'herbe

Je vidai ma musette dans l'herbe tandis que Lili étalait sur une toile de sac le contenu d'un « carnier » de cuir.
Sous la barre, nous construisîmes un foyer en rapprochant trois grosses pierres ; puis, au-dessus d'une crépitante braise de myrte et de romarin, Lili installa, sur un carré de grillage qu'il avait apporté, mes côtelettes et trois saucisses...
Ce déjeuner fut délicieux, et la conversation, coupée de longs silences masticatoires, fut cependant très instructive.

Marcel Pagnol,
Le Temps des secrets,
Éd. Pastorelly.

★★ **9.** Mettez les verbes entre parenthèses au futur ou au conditionnel présent. Indiquez le temps employé.

1. Téléphone-moi quand tu (revenir) de vacances. — 2. Je pensais que ce film (remporter) un prix au Festival de Cannes. — 3. Elle (vouloir) bien vous rendre visite mais elle est très timide. — 4. J'aimerais bien savoir quel temps il (faire) demain. — 5. Si ce mur était moins haut nous l'(escalader). — 6. Pardon monsieur, (vouloir)-vous

me donner l'heure, s'il vous plaît ? — 7. Je (commencer) l'étude de l'allemand quand je serai en classe de quatrième.

★ ★ ★ **10.** Même exercice.

1. Si la neige tombe cette nuit, nous (faire) de la luge. — 2. Si la neige tombait cette nuit, nous (faire) de la luge. — 3. Étienne (se baigner) bien dans la rivière, mais il craint que l'eau ne soit polluée. — 4. Tu exagères, tu (pouvoir) frapper avant d'entrer. — 5. Quand tu (apercevoir) un moulin en ruine, tu (savoir) que tu es bientôt arrivé. — 6. Sans ce coup de téléphone, je (dormir) encore. — 7. Aline est si grande qu'on (croire) qu'elle a quinze ans.

★★ **11.** Récrivez les phrases suivantes en mettant le premier des deux verbes à l'imparfait. Quelle transformation subit le deuxième ?

1. Le pêcheur espère toujours que le poisson mordra. — 2. Je suis sûr que tu réussiras cette épreuve. — 3. Nous pensons que le maçon aura terminé les travaux avant le mois d'avril. — 4. Je veux savoir pourquoi ils ne viendront pas. — 5. Il semble que la nuit ne finira jamais. — 6. On prévoit que la course cycliste passera sur cette route. — 7. Je crois que ces fleurs seront ouvertes demain.

★ **12.** Rédaction.

Imaginez un petit poème sur le modèle suivant (écrivez les verbes au conditionnel avec un stylo de couleur rouge ou verte) :
Si j'étais un oiseau, je...
Si j'étais... , je...

★★★ **13.** Indiquez si les verbes au conditionnel accompagnent une condition ou expriment une atténuation.

1. Vous devriez rouler moins vite. — 2. Si tu étais mon fils, je te donnerais une bonne correction. — 3. Il aurait oublié son sac si je ne l'avais pas rappelé. — 4. Auriez-vous l'amabilité de nous répondre par retour du courrier ? — 5. Que feriez-vous si vous étiez à ma place ?

★★★ **14. Même exercice.**

1. Il aurait pu être embauché s'il avait eu un an de plus. — 2. Pourrais-tu parler moins fort ? — 3. Sur une île déserte, quel livre emporteriez-vous ? — 4. Même si je le voulais, je ne pourrais vous rendre ce service. — 5. Je reprendrais bien encore un peu de potage.

★★★ **15. Dictée et questions.**

A la fête foraine

Ils auraient bien voulu monter dans les autos tamponneuses, mais ils durent se contenter de regarder les adultes en faisant les gestes de la conduite et en singeant les préposés qui sautaient avec souplesse d'une voiture à l'autre pour encaisser. Ils se promettaient que, lorsqu'ils seraient grands, ils viendraient à la fête foraine et, riches, s'offriraient tous les moyens de réjouissance : les baraques de monstres, de danseuses orientales, de boxeurs et de lutteurs... Mais ils pouvaient profiter de tout ce que la fête offrait de gratuit : les boniments, la parade, les jeux des autres.

Robert Sabatier,
Les Allumettes suédoises,
Albin Michel.

1. Relevez les conditionnels présents, puis les conditionnels passés du texte.
2. Une phrase contient des verbes exprimant un futur dans le passé. Quels sont ces verbes ? Récrivez la phrase en mettant le verbe *promettre* au présent. A quel temps sont maintenant les autres verbes ?

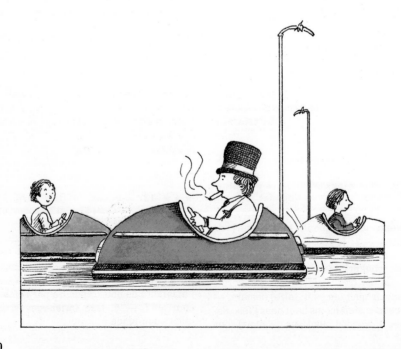

31
Le subjonctif présent et passé

Un programme chargé

> Demain, il faut que je sois à huit heures à la gare, que j'aille à Paris, que je fasse des courses, que je voie mon dentiste et que je sois rentré avant dix-sept heures pour que nous puissions nous retrouver.
>
> Vivement dimanche, que je me repose !

▶ *Relevez les formes verbales précédées de* que. *Comparez-les à la même personne du présent de l'indicatif. Ces formes verbales sont au mode subjonctif.*

conjugaison

1. Le subjonctif présent

Avoir		Être		Aller	
que j'	aie	que je	sois	que j'	aille
que tu	aies	que tu	sois	que tu	ailles
qu'il	ait	qu'il	soit	qu'il	aille
que nous	ayons	que nous	soyons	que nous	allions
que vous	ayez	que vous	soyez	que vous	alliez
qu'ils	aient	qu'ils	soient	qu'ils	aillent

Chanter	Grandir	Partir
1er groupe	*2^e groupe*	*3^e groupe*

Chanter 1er groupe	Grandir 2e groupe	Partir 3e groupe
que je chante	que je grandisse	que je parte
que tu chantes	que tu grandisses	que tu partes
qu'il chante	qu'il grandisse	qu'il parte
que nous chantions	que nous grandissions	que nous partions
que vous chantiez	que vous grandissiez	que vous partiez
qu'ils chantent	qu'ils grandissent	qu'ils partent

Sauf pour les verbes **avoir** et **être**, le subjonctif présent se forme avec les terminaisons : -e, -es, -e, -ions, -iez, -ent ajoutées à un radical parfois différent de celui de l'indicatif présent.

Cependant, pour les verbes du 1er groupe, on retrouve les mêmes modifications du radical selon les personnes, au subjonctif présent et à l'indicatif présent :

> *Que je jette, que nous jetions.*
> *Que je cède, que nous cédions.*

Pour les verbes en **-yer, -ier, -éer, -ouer, -uer,** il ne faut pas oublier le **i** dans les terminaisons des première et deuxième personnes du pluriel comme à l'imparfait de l'indicatif :

> *Que nous payions, que nous criions.*

Quelques verbes irréguliers

Acquérir	Apercevoir	Asseoir	
que j' acquière	que j' aperçoive	que j' assoie ou asseye	
que nous acquérions	que nous apercevions	que nous assoyions ou asseyions	

Boire	Croire	Croître	Devoir
que je boive	que je croie	que je croisse	que je doive
que nous buvions	que nous croyions	que nous croissions	que nous devions

Émouvoir	Faire	Mourir	Pouvoir
que j' émeuve	que je fasse	que je meure	que je puisse
que nous émouvions	que nous fassions	que nous mourions	que nous puissions

Prendre	Résoudre	Savoir	Tenir
que je prenne	que je résolve	que je sache	que je tienne
que nous prenions	que nous résolvions	que nous sachions	que nous tenions

Vaincre	Valoir	Voir	Vouloir
que je vainque	que je vaille	que je voie	que je veuille
que nous vainquions	que nous valions	que nous voyions	que nous voulions

▶ *Mettez les verbes du texte initial à la première personne du pluriel, puis à la troisième personne du pluriel du subjonctif présent.*

2. Le subjonctif passé

Avoir	Être	Aller	Chanter
que j' aie eu	que j' aie été	que je sois allé	que j' aie chanté
que tu aies eu	que tu aies été	que tu sois allé	que tu aies chanté
qu'il ait eu	qu'il ait été	qu'il soit allé	qu'il ait chanté
que nous ayons eu	que nous ayons été	que nous soyons allés	que nous ayons chanté
que vous ayez eu	que vous ayez été	que vous soyez allés	que vous ayez chanté
qu'ils aient eu	qu'ils aient été	qu'ils soient allés	qu'ils aient chanté

Le subjonctif passé se forme avec le **présent du subjonctif de l'auxiliaire** *avoir* ou *être*, selon les verbes, suivi du **participe passé** du verbe. L'emploi de l'auxiliaire et l'accord du participe passé sont les mêmes qu'au passé composé de l'indicatif.

▶ *Relevez la forme verbale qui, dans le texte initial, est au subjonctif passé.*

emplois du subjonctif

5^e

1. Le subjonctif s'emploie surtout dans les **propositions subordonnées** exprimant un désir, un ordre, un doute, un conseil, une supposition, un sentiment, etc. :

> *Je veux que tu **viennes**.* → désir, ordre
> *Je crains que tu ne **puisses** venir.* → crainte
> *Imaginons que vous **ayez** raison.* → supposition

▶ *Imaginez des phrases commençant par :* je souhaite que... il est impossible que... nous sommes contents que...

2. Il s'emploie parfois dans les **propositions indépendantes** avec ou sans *que*, quand elles expriment l'ordre, le souhait, l'indignation, etc. :

> *Qu'il **soit** bien à l'heure !* → ordre
> ***Vienne** la nuit, **sonne** l'heure !* (Apollinaire.) → souhait
> *Moi, héron, que je **fasse** une si pauvre chère !* (La Fontaine.) → indignation

3. Concordance des temps

a) Le **subjonctif présent** s'emploie dans une proposition subordonnée dont la **principale** est au **présent** ou au **futur** :

> *Il **faut***
> *Il **faudra*** > *que nous **soyons** à l'heure.*

b) Le **subjonctif passé** s'emploie dans une proposition subordonnée dont la principale est au présent ou au futur, si l'action de la **subordonnée** est **plus ancienne** que celle de la **principale** :

Je ***crains*** (en ce moment) *qu'il **soit venu*** (hier).

Il marque aussi une action présentée comme **achevée** :

*Je veux que tu **aies fini** dans une heure.*

Récapitulons

■ Le subjonctif présent se forme avec les terminaisons : **-e, -es, -e, -ions, -iez, -ent** ajoutées à un radical parfois différent de celui de l'indicatif présent.

Que je voie ; que je fasse.

■ Le subjonctif passé se forme avec le **présent du subjonctif de l'auxiliaire *avoir*** ou ***être***, selon le cas, et le **participe passé** du verbe.

Que j'aie vu ; que je sois allé.

■ Le subjonctif s'emploie le plus souvent dans des **propositions subordonnées** pour exprimer l'ordre, le désir, le doute, la supposition, un sentiment, etc. Il s'emploie aussi dans les **propositions indépendantes** pour marquer l'ordre, le souhait, l'indignation.

*Je veux qu'il **vienne**.*

*Qu'il **vienne** !*

Le subjonctif présent et le subjonctif passé s'emploient après une **principale au présent** ou **au futur** ; le subjonctif passé marque une **antériorité** ou une **action achevée**.

*Je veux que tu **aies terminé** dans une heure.*

Exercices

★ **1.** Conjuguez au subjonctif présent les expressions suivantes.

1. Avoir froid et boire un thé. — 2. Savoir la vérité et ne pas pouvoir la dire. — 3. Appeler et crier.

★ **2.** Mettez les formes verbales suivantes à l'indicatif présent et au subjonctif présent.

	Indicatif présent	Subjonctif présent
vous fuirez		
il apercevra		
nous pleurerons		
ils conquerront		
tu grandiras		
elle peindra		
je paraîtrai		
tu résoudras		
nous nierons		

★ **3.** Même exercice.

	Indicatif présent	Subjonctif présent
il pourra		
vous voudrez		
tu sauras		
je recevrai		
vous secouerez		
ils deviendront		
nous créerons		
je craindrai		
tu prendras		
il verra		

★ **4.** Mettez à la première et à la deuxième personne du pluriel du subjonctif présent les verbes suivants. Comparez-les avec les mêmes personnes de l'indicatif imparfait. Que constatez-vous ?

Peigner - briller - fuir - balbutier - teindre - plier - essuyer - croire - tressaillir.

★★ **5.** Mettez les verbes des phrases suivantes au présent de l'indicatif ou au présent du subjonctif selon la nécessité.

Ex. : *Avant qu'il (revenir), rangez ses affaires.*
→ *Avant qu'il revienne...*

1. Je suis persuadé qu'il (savoir) sa leçon. — 2. Voulez-vous qu'il (aller) chez le boulanger avant qu'il ne (être) trop tard ? — 3. Il faut absolument que tu (dire) ce que tu (savoir). — 4. Il est intéressant que vous (pouvoir) assister à cette projection puisque vous (rentrer) justement d'Espagne. — 5. Dites-lui qu'il ne (courir) pas en traversant et qu'il (attendre) les feux. — 6. Nous espérons que vous (être) satisfait. — 7. Tous ses professeurs souhaitent qu'il (réussir) et (obtenir) cet examen.

★ **6.** Mettez les verbes suivants à l'indicatif passé composé et au subjonctif passé.

	Indicatif passé composé	Subjonctif passé
il devient		
nous connaissons		
elles partent		
ils croient		
je tombe		
il plaît		
il pleut		
je résous		
il naît		
vous acquérez		

★ **7.** Même exercice.

	Indicatif passé composé	Subjonctif passé
tu prends		
nous tenons		
il reste		
je finis		
vous asseyez		
ils peuvent		
tu offres		
elles arrivent		
nous savons		
je prétends		

★★★ **8.** Dans les phrases suivantes, soulignez les verbes au subjonctif et justifiez leur emploi.

Ex. : *Qu'il entre.*
→ ordre.

1. Il craint que nous soyons fâchés contre lui. — 2. Il faut que vous alliez lui parler. — 3. Que le meilleur gagne ! — 4. Souhaitez-vous que nous arrivions plus tôt ? — 5. Supposons que tout soit en place. — 6. Qu'il ne se presse pas et soit bien prudent. — 7. Je m'étonne que vous n'ayez pas trouvé sa maison.

★★★ **9.** Dans les phrases suivantes, soulignez les verbes au subjonctif passé et justifiez leur emploi.

Ex. : *Pourvu qu'il n'ait pas oublié son rendez-vous.*
→ souhait.

1. Je veux que vous ayez fait votre lit à mon retour. — 2. J'ai peur qu'il ne soit déjà parti. — 3. Vous ne le verrez pas avant qu'il ait retrouvé son calme. — 4. Il est possible qu'hier j'aie commis une erreur. — 5. Croyez-vous qu'il ait eu le temps d'agir ? — 6. Pour qu'elle ait oublié ce rendez-vous, il faut qu'elle soit fatiguée.

★★★ **10.** Texte.

Prière pour aller au Paradis avec les ânes

Lorsqu'il faudra aller vers vous, ô mon Dieu, faites
que ce soit par un jour où la campagne en fête
poudroiera. Je désire, ainsi que je fis ici-bas,
choisir un chemin pour aller, comme il me plaira,
au Paradis, où sont en plein jour les étoiles...
Que je vous apparaisse au milieu de ces bêtes
que j'aime tant parce qu'elles baissent la tête...
Mon Dieu, faites qu'avec ces ânes je vous vienne.
Faites que, dans la paix, des anges nous conduisent
vers des ruisseaux touffus où tremblent des cerises
lisses comme la chair qui rit des jeunes filles,
et faites que, penché dans ce séjour des âmes,
sur vos divines eaux, je sois pareil aux ânes
qui mireront leur humble et douce pauvreté
à la limpidité de l'amour éternel.

Francis Jammes,
Le Deuil des primevères,
Mercure de France.

1. Relevez dans ce poème les verbes au subjonctif. Quelle nuance expriment-ils ?
2. Donnez la fonction des adjectifs : *lisses, pareil.*
3. Quelle est la fonction du GN *aux ânes,* dans *pareil aux ânes* ?
4. Expliquez *la campagne... poudroiera.*

32
L'impératif présent

Un père crie vengeance

Je ne te dis plus rien. Venge-moi, venge-toi ;
Montre-toi digne fils d'un père tel que moi.
Accablé des malheurs où le destin me range
Je vais les déplorer. Va, cours, vole et nous venge[1] !

Corneille, *Le Cid*, I, 6.

1. Tournure du XVIIᵉ siècle = venge-nous.

▶ *Quels sont les verbes exprimant un ordre ? Mettez-les à l'infinitif et classez-les par groupe. Soulignez leur terminaison.*

Le **mode impératif** ne s'emploie pratiquement qu'au présent. Il ne comporte que la deuxième personne du singulier, la première personne du pluriel, et la deuxième personne du pluriel. Il n'est pas précédé d'un pronom sujet.

1. Verbes *avoir, être, aller*

Avoir	Être	Aller	S'en aller
aie	sois	va	va-t'en
ayons	soyons	allons	allons-nous-en
ayez	soyez	allez	allez-vous-en

▶ *A quel autre mode vous font penser* aie, ayons, ayez, *et* sois, soyons, soyez ?

2. Autres verbes

Chanter *1ᵉʳ groupe*	Grandir *2ᵉ groupe*	Partir *3ᵉ groupe*	S'habiller *Tournure pronominale*
chante	grandis	pars	habille-toi
chantons	grandissons	partons	habillons-nous
chantez	grandissez	partez	habillez-vous

Les verbes du 1ᵉʳ groupe ont des terminaisons en **-e, -ons, -ez** ajoutées à un radical présentant les mêmes variations qu'au présent de l'indicatif :

> *Appelle, appelons.*
>
> *Envoie, envoyons.*
>
> *Paie ou paye, payons.*

Les verbes du 2ᵉ groupe ont des terminaisons en **-is, -issons, -issez.**
Les verbes du 3ᵉ groupe ont généralement des terminaisons en **-s, -ons, -ez** ajoutées au radical du présent de l'indicatif :

> *Perds, perdons.*
>
> *Peins, peignons.*
>
> *Résous, résolvons.*
>
> *Bats, battons.*

Les verbes *assaillir, couvrir, cueillir, offrir, ouvrir, souffrir*, qui ont l'indicatif présent en **-e**, ont l'impératif en **-e, -ons, -ez** comme ceux du 1ᵉʳ groupe :

> *Cueille ; ouvre.*

Verbes irréguliers

Dire	Faire	Savoir	Vouloir
dis	fais [f ɛ]	sache	Veuille (peu usité)
disons	faisons [f ə z ɔ̃]	sachons	veuillons
dites	faites	sachez	veuillez

Remarque

Les verbes dont la deuxième personne du singulier est en **-e** ou **-a** prennent exceptionnellement un **-s** pour des raisons euphoniques, quand ils sont suivis de **en** et **y** :

> *Va, va**s**-y.*
>
> *Donne, donne**s**-en.*

emplois de l'impératif

Le mode impératif sert à exprimer un **ordre** ou une **défense** plus ou moins insistants :

— invitation   *Veuillez vous asseoir.*
— conseil   *Utilisez de l'eau pure.*
— exhortation   *Allons, enfants de la patrie !*
— prière   *Aidez-moi !*
— ordre, défense   *Taisez-vous, ne dites rien.*

Récapitulons

■ L'impératif présent se forme sur le même radical que l'indicatif présent avec les terminaisons **-e, -ons, -ez**, pour les verbes du 1ᵉʳ groupe et ceux du 3ᵉ groupe dont l'indicatif présent est en **-e** :

> *Chant**e**, chant**ons**, chant**ez**.*
>
> *Cueill**e**, cueill**ons**, cueill**ez**.*

Les verbes du 2ᵉ groupe ont l'impératif présent en **-is, -issons, -issez** :

> *Grand**is**, grand**issons**, grand**issez**.*

Les verbes du 3ᵉ groupe ont l'impératif présent en **-s, -ons, -ez** avec un radical semblable à celui de l'indicatif présent :

> *Pein**s** ; perd**s** ; bat**s**.*

■ L'impératif est le mode de l'**ordre** avec toutes ses nuances.

Exercices

★ **1.** Conjuguez les verbes suivants à la 2ᵉ personne du singulier et à la 2ᵉ personne du pluriel de l'indicatif présent, puis de l'impératif présent.

Verbes	Indicatif présent		Impératif présent	
Ex. : *avoir*	*tu as*	*vous avez*	*aie*	*ayez*
mettre				
cueillir				
atterrir				
essuyer				
secouer				
craindre				
créer				
recevoir				

★ **2.** Même exercice avec les verbes :

Nier - savoir - tenir - rompre - délayer - prendre - vouloir - croire.

★★ **3.** Même exercice avec les verbes :

S'en aller - faire - soulever - harceler - vaincre - conquérir - mourir - haleter.

★ **4.** Conjuguez aux trois personnes de l'impératif présent les couples de verbes suivants.

1. Payer et se taire. — 2. Grandir et étudier. — 3. Coudre et nouer. — 4. Continuer et conclure.

★ **5.** Voici une recette de cuisine dont les verbes sont à l'infinitif. Substituez-leur des verbes à la 2ᵉ personne du pluriel de l'impératif présent.

Mousse d'abricots

Dénoyauter les abricots. Les mettre dans un mixeur. Réduire en purée, ajouter la crème fraîche. Servir glacé dans des coupes individuelles. A défaut de mixeur, passer les abricots à la moulinette et battre la crème et le sucre à part, puis mélanger.

★★ **6.** Complétez les phrases suivantes en reprenant le verbe en gras à l'impératif présent.

Ex. : *Est-ce que je peux me **lever** ?*
→ *Bien sûr, lève-toi.*

1. Faut-il que nous **fassions** les courses ? Oui, ... — 2. Ne crois-tu pas que nous devrions **être** plus prudents ? Oui, ... — 3. Si tu as trop chaud, j'**ouvre** la fenêtre. Oh ! oui, ... — 4. **Paies**-tu ton entrée ? Non, ... — 5. Veux-tu **savoir** la vérité ? Eh bien ... — 6. Si tu as décidé d'y **aller**, ...

★★ **7.** Dans les phrases suivantes, mettez les verbes entre parenthèses à la 1ʳᵉ personne du pluriel de l'impératif présent. Dans chaque phrase, l'un des verbes sera à la forme négative.

Ex. : *(Être) impolis, (répondre) à sa lettre.*
→ *Ne soyons pas impolis, répondons à sa lettre.*

1. (Faire) du bruit, se taire. — 2. (Avouer), (nier) l'évidence. — 3. (S'en aller) déjà, (se reposer). — 4. (Avoir) peur, (se calmer). — 5. (Être) rancunier, lui (offrir) des fleurs. — 6. (Essayer) de rattraper le temps perdu, (ralentir). — 7. (Courir), (s'asseoir).

★★★ **8.** Dans chacune des phrases suivantes, quelle nuance exprime le mode impératif ?

1. Par temps de brouillard, allumons nos phares. — 2. Assieds-toi un instant. — 3. Prête-moi ton crayon. — 4. En toutes circonstances, gardez votre sourire. — 5. Reviens immédiatement. — 6. Veuillez excuser notre retard. — 7. Ne discutons pas.

★ **9.** Dictée et questions.

Branle-bas de combat.

Tandis que les petites pleuraient, le chat remuait sa queue pour mieux réfléchir. On le regardait avec anxiété.
— Allons, ne pleurez plus, ordonna-t-il, nous allons recevoir la meute. Delphine, va au puits tirer un seau d'eau fraîche que tu poseras à l'entrée de la cour. Toi, Marinette, va-t'en au jardin avec le chien. Je vous rejoins. Mais d'abord, débarrasse-toi du poussin. Mets-le sous cette corbeille, tiens.

Marcel Aymé,
*Les Contes bleus
du Chat perché*,
Gallimard.

1. Relevez les verbes à l'impératif présent. Donnez leur personne, leur nombre, leur infinitif.
2. Quelle nuance chacun exprime-t-il ?
3. Quelle est la fonction du groupe : *pour mieux réfléchir ?*

★★ **10.** Rédaction.

Vous expliquez au téléphone à l'un de vos camarades, le mode d'emploi détaillé de votre circuit automobile, ou de votre projecteur de diapositives, ou de votre appareil photo.
Vous utiliserez, pour cela, l'impératif présent.

★★★ **11.** Texte.

Une méchante farce de Scapin

(Scapin fait croire à Géronte qu'on le recherche pour le tuer et lui conseille de se cacher dans un sac.)

Scapin : Prenez garde, voici une demi-douzaine de soldats tout ensemble. *(Il contrefait plusieurs personnes ensemble.)* « Allons, tâchons de trouver ce Géronte, cherchons partout. N'épargnons point nos pas. Courons toute la ville. N'oublions aucun lieu. Visitons tout. Furetons de tous côtés. Par où irons-nous ? Tournons par là. Non, par ici. A gauche. A droite. Nenni. Si fait. » *(A Géronte, avec sa voix ordinaire.)* Cachez-vous bien. « Ah ! camarades, voici son valet. Allons, coquin, il faut que tu nous enseignes où est ton maître. — Eh ! Messieurs, ne me maltraitez point. — Allons, dis-nous où il est. Parle. Hâte-toi. Expédions. Dépêche vite. Tôt... » *(Géronte met doucement la tête hors du sac et aperçoit la fourberie de Scapin.)*

Molière,
Les Fourberies de Scapin, III, 2.

1. Relevez tous les verbes à l'impératif présent : indiquez leur personne et leur nombre, leur infinitif. Quelle nuance expriment-ils ?
2. *Il faut que tu nous enseignes :* à quel mode et à quel temps est le verbe *enseignes* ? Transformez cette phrase en utilisant l'impératif présent.
3. Justifiez l'orthographe de *demi* dans *une demi-douzaine.*
4. Relevez les déterminants autres que les articles et précisez leur nature.

33
Participes, gérondif, adjectif verbal

Soucoupes volantes

En se réveillant, Stéphane aperçut un point brillant se déplaçant lentement dans le ciel, bientôt suivi et rejoint par d'autres.

▶ *Quelles sont les expansions du nom* point *? Remplacez* point *par* tache *; que deviennent les deux formes en -ant ? Que deviennent* suivi *et* rejoint *?*
▶ *Quelle est la fonction de* par d'autres *par rapport à* suivi *et* rejoint *?*
▶ *Qui fait l'action de* se réveiller *et d'*apercevoir *? Si on remplace* Stéphane *par* Marie, en se réveillant *sera-t-il modifié ? Remplacez* en se réveillant *par un GN ou une subordon-née de même sens.*

les participes

1. Conjugaison

Le participe est un **mode impersonnel**. Il comporte deux temps : **participe présent** et **participe passé**. Il peut se conjuguer aux trois tournures.

1. Tournure active

	Participe présent	Participe passé
Chanter	chant**ant**	ayant chant**é**
Grandir	grand**issant**	ayant grand**i**
Partir	part**ant**	(étant) part**i**

2. Tournure passive

	Participe présent	Participe passé
Chanter	(étant) chanté	(ayant été) chanté

3. Tournure pronominale

	Participe présent	Participe passé
S'habiller	s'habillant	s'étant habillé

Le participe présent actif se termine par **-ant** dans les verbes des 1er et 3e groupes, par **-issant** dans les verbes du 2e groupe.
Il est **invariable** :

> Une rue **longeant** l'église et **aboutissant** sur la place.

2. Emplois

1. Construction

Les participes peuvent être **suivis de compléments divers** : COD, COI, c. circ. CA.

> *Craignant la tempête,* les marins rentrent au port.
> COD

> *Le champion,* *acclamé par la foule,* monte sur le podium.
> CA

2. Fonctions

a) Les participes **expansion d'un GN.**

Les participes peuvent faire partie d'un GN comme les adjectifs ou les propositions relatives : ils sont alors **épithètes liées** ou **détachées**.

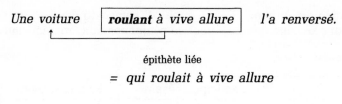

épithète liée
= *qui roulait à vive allure*

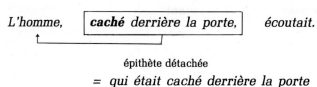

épithète détachée
= *qui était caché derrière la porte*

b) Les participes **détachés à valeur circonstancielle.**

Lorsqu'ils sont placés en tête de phrase, les participes se rapportent régulièrement **au sujet de la phrase** et ont une valeur circonstancielle.

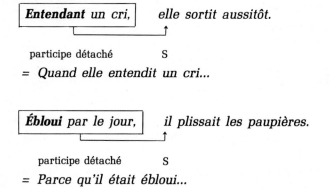

participe détaché   S
= *Quand elle entendit un cri...*

participe détaché   S
= *Parce qu'il était ébloui...*

le gérondif

1. Forme

C'est un **mode impersonnel** du verbe ; il est semblable au participe présent mais précédé de la préposition *en*. Il est **invariable**.

Elle est partie **en** *courant.*

2. Emplois

1. Construction

Le gérondif doit avoir **le même sujet que le verbe noyau** de la proposition dans laquelle il se trouve :

| En arrivant au sommet de la côte, | nous aperçûmes la mer. |

S

Il ne faut pas écrire :

* | En arrivant au sommet de la côte, | la mer nous apparut. |

S   COI

(Ce serait la mer qui arriverait au sommet de la côte !)

Il peut avoir des **compléments divers** : COD, COI, c. circ.

| En entendant <u>la bonne nouvelle,</u> | elle sauta de joie. |
COD

2. Fonctions

Il est **complément circonstanciel** du verbe de la proposition :

— c. circ. de temps   →   *Elle parle **en dormant.***
— c. circ. de manière →   *Elle marche **en sautillant.***
— c. circ. de cause   →   ***En glissant,** elle s'est fait une entorse.*
— c. circ. de moyen   →   *C'est **en forgeant** qu'on devient forgeron.*

▶ *Quelle est la fonction du gérondif* en se réveillant *dans le texte initial ?*

l'adjectif verbal

C'est, à l'origine, un participe présent actif qui est devenu un adjectif qualificatif : *souriant, éclatant.*
Il est donc **variable** : *une fille charmante.*
Tous les verbes n'ont pas systématiquement un adjectif verbal : *écrire, pouvoir, devoir* par exemple n'en ont pas.
Il peut avoir toutes les **fonctions** d'un adjectif qualificatif :

    C'est une brillante élève.

    La lune était brillante.

    Brillante, la lune se leva.

▶ *Donnez la fonction de* brillante *dans ces trois exemples.*
▶ *Imaginez des phrases contenant les adjectifs verbaux suivants :* intéressant, étonnant, écrasant.

Remarque

Les adjectifs verbaux ont parfois une **orthographe différente** de celle des participes présents.

Voici quelques exemples :

Participe présent	Adjectif verbal
Communi**qu**ant	Communi**c**ant
Fati**gu**ant	Fati**g**ant
Différ**a**nt	Différ**e**nt
Néglig**ea**nt	Néglig**e**nt
Précéd**a**nt	Précéd**e**nt

Récapitulons

■ Le participe est un **mode impersonnel**. Il existe aux temps présent et passé et peut se conjuguer aux tournures active, passive et pronominale. Le participe présent actif est **invariable**.

> *Chantant* : participe présent actif.
>
> *Ayant été chanté* : participe passé passif.
>
> *S'étant habillé* : participe passé pronominal.

■ Il peut être suivi de **compléments divers**.
Il peut être une **expansion du GN** et fonctionner comme **épithète liée** ou **détachée** :

> *Une voiture **roulant** à vive allure.*
>
> *Un homme, **caché** derrière la porte, écoutait.*

Il peut être **détaché en tête de phrase** ; il se rapporte alors **au sujet** et a une **valeur circonstancielle** :

> *Ébloui par le jour, il plissait les paupières.*

■ Le gérondif est un **mode impersonnel invariable** ; il est semblable au participe présent mais précédé de *en*. Il doit avoir le **même sujet** que le verbe de la proposition dont il est **complément circonstanciel** :

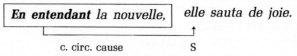

En entendant la nouvelle,   *elle sauta de joie.*

c. circ. cause   S

■ L'adjectif verbal est, à l'origine, un participe présent actif devenu adjectif qualificatif ; il est **variable** et a les **mêmes fonctions qu'un adjectif** :

> *La lune était **brillante**.*

Exercices

★ **1.** Dans les phrases suivantes, relevez les participes ; indiquez leur tournure et leur temps.

1. Étant rentrée à minuit, elle trouva la porte fermée. — 2. Pierre, bavardant sans arrêt, n'entend pas les explications du professeur. — 3. Ayant compris la vanité de ses efforts, il abandonna. — 4. Il se mit à courir, se souvenant qu'il avait un rendez-vous. — 5. Prise par les glaces, en hiver, la mer Baltique devient dangereuse pour la navigation. — 6. Je ne connais pas de femme ayant été plus courageuse qu'elle.

★ **2.** Même exercice.

1. Ayant vu ta bonne mine, je ne me fais pas de souci pour toi. — 2. L'enfant, s'étant trompé de train, arriva avec deux heures de retard. — 3. Devenu vieux, il conserva tous ses cheveux. — 4. Le voleur, ayant été repéré par les gendarmes, prit la fuite. — 5. Je connais un restaurant agréable, situé en pleine forêt. — 6. Traversant le Bassin Parisien puis la Normandie, la Seine forme de nombreux méandres. — 7. Agréablement surpris du résultat, je recommencerai.

★ **3.** Reprenez les phrases de l'exercice 1, encadrez les groupes contenant des participes et soulignez les compléments de ces participes en précisant leur fonction.

Ex. :

> Étant rentrée à minuit,
> c. circ. temps

elle trouva la porte fermée.

★ ★ **4.** Même exercice mais en reprenant les phrases de l'exercice 2.

★ ★ ★ **5.** Dans les phrases suivantes, dites si les participes fonctionnent comme expansions du GN ou s'ils ont une valeur circonstancielle. Remplacez les premiers par une relative équivalente, les seconds par une proposition subordonnée circonstancielle équivalente.

Ex. : *Des promeneurs parcourant la forêt ont aperçu un cerf.*
→ *Parcourant = qui parcouraient, expansion de promeneurs*

1. Mme Martin a trois enfants fréquentant la même école. — 2. Sentant la gêne de son ami, il n'insista pas. — 3. Avez-vous remarqué une voiture ayant des nœuds blancs aux portières ? — 4. Travaillant nuit et jour, je ne réussirai pas à tout faire. — 5. Je préférerais une chambre donnant sur la mer. — 6. Un cheval ayant une robe d'un brun roux est appelé alezan.

★ ★ ★ **6.** Même exercice.

1. Nous distinguons maintenant le mont Blanc dominant les autres sommets et couronné de neige. — 2. Épuisé par un aussi long effort, le coureur s'écroula sur la ligne d'arrivée. — 3. Je recherche des automobilistes ayant assisté à l'accident. — 4. Attisé par un violent mistral, l'incendie gagna une pinède descendant jusqu'à la mer. — 5. Le courrier arrivé la nuit nous parvient dans la matinée. — 6. Ayant perdu la trace du gibier, le chien revint tout penaud près de son maître.

★ **7.** Dans les phrases suivantes, remplacez les propositions subordonnées relatives par des participes équivalents.

1. Un chasseur, qui sait chasser sans son chien, est un bon chasseur. — 2. J'ai trouvé un petit chat qui avait été abandonné sur la route. — 3. C'est un artisan qui a beaucoup d'expérience. — 4. Le vent qui soufflait en tempête a arraché des arbres qu'on avait plantés il y a un siècle.

★ ★ **8.** Dans les phrases suivantes, remplacez les propositions subordonnées circonstancielles en italique par des participes à valeur circonstancielle équivalents.

1. *Dès qu'ils ont entendu la sonnerie,* les élèves rangent leur livre. — 2. *Comme ils avaient bon espoir de retrouver les survivants,* les sauveteurs sondaient inlassablement les décombres. — 3. *S'il était aidé,* il pourrait réussir. — 4. *Puisque tu as été prévenu,* tu ne devrais pas te tromper.

★ **9.** Dans les phrases suivantes, encadrez les groupes contenant un gérondif, soulignez ses compléments, s'il en a, et précisez la fonction de ces compléments.

Ex. :

> En passant *par la Lorraine,*
> c. circ. lieu

j'ai rencontré trois capitaines.

1. En travaillant régulièrement, tu avanceras beaucoup plus sûrement. — 2. Vous garderez la forme en pratiquant un sport. — 3. En voulant trop bien faire, nous les avons fâchés. — 4. Elle tricote en regardant la télévision. — 5. En rentrant, n'oublie pas de fermer le portail.

★★★ **10.** Parmi ces phrases, certaines sont mal construites ; lesquelles ? Corrigez-les.

1. En lisant le journal, elle apprit qu'elle venait de gagner le concours. — 2. En prenant l'avion, l'Afrique n'est qu'à quelques heures de Paris. — 3. Les livres nous seront distribués, en arrivant au collège. — 4. En voulant arroser son jardin, il a inondé sa cave. — 5. Elle s'est cassé une dent en mordant dans un noyau. — 6. En traversant la rue, une voiture l'a renversé. — 7. Des billets gratuits seront distribués en écrivant au théâtre.

★★★ **11.** Donnez la fonction des gérondifs dans les phrases suivantes.

1. Le moustique vole en bourdonnant. — 2. Faites attention en descendant à la cave. — 3. En lâchant son guidon des deux mains, il a fait une chute dont il se souviendra. — 4. Les deux amies promirent de s'écrire en se séparant. — 5. Le peintre travaillait en sifflotant. — 6. En tapant trop fort dans le ballon, l'enfant cassa une vitre.

★ **12.** Remplacez les groupes de mots en italique par des gérondifs équivalents.

Ex. : ***Quand il se couche,*** *il ferme les volets.*
→ ***En se couchant,*** *il ferme les volets.*

1. Elle s'est trompée *quand elle m'a rendu la monnaie.* — 2. *Si tu mets une couverture supplémentaire,* tu n'auras plus froid. — 3. Il a appris la géographie *par ses voya-*

ges. — 4. C'est *par l'entraînement* que le sportif progresse. — 5. *Si nous savons notre leçon par cœur,* nous pourrons répondre à toutes les questions. — 6. *Lorsqu'il grandira,* cet arbre nous fera de l'ombre. — 7. Elle a eu un accident *parce qu'elle conduisait trop vite.*

★★ **13.** Inversement, remplacez les gérondifs des phrases suivantes par des groupes nominaux ou des subordonnées équivalentes.

Ex. : *En se taisant sous la torture, il sauva ses amis.*
→ *Par son silence sous la torture, il sauva ses amis.*

1. En arrivant à New York, les étrangers sont frappés par le gigantisme de la ville. — 2. Ils ont réussi à acheter cette maison en économisant régulièrement. — 3. En vous brossant les dents tous les jours, vous éviterez les caries. — 4. En rangeant le grenier j'ai retrouvé un vieil album de photos. — 5. En sortant du collège il fut surpris d'apercevoir sa mère. — 6. « C'est beaucoup moins inquiétant / De parler du mauvais temps / en chantant. » (Extrait de chanson.)

★ **14.** Dans les phrases suivantes, soulignez les adjectifs verbaux et donnez leur fonction.

1. On entendait une rumeur inquiétante. — 2. Votre récit est stupéfiant. — 3. La route, glissante, était dangereuse. — 4. En France les vents dominants viennent de l'ouest. — 5. Ton insistance est très embarrassante. — 6. Assourdissant, le vacarme des moteurs empêchait toute conversation.

★★ **15.** Écrivez correctement les formes en *-ant* dans les phrases suivantes. Attention, elles peuvent être des participes présents invariables ou des adjectifs verbaux variables.

1. Il existe des poissons (volant). — 2. Certains avions (volant) à vitesse supersonique traversent l'Atlantique en trois heures. — 3. Vos conclusions me semblent (intéressant). — 4. Voici plusieurs émissions (intéressant) les amateurs de voile. — 5. L'orchestre se mit à jouer des refrains (entraînant). — 6. (Entraînant) son frère dans sa chute, elle dévala tout l'escalier.

★ ★ 16. Même exercice.

1. Ils avançaient avec une lenteur (désespérant). — 2. Monique abandonna, (désespérant) de réussir. — 3. Vous avez des enfants (aimant) et sensibles. — 4. Les enfants (aimant) les friandises ne doivent pas en abuser. — 5. Les vers (luisant) se voient les nuits d'été. — 6. (Luisant) dans la pénombre, les pièces d'or jonchaient le sol de la caverne. — 7. (Filant) vers la maison, la chienne alerta ses maîtres. — 8. On fait un vœu quand on voit une étoile (filant).

★ ★ ★ 17. Imaginez pour chacune de ces formes en *-ant* deux phrases où elles seront : a) participe présent ; b) adjectif verbal.

Passant - adoucissant - brûlant - saignant - attachant.

★ ★ ★ 18. Complétez les phrases suivantes avec le participe présent ou l'adjectif verbal proposés ; réfléchissez à l'orthographe.

1. Les vases (communiquant/communicant) ont tous le même niveau de liquide. — 2. Que ces bruits sont (fatiguant/fatigant) ! — 3. Cette maison est d'un luxe (provoquant/provocant). — 4. Le pansement (adhérant/adhérent) à la plaie, maman prépara une compresse d'eau bouillie. — 5. Romain, (négligeant/négligent) les conseils, se mit à courir.

★ ★ ★ 19. Même exercice.

1. (Suffoquant/suffocant) dans la fumée, les pompiers combattaient le sinistre. — 2. Le personnel (naviguant/navigant) nous accueillit à bord du Boeing. — 3. Le mois (précédant/précédent) il avait fait très sec.

— 4. Votre pièce de dix francs (équivalant/équivalent) à dix pièces d'un franc, rendez-moi la monnaie. — 5. Il prit un ton (convainquant/convaincant) qui fit sensation. — 6. (Somnolant/somnolent) au soleil, le chat ne se dérangea pas. — 7. C'est un mystère très (intriguant/intrigant).

★ ★ 20. Dictée et questions.

Agitation

Comme la voix du loup devenait suppliante, Marinette n'y tint plus et se dirigea vers la porte. Delphine, effrayée, la retint par une boucle de ses cheveux. Il y eut des gifles données, des gifles rendues. Le loup s'agitait avec désespoir derrière la porte, disant qu'il aimait mieux s'en aller que d'être le sujet d'une querelle entre les deux plus jolies blondes qu'il eût[1] jamais vues. En effet, il quitta la fenêtre et s'éloigna, secoué par de grands sanglots.

> Marcel Aymé,
> *Les Contes bleus du Chat Perché,*
> Gallimard.

1. Écrire au tableau *eût*.

1. Relevez tous les participes passés du texte.
2. Quel est le COD de *eût vues* ? Où est-il placé par rapport au verbe ? Justifiez l'accord du participe.
3. Donnez la fonction des autres participes passés.
4. Trouvez un complément d'agent dépendant d'un participe passé.
5. Relevez un adjectif verbal et donnez sa fonction ; relevez un participe présent et donnez sa fonction ; soulignez son COD.

34
L'infinitif

Pour fabriquer un cerf-volant, on doit disposer d'un matériel simple : crayons, ciseaux, colle, ficelle, etc. On peut réaliser la voilure en papier ou en tissu. Avant tout, rechercher la légèreté. Après avoir découpé la voilure, on doit la décorer puis placer les baguettes qui servent de membrane.

▶ *Quels sont les infinitifs du texte ?*
▶ *Remplacez le premier infinitif par un nom précédé d'un déterminant.*
▶ *De quels éléments est formé l'infinitif* avoir découpé *?*
▶ Rechercher la légèreté : *remplacez l'infinitif par un impératif. La phrase a-t-elle un sens différent ?*

conjugaison

A la différence des modes personnels (indicatif, subjonctif, impératif), l'infinitif traduit, sans subir de variations de nombre ou de personne, un **état** ou une **action**. C'est un **mode impersonnel**.

1. Tournure active

1. Formes simples : **infinitif présent**.

		1er groupe	*2e groupe*	*3e groupe*
Être	Avoir	Chanter	Grandir	Partir Perdre Pouvoir

2. Formes composées : infinitif passé.

Avoir été	Avoir eu	*1er groupe* Avoir chanté	*2e groupe* Avoir grandi	*3e groupe* Être parti Avoir pu

2. Tournures passive et pronominale

	Tournure passive	Tournure pronominale
Infinitif présent	Être appelé	S'appeler
Infinitif passé	Avoir été appelé	S'être appelé

emplois de l'infinitif

5^e

1. L'infinitif fonctionnant comme un nom

1. Construction

L'infinitif peut être **l'équivalent d'un nom ou d'un GN** :

J'aime | *marcher.* | infinitif

J'aime | *la marche.* | GN

▸ *Cherchez d'autres exemples où l'infinitif est l'équivalent d'un nom.*

L'infinitif n'est pas précédé d'un déterminant, sauf lorsqu'il est devenu réellement un nom commun : *le coucher, le souper, le pouvoir,* etc.

L'infinitif peut être accompagné de compléments. Il est alors le **noyau d'un groupe infinitif**.

Elle souhaite | **voir** *ce spectacle.* |

groupe infinitif

2. Fonctions

L'infinitif peut avoir **presque toutes les fonctions du nom**

— **sujet :**   *Travailler est le plus sûr moyen de réussir.*

— **attribut du sujet :**   *Crier n'est pas **chanter**.*

— **complément d'objet**   direct :   *Je préfère **partir**.*
                               indirect : *Il commence **à travailler**.*

— **complément**   de temps :   *Ils se retirèrent **après avoir salué**.*
    circonstanciel   de cause :   *Il est malade **pour avoir trop mangé**.*
                      de but :   *Je m'assois **pour me reposer**.*
                      de manière : *Écoute-moi **sans m'interrompre**.*

— **complément de**   du nom :   *Une machine **à laver**.*
    détermination   de l'adjectif : *Tu es capable **de réussir**.*

2. L'infinitif fonctionnant comme un verbe

L'infinitif peut être, comme un verbe à un mode personnel, le noyau d'une proposition. Il exprime alors

— l'ordre ou le conseil :
         Fermer les portes.
         Agiter avant l'emploi.

— la défense :
         Ne pas dépasser la dose prescrite.

▶ *Par quel mode personnel pourrait-on remplacer l'infinitif dans les trois exemples ci-dessus ?*

— l'interrogation :
         Que dire ? Que faire ?

L'infinitif marque alors une **incertitude**. C'est souvent une question que l'on se pose à soi-même.

— l'exclamation :
         Moi, coucher à la belle étoile !

L'infinitif traduit un sentiment très fort d'**étonnement** ou d'**indignation**.

Récapitulons

■ L'infinitif est un **mode impersonnel** qui présente :

— des formes simples (**infinitif présent**) : *chanter, partir.*

— des formes composées (**infinitif passé**) : *avoir chanté, être parti.*

■ Il peut être l'**équivalent** :

— d'un **nom** ou d'un **GN** *(marcher → la marche)* dont il peut avoir presque toutes **les fonctions**.

— d'un **verbe à un mode personnel**. Il exprime alors l'**ordre** ou le **conseil** *(Agiter avant l'emploi.)* ; la **défense** *(Ne pas dépasser la dose prescrite.)* ; l'**interrogation** *(Que faire ?)* ; l'**exclamation** *(Moi, coucher à la belle étoile !).*

Exercices

★ ★ 1. Remplacez les points de suspension par un infinitif de votre choix, à la forme simple ou à la forme composée.

1. Après ... la nouvelle, il se mit à ... des cris de joie. — 2. Elisabeth a été punie pour ... — 3. Avant de ..., n'oublie pas de ... le gaz. — 4. Il ne se souvient pas d'... déjà ici. — 5. Tu ne pourras pas ... avant d'... ta chambre. — 6. Je crois ... ce livre il y a quelques années. — 7. Le camionneur s'apprêtait à ... dans son camion, après ...

★ 2. Dites si les infinitifs suivants appartiennent à la tournure active ou à la tournure passive. Employez chacun d'eux dans une courte phrase.

1. Être arrivé. — 2. Être emmené. — 3. Être allé. — 4. Être retenu. — 5. Être tombé. — 6. Être réconforté.

★ ★ 3. Relevez les infinitifs contenus dans les phrases suivantes et classez-les en quatre groupes : infinitif présent actif, infinitif passé actif, infinitif présent passif, infinitif passé passif.

1. Je regrette d'avoir été malade et de ne pas avoir assisté à la fête de l'école. —

2. Je voudrais être déjà loin. — 3. Je voudrais être déjà parti. — 4. Après avoir été reconnu par la foule, le chanteur dut distribuer des autographes. — 5. Il me semble vous avoir déjà rencontré. — 6. Denise espère être reçue à son examen. — 7. Après être descendu de l'arbre, l'écureuil s'avança vers nous. — 8. Il ne se console pas d'avoir perdu ce match de tennis, mais surtout d'avoir été battu par un partenaire si jeune.

★ 4. Dans les phrases suivantes remplacez l'infinitif par un GN, sur le modèle suivant :

Ex. : *Je préfère **voyager** en avion.*
→ *Je préfère **les voyages** en avion.*

1. J'adore skier au printemps. — 2. Ils ont fait appel à un professionnel pour décorer leur appartement. — 3. La municipalité a prévu d'édifier une nouvelle salle des fêtes. — 4. Il consacre tout son temps à pratiquer des sports. — 5. Michel et Olivier ont entrepris de construire une cabane. — 6. Denis commence à étudier l'espagnol. — 7. Ce laboratoire travaille à découvrir de nouveaux produits. — 8. Le directeur du théâtre a décidé d'interrompre les représentations pendant une semaine.

★ ★ 5. Remplacez les groupes nominaux en italique par des infinitifs ou groupes infinitifs. Vous pouvez être amenés à faire subir à la phrase de légères modifications.

1. *La lecture du livre* aide à *la compréhension du film.* — 2. Le médecin a recommandé *la prise d'antibiotiques.* — 3. Sous ses doigts il sentait *les frémissements du cheval.* — 4. Ils ont entrepris *une lutte pour la conquête de leur liberté.* — 5. Hélène écoutait *le bruissement des branches agitées par le vent.* — 6. Excusez *mon insistance* mais je voudrais *un entretien avec vous.*

★ 6. Complétez les phrases suivantes par des infinitifs employés comme noms communs.

1. Il pratique le l... du javelot. — 2. Nous avons assisté au l... et au c... du soleil. — 3. J'ai terminé mon d... de mathématiques. — 4. A midi nous nous mettons à table pour le d..., vers vingt heures pour le d... et, lorsque nous rentrons tard dans la nuit, pour un léger s... — 5. Elle lui adressa un charmant s... — 6. Devant l'assemblée admirative, il fit étalage de son s... — 7. Ma mère fit preuve d'un grand p... de persuasion.

★ ★ 7. Dans les phrases suivantes, indiquez la fonction des infinitifs et groupes infinitifs en italique.

1. Les hirondelles volent très longtemps *sans se reposer.* — 2. Ce travail est facile *à faire.* — 3. *Voyager* a toujours été sa passion. — 4. Le cultivateur tient *à rentrer le blé avant l'orage.* — 5. L'enfant glissa dans la boue en voulant *cueillir des nénuphars.* — 6. *Pour avoir brûlé un feu rouge,* notre voisin a été condamné à un retrait de permis de conduire. — 7. Notre premier objectif est *de trouver un restaurant ouvert.* — 8. Il grimpa sur les épaules de son père *afin de mieux voir le spectacle.* — 9. L'équipage vérifie le matériel *avant de prendre la mer.*

★ ★ 8. Relevez les groupes infinitifs et indiquez leur fonction.

1. J'hésite à entreprendre un si long voyage. — 2. D'ici nous verrons arriver le bus. — 3. Lise écoute toujours un peu de musique après être rentrée de l'école et avant de faire ses devoirs. — 4. Mon père veut préparer le repas lui-même pour étonner les invités. — 5. Sans m'en rendre compte, j'étais arrivé à destination. — 6. Boire un grand verre d'eau fraîche est le meilleur remède contre la soif. — 7. Il est considéré comme un héros pour avoir réussi là où les autres ont échoué. — 8. Le hibou attend la nuit pour chasser.

★ ★ 9. Dans les phrases suivantes, indiquez si l'infinitif exprime un ordre, une défense, une interrogation ou une exclamation.

1. Ne pas stationner sur les trottoirs. — 2. Que répondre à une question aussi embarrassante ? — 3. Lire attentivement le mode d'emploi. — 4. Tu es fou, te baigner par ce temps-là ! — 5. Prendre deux comprimés avant les repas. — 6. Ne pas toucher aux objets exposés. — 7. Nous arrivons à un carrefour. Où aller ? — 8. Lui, agir de la sorte ! Il en est incapable.

★ ★ ★ 10. Modifiez les phrases suivantes de manière qu'elles ne comportent plus de verbe à un mode personnel, mais aient pour noyau un infinitif.

Ex. : *Je me demande ce que je dois faire.*
→ *Que faire ?*

1. Moi, héron, que je fasse une si pauvre chère ! (La Fontaine) — 2. Attendez le signal sonore. — 3. Je ne sais pas ce que je vais choisir. — 4. Ne vous penchez pas par la fenêtre. — 5. Il se marie ! Quelle surprise ! — 6. Vous devez mettre les verbes à l'infinitif. — 7. Vous ne devez rien jeter par terre.

★ 11. Imaginez une recette de cuisine fantaisiste dont les phrases auront pour noyau verbal un infinitif.

★ ★ 12. Complétez les mots suivants en distinguant les infinitifs en *-er* des participes passés en *-é, -és, -ée, -ées.*

1. Nous sommes fatigu..., nous devrions nous arrêt... — 2. Il m'est souvent arriv... de rencontr... des gens sympathiques avec qui j'avais envie de me li... — 3. Je les ai trouv... intéress... par mon projet. —

4. Elles sont entr... dans la boutique pour y achet... les articles qui leur avaient été recommand... — 5. Je ne vais pas t'impor-tun... plus longtemps car je te sais press... d'arriv... chez toi. — 6. Il s'étonnait de ne plus retrouv... dans ce paysage banal les lieux qu'il avait aim... autrefois. — 7. Nous viendrons te cherch... quand tu auras ter-min... — 8. Nous avons plant... des tomates que nous avons récolt... et mang...

★★ **13. Même exercice que le précé-dent.**

1. Je me sentis rassur... et totalement réconfort... quand je vis arriv... les secours. — 2. Sur son visage bronz... se laissait devin... une grande perplexité. — 3. Tra-vers... la place au milieu d'une telle circula-tion semblait relev... de l'exploit. — 4. Nous les regardions s'avanc... vers nous, charg... et encombr... de paquets. — 5. Le chat apeur... alla se réfugi... sous le lit. — 6. Le soleil se mit à brill... dans un ciel dégag... — 7. Attir... par le bruit, ma mère et ma sœur vinrent me demand... ce qui s'était pass... — 8. Toutes les portes étaient ferm..., tous les volets baiss... si bien que le village paraissait inhabit... — 9. Je ne voudrais pas te vex..., mais mon chien est mieux élev... que le tien.

★ **14. Dictée et questions.**

Gaspard et le cheval pie[1]

Gaspard demeura de longs instants sans oser bouger. Enfin il se décida à parler d'une voix douce. Le cheval leva la tête pour l'écouter. Ses flancs se soulevaient avec calme. C'était comme s'il s'avouait déjà conquis par la patience du garçon. Gaspard approcha. Il tendit une main pour flatter l'épaule de la bête, tandis que de l'autre main il saisissait le licou dans sa blouse. Ce fut à ce moment que le cheval pie montra vraiment ce qu'il savait faire. Sans qu'aucun signe l'ait annoncé, il se détendit, sauta par-dessus le genévrier et se perdit aussitôt dans les bois.

André Dhôtel,
Le pays où l'on n'arrive jamais,
Éditions Pierre Horay.

1. *Pie :* à robe noire et blanche ou fauve et blanche.

1. Relevez les infinitifs et groupes infinitifs du texte. Donnez leur fonction.
2. Mettez tous les verbes conjugués du texte à l'infinitif présent et à l'infinitif passé.
3. Quels sont le temps et le mode du pre-mier verbe de la dernière phrase. Conjuguez-le à toutes les personnes, à ce temps et à ce mode.

Exercices de révision

★★ **1.** Donnez l'infinitif des verbes suivants.

Il verra - que nous sachions - j'ai cousu - nous bâtîmes - nous battîmes - ils prirent - vous joignez - il sera - il saura - tu pourrais - elle conduit - j'appuie - il courra - tu perçois - elle jette - que vous ayez - il naquit - veuillez.

★★ **2.** Analysez les verbes suivants (groupe, tournure, mode, temps).

Tu offres - il rougit (2) - j'ai fini - que tu aies menti - agissant - s'être trompé - nous courrons - vous serez pris - que je fasse - elles verraient - ayant été puni - oublie - nous étions revenus - fleuries - vous auriez essayé.

★ **3.** Indiquez avec quel auxiliaire se conjugue chacun des verbes suivants. Employez-les au passé composé actif.

Ex. : *prendre (avoir)*
  → *j'ai pris.*

Partir - déplacer - naître - rester - porter - parvenir - parcourir - entendre - marcher - poser - tomber - arriver - inscrire - cesser - quitter - demeurer - aller.

★★★ **4.** Chacun des verbes suivants est employé avec l'auxiliaire *être*. Indiquez s'ils appartiennent à la tournure active, passive ou pronominale.

1. Je me suis souvenu. — 2. Nous avons été interpellés. — 3. Elle est revenue. — 4. Vous vous êtes amusés. — 5. Il est intervenu. — 6. Tu es remplacé. — 7. Ils se sont demandés. — 8. Ils ont été demandés.

★ **5.** Mettez les phrases suivantes à la tournure passive et soulignez le complément d'agent.

1. La nuit a surpris les promeneurs. — 2. Une éruption volcanique détruisit la ville et ses environs. — 3. Il avait aussitôt alerté les pompiers. — 4. Personne n'a vu l'accident qui s'est produit au carrefour. — 5. Ils construiront eux-mêmes leur bateau. — 6. Mes voisins m'ont invité dimanche. — 7. Des milliers de touristes visitent chaque semaine la tour Eiffel.

★ **6.** Dites si les verbes suivants sont à la tournure active ou passive et indiquez leur temps.

Nous étions passés - j'avais été informé - ils seront conservés - tu es convoqué - il est retombé - vous serez restés - elles furent abritées - j'aurai été averti - nous avions été renversés - il était apparu.

★ **7.** Dites si les verbes des phrases suivantes sont pronominaux ou non. Indiquez leur infinitif entre parenthèses.

1. Nous nous sommes bien amusés. — 2. Il nous a aperçus en descendant du train. — 3. Donne-le-moi. — 4. Tiens-toi droit. — 5. Je me rendis compte de mon erreur. — 6. Ne m'adressez plus de courrier. — 7. Vous ne nous connaissez pas, tandis que nous, nous vous connaissons depuis longtemps. — 8. Vincent s'est montré courageux. — 9. Il ne m'a pas dit la vérité mais je m'en suis aperçu.

★ **8.** Mettez les verbes entre parenthèses au présent, puis au passé simple de l'indicatif.

1. Vous (dire) la vérité. — 2. J'(appuyer) sur les touches. — 3. Elle (prendre) des cours de piano. — 4. Il (prier) le visiteur d'entrer. — 5. Tu (nourrir) ton chat. — 6. Les oiseaux (naître) au printemps. — 7. Elle (repeindre) le portail. — 8. Vous (faire) des progrès. — 9. Nous (croire) entendre du bruit. — 10. Ils ne (pouvoir) s'empêcher de rire.

★ **9.** Écrivez les phrases de l'exercice n° 8 en mettant les verbes entre parenthèses au futur simple de l'indicatif.

★ **10.** Écrivez les phrases de l'exercice n° 8 en mettant les verbes entre parenthèses à l'imparfait de l'indicatif.

★ **11.** Complétez les phrases suivantes par *ai, aie, aies, ait, es, est*. Indiquez entre parenthèses la tournure, le mode et le temps des verbes concernés.

1. Cela m'... égal. — 2. Il faut que tu ... fini ce soir. — 3. J'... été averti à temps. —

4. N...-tu pas fatigué ? — 5. Bien qu'il y ... eu du bruit j'... entendu ce qui se disait. — 6. Elle ... demeurée sans voix en apprenant ce qui s'... passé. — 7. Mes parents souhaitent que j'... un bon bulletin trimestriel. — 8. Tu ... très souvent rentré tard le soir.

★ **12.** Mettez les verbes entre parenthèses au temps qui convient : imparfait ou passé simple.

1. Mon père et mon frère (aller) prendre un café, tandis que je (rester) dans la voiture. — 2. Un soleil radieux (dissiper) les nuages : l'orage (être) fini. — 3. Je (lire) paisiblement quand tout à coup je (sursauter). — 4. Il (pleuvoir) pendant trois jours. — 5. Quand j'(être) enfant, j'(aimer) beaucoup jouer au ballon. — 6. Devant les spectateurs médusés, le magicien (sortir) trois lapins de son chapeau.

★ **13.** Mettez les verbes entre parenthèses au futur simple ou au conditionnel présent.

1. J'(aimer) beaucoup faire du théâtre. — 2. Tu (passer) ton permis de conduire quand tu (être) majeur. — 3. Ils croyaient que nous (arriver) en retard. — 4. Je suis sûr qu'il (faire) beau. — 5. (Pouvoir)-vous éteindre votre cigarette. — 6. Je ne (vouloir) pas vous décevoir, mais il (oublier) certainement de venir.

★ **14.** Écrivez les verbes suivants à la 1re et à la 3e personne du singulier du présent, de l'imparfait, du passé simple, du futur simple et du conditionnel présent.

Avoir - être - savoir - lire - lier - voir - envoyer - scier - cirer - courir - tenir - tendre - teindre.

★ **15.** Même exercice que le précédent, mais écrivez les verbes à la 1re et à la 3e personne du pluriel.

★ **16.** Indiquez la tournure, le mode et le temps des verbes suivants.

Je suis tombé - tu es interpellé - il serait parti - nous aurons été prévenus - vous étiez examinés - ils avaient été reconnus - que je sois revenu - tu t'étais trompé - il fut arrêté - nous nous sommes rencontrés - que vous ayez été avertis - elles auraient été retenues.

★★★ **17.** Mettez les verbes entre parenthèses au temps et au mode convenables.

1. Bien qu'il ne (être) plus tout jeune, il fait tous les jours 20 km à bicyclette. — 2. Je suis très contrarié que tu ne (savoir) pas faire cet exercice. — 3. Si le vent avait été plus fort, nous (pouvoir) faire voler notre cerf-volant. — 4. Demain si le vent est plus fort, nous (pouvoir) faire voler notre cerf-volant. — 5. Frédéric croit qu'il (pouvoir) escalader cette paroi rocheuse. — 6. Je ne crois pas que tu (pouvoir) finir aujourd'hui.

★ **18.** Écrivez les verbes suivants à la 2e personne du singulier et à la 2e personne du pluriel de l'impératif.

Aller - servir - faire - s'arrêter - prendre - dormir - être - dire - plier - remettre - essayer - secouer - se souvenir - savoir - coudre - s'en aller.

★★ **19.** Mettez au participe passé les verbes entre parenthèses. Attention à l'accord.

1. Ils ont (recevoir) les livres qu'ils avaient (commander). — 2. Sans le savoir, il avait (prendre) un sens (interdire). — 3. Les fleurs que j'ai (cueillir) sont déjà (flétrir). — 4. Elles ont (finir) le travail qu'elles avaient (entreprendre). — 5. (Arriver) au sommet, les alpinistes se sont (sentir) aussitôt (récompenser) de leurs efforts. — 6. Les enfants ont (aménager) la cabane qu'ils ont (bâtir) et (peindre). — 7. (Devenir) grands, ces arbres durent être (abattre). — 8. Elle nous a (émouvoir) par le récit de ses malheurs.

★★ **20.** Indiquez la tournure, le mode (infinitif ou participe) et le temps des formes verbales suivantes.

Ayant été réprimandé - s'être promené - savoir - être vu - s'étant retourné - faisant - fait - ayant fui - fini - avoir couru - étant tombé - être parti - avoir été emmené - se douter.

35
La versification

Rondeau

> Le Temps a laissé son manteau
> De vent, de froidure et de pluie,
> Et s'est vêtu de broderie,
> De soleil luisant, clair et beau.
>
> Il n'y a bête ni oiseau
> Qu'en son jargon ne chante ou crie :
> « Le Temps a laissé son manteau
> De vent, de froidure et de pluie ».
>
> Rivière, fontaine et ruisseau
> Portent en livrée jolie,
> Gouttes d'argent d'orfèvrerie ;
> Chacun s'habille de nouveau :
> Le Temps a laissé son manteau.
>
> Charles d'Orléans (1391-1465).

▶ *Quelles impressions ce poème laisse-t-il en vous ?*
▶ *Chaque vers de ce poème correspond-il à une phrase ? Comment ces vers sont-ils groupés ? Combien de syllabes chacun d'eux contient-il ?*
▶ *Quelles remarques faites-vous à propos de la dernière syllabe de chacun d'eux ?*

le langage poétique

1. Musique

Un petit roseau m'a suffi
Pour faire frémir l'herbe haute
Et tout le pré
Et les doux saules
Et le ruisseau qui chante aussi ;
Un petit roseau m'a suffi
A faire chanter la forêt.

Henri de Régnier, *Les Jeux rustiques et divins,*
Mercure de France.

Ces vers sont groupés en une strophe. Lisons-la lentement et soyons sensibles à la musique qui s'en dégage. Cette musique, même une personne qui ne connaîtrait pas notre langue pourrait la percevoir, car les mots ont des **sonorités** qui s'assemblent comme le feraient des notes de musique. De plus, tout comme un morceau de musique, cette strophe a un **rythme**.

▶ *Cherchez un accompagnement simple et mélodieux (à la flûte par exemple) pour cette strophe.*

2. Évocation

L'homme s'enfuit, le cheval tombe,
La porte ne peut pas s'ouvrir,
L'oiseau se tait, creuse sa tombe,
Le silence le fait mourir.

Un papillon sur une branche
Attend patiemment l'hiver,
Son cœur est lourd, la branche penche,
La branche se plie comme un ver.

Paul Éluard, *Mourir de ne pas mourir,*
Gallimard.

La poésie parle à notre imagination et touche notre sensibilité. Dans ce poème, certains **mots** et les **images** qu'ils suggèrent, créent en nous une émotion.

▶ *Que suggère, par exemple,* La porte ne peut pas s'ouvrir *?*

On rencontre en poésie des **effets de surprise** *(creuse sa tombe)*, des **personnifications** *(son cœur est lourd)*, des **comparaisons.** *(La branche se plie comme un ver.)* Tous ces procédés contribuent, ici, à faire naître en nous un sentiment d'angoisse.

▶ *Relevez les autres mots qui tendent à susciter ce sentiment.*

la mesure

1. Les syllabes (pieds)

Les astres sont plus purs, l'ombre paraît meilleure ;
Un vague demi-jour teint le dôme éternel ;
Et l'aube douce et pâle, en attendant son heure,
Semble toute la nuit errer au bas du ciel.

Victor Hugo.

1	2	3	4	5	6	7	8	9	10	11	12	
Les	as	tres	sont	plus	purs,	l'om	bre	pa	raît	meil	leur(e)	;

Ce vers contient douze syllabes, appelées aussi pieds.
En poésie le **e** muet compte pour une syllabe lorsqu'il est suivi d'une consonne ou d'un **h** aspiré :

1	2		1	2	
as	**tres**	sont - l'om	**bre**	paraît	

En revanche, le **e** muet ne se prononce pas

— lorsqu'il est à la fin d'un vers :

1	2
meil	leur(e) ;

— lorsqu'il est suivi d'une voyelle ou d'un **h** muet. Il y a, dans ce cas, élision :

1	2	
le	**dôm(e)**	éternel.

▶ *Dans la strophe ci-dessus, relevez les syllabes contenant un e muet et dites si elles constituent ou non un pied.*

2. Les principaux types de vers

Les vers de douze syllabes sont des alexandrins.

A qui venge son père il n'est rien d'impossible.

Corneille.

Les vers de dix syllabes sont des décasyllabes.

Les grands nénuphars entre les roseaux
Tristement luisaient sur les calmes eaux.

Verlaine.

Les vers de huit syllabes sont des octosyllabes.

Dans la plaine les baladins
S'éloignent au long des jardins.

Apollinaire.

▶ *Comment sont composés les mots décasyllabe et octosyllabe.*

le rythme

Les vers ont un rythme, une cadence qui leur est propre et que leur confèrent les **syllabes accentuées** et les **pauses**.

1. Certaines syllabes reçoivent un accent d'intensité : on les appelle des syllabes accentuées. Cela est particulièrement sensible en poésie.

> Les **ás**tres sont plus **púrs**, l'o**ḿ **bre paraît meill**eúre**

▶ *Quelles sont les syllabes accentuées dans les trois autres vers de V. Hugo ?*

2. Le rythme est également marqué par des pauses, des coupes, à l'intérieur du vers. Dans les alexandrins, une pause plus importante, la césure, survient au milieu du vers et le sépare en deux demi-vers de six syllabes chacun, appelés hémistiches.

> Et l'aube | douce et pâle || en attendant son heure
> Semble | toute la nuit || errer au bas du ciel.

la rime

1. La rime est la répétition d'un même son à la fin de deux ou plusieurs vers :

> meill**eure**, h**eure** — étern**el**, ci**el**.
>
> [œʀ]　　　　　　　　[ɛ]

La rime crée une **unité sonore**, une **harmonie** au sein du poème.

2. La rime est masculine lorsque la dernière syllabe du vers se prononce : étern**el**, ci**el**.
Elle est féminine lorsque la dernière syllabe contient un **e** muet : meill**eure**, h**eure**.

3. Si un seul phonème voyelle se répète, on dit que la rime est pauvre :

> rond
> blond　} [ɔ̃]

Si deux phonèmes (voyelle + consonne ou consonne + voyelle) se répètent, la rime est suffisante :

> brume
> allume　} [ym]

Si trois phonèmes (voyelle + 2 consonnes ou consonne + voyelle + consonne) se répètent, la rime est **riche** :

$$\left.\begin{array}{l}\text{tourne}\\\text{enfourne}\end{array}\right\}\ [\text{uʀn}]$$

4. La disposition des rimes se fait suivant plusieurs agencements possibles. Nous appellerons A les rimes masculines et B les rimes féminines.

a) **Rimes plates** : AABB ou BBAA

Pas un seul petit mor**ceau**	A
De mouche ou de vermi**sseau**.	A
Elle alla crier fam**ine**	B
Chez la fourmi sa vois**ine**.	B

La Fontaine.

b) **Rimes croisées** : ABAB ou BABA

Maître corbeau, sur un arbre per**ché**	A
Tenait en son bec un from**age**	· B
Maître renard, par l'odeur allé**ché**,	A
Lui tint à peu près ce lang**age**.	B

La Fontaine.

c) **Rimes embrassées** : ABBA ou BAAB

Un octogénaire plant**ait**	A
« Passe encore de bâtir ; mais planter à cet **âge** ! »	B
Disaient trois jouvenceaux, enfants du voisin**age** ;	B
Assurément il radot**ait**.	A

La Fontaine.

les vers libres

Les poèmes en **vers libres** n'obéissent pas aux règles classiques de mesure, de rythme et de rime. Dans ces œuvres, la poésie naît du langage poétique et des variations de rythme accordées à la pensée de l'auteur.

> On s'égare aux sentiers qui ne vont nulle part
> et d'où le lac paraît, la montagne, les neiges
> et le miroitement des vagues ;
> et, quand on s'en revient, le village est blotti
> autour de son église,
> parmi l'espace d'ombre où hésite et retombe
> la cloche inquiète du couvre-feu.

Ch. F. Ramuz, Poésies, Mermod.

▶ *Énumérez les raisons pour lesquelles ce poème est en vers libres.*

Récapitulons

■ La poésie est avant tout musique et évocation.

■ Un vers se mesure en **syllabes** (pieds). L'**alexandrin** a 12 syllabes. Le **décasyllabe** a 10 syllabes. L'**octosyllabe** a 8 syllabes.

■ Le **rythme** d'un vers est marqué par les **syllabes accentuées** et les **pauses**. L'alexandrin est souvent séparé en deux demi-vers (**hémistiches**) par une pause plus importante (**césure**).

■ La rime est la répétition du même son à la fin de deux ou plusieurs vers.

Si la dernière syllabe du vers contient un **e** muet, la rime est dite **féminine** (meilleu**re**, heu**re**). Sinon la rime est **masculine** (étern**el**, c**iel**).

Les rimes peuvent être **plates** (AABB ou BBAA), **croisées** (ABAB ou BABA), **embrassées** (ABBA ou BAAB).

■ Un poème qui n'obéit pas aux règles classiques de mesure, de rythme et de rime est écrit en **vers libres**.

Exercices

★ **1.** Combien de syllabes contient chaque vers de cette fable. Comment s'appellent ces différents types de vers ?

La grenouille qui veut se faire aussi grosse que le bœuf

Une grenouille vit un bœuf
Qui lui sembla de belle taille.
Elle, qui n'était pas grosse en tout comme un œuf,
Envieuse, s'étend, et s'enfle, et se travaille,
Pour égaler l'animal en grosseur,
Disant : « Regardez bien, ma sœur ;
Est-ce assez ? dites-moi ; n'y suis-je point encore ?
Nenni. — M'y voici donc ? — Point du tout. — M'y voilà ?
— Vous n'en approchez point. » La chétive pécore
S'enfla si bien qu'elle creva.
Le monde est plein de gens qui ne sont pas plus sages :
Tout bourgeois veut bâtir comme les grands seigneurs,
Tout petit prince a des ambassadeurs,
Tout marquis veut avoir des pages.

La Fontaine, *Fables*, livre 1, 3.

★ **2.** Combien de syllabes contiennent les vers suivants ? Notez au passage les alexandrins, les décasyllabes et les octosyllabes.

Ex. :

1	2	3	4	5	6	7	8
Ve	ni	se	pour	le	bal	s'ha	bille

: 8 syllabes
→ octosyllabe.

1. Le soir ramène le silence. (Lamartine.)
2. J'allais dans la campagne avec le vent
   [d'orage. (J. Moréas.)
3. La tribu prophétique aux prunelles
   [ardentes
   Hier s'est mise en route emportant ses
   [petits.
   (Baudelaire.)
4. Démons et merveilles
   Vents et marées
   Au loin déjà la mer s'est retirée.
   (J. Prévert.)
5. Un loup n'avait que les os et la peau
   Tant les chiens faisaient bonne garde.
   (La Fontaine.)

★★ **3.** Recopiez les deux strophes suivantes. Séparez les syllabes par un trait vertical. Indiquez les liaisons et distinguez les *e* muets qui se prononcent de ceux qui ne se prononcent pas.

Ex. :

Pas|un|oi|seau|ne|pa|ss(e) en|foue|ttant|de|son|aile|
L'air|é|pais,|où|cir|cu|l(e) un|i|mmen|se|so|leil.|

Les éléphants

D'un point de l'horizon, comme des masses
[brunes,
Ils viennent, soulevant la poussière, et l'on
[voit,
Pour ne point dévier du chemin le plus
[droit,
Sous leur pied large et sûr crouler au loin
[les dunes.

Celui qui tient la tête est un vieux chef. Son
[corps
Est gercé comme un tronc que le temps
[ronge et mine ;
Sa tête est comme un roc, et l'arc de son
[échine
Se voûte puissamment à ses moindres
[efforts.

Leconte de Lisle, *Poèmes barbares.*

★★ **4.** Recopiez le poème suivant en mettant un accent d'intensité au-dessus des syllabes accentuées.

J'ai cueilli ce brin de bruyère
L'automne est morte souviens-t'en
Nous ne nous verrons plus sur terre
Odeur du temps brin de bruyère
Et souviens-toi que je t'attends.

G. Apollinaire.

★★ **5.** Dans les vers suivants, indiquez les pauses très brèves par un trait vertical, et les pauses plus marquées par deux traits.

Ex. : Le petit cheval | dans le mauvais temps, || qu'il avait donc | du courage.|| (P. Fort.)

Mes deux frères et moi, nous étions tout
[enfants.
Notre mère disait : Jouez, mais je défends
Qu'on marche dans les fleurs et qu'on
[monte aux échelles.

Abel était l'aîné, j'étais le plus petit.
Nous mangions notre pain de si bon appétit,
Que les femmes riaient quand nous
[passions près d'elles.

V. Hugo.

★ **6.** Rythmez, par exemple en vous aidant d'un tambourin, ces cinq vers de Raymond Queneau. Vous marquerez les accents d'intensité et respecterez les pauses. Vous direz en quoi le rythme du poème s'accorde au sujet traité.

Averse averse averse averse averse averse
pluie ô pluie ô pluie ô ! ô pluie ô pluie ô
[pluie !
gouttes d'eau gouttes d'eau gouttes d'eau
[gouttes d'eau
parapluie ô parapluie ô parapluie ô !
paragouttes d'eau paragouttes d'eau de
[pluie

R. Queneau.

★ **7.** Même exercice avec un poème de votre choix.

★★★ **8.** Trouvez une rime pauvre, une rime riche et une rime suffisante à chacun des mots suivants.

Murmure - automne - étoilé - diamant - belle - armée - ramage - climat.

★ **9.** Dites si les rimes suivantes sont féminines ou masculines.

1. Rang/charmant. — 2. Sort/corps. — 3. Lance/danse. — 4. Ombre/nombre. — 5. Cas/pas. — 6. Misère/colère. — 7. Accueille/feuille. — 8. Savait/rêvait. — 9. Rieuse/mystérieuse. — 10. Suivre/cuivre.

★★ **10.** Composez une strophe sur le printemps en utilisant les rimes suivantes : verdoyant - lumière - chant - légère.

★★ **11.** Composez une strophe sur l'été en utilisant les rimes suivantes : chaleur - vacances - danse - bonheur.

★★ **12.** Composez une strophe sur l'automne en utilisant les rimes suivantes : rousse - douce - champignons - marrons.

★★ **13.** Composez une strophe sur l'hiver en utilisant les rimes suivantes : vent - silence - blanc - immense.

★★ **14.** En feuilletant votre livre de textes ou un recueil de poèmes, relevez quelques vers dont la disposition des rimes est : a) AABB ; b) ABAB ; c) ABBA.

★★★ **15.** Reprenez le poème *Les Éléphants* de l'exercice 3.
1. Relevez les rimes et dites si elles sont :
a) masculines (M) ou féminines (F) ;
b) pauvres (P), suffisantes (S) ou riches (R).
2. Étudiez leur disposition.

★★★ **16.** Reprenez le poème *La grenouille qui veut se faire aussi grosse que le bœuf* de l'exercice 1 et appliquez les mêmes consignes que celles de l'exercice précédent.

★★★ **17.** Le texte suivant reproduit, en prose, un poème de trois strophes dont les vers ont été mis bout à bout. Retrouvez le poème original.

Et les palais antiques, et les graves portiques, et les blancs escaliers des chevaliers, et les ponts, et les rues, et les mornes statues, et le golfe mouvant qui tremble au vent, tout se tait, fors les gardes, aux longues hallebardes qui veillent aux créneaux des arsenaux.

D'après A. de Musset,
Contes d'Espagne et d'Italie.

36
Pourquoi apprendre le latin ?

Arc de Titus, forum romain.

Arc de triomphe de l'Étoile, Paris.

Le **latin** est la langue parlée par les **Romains** dont l'histoire s'étend du VIIIe siècle avant Jésus-Christ au Ve siècle après Jésus-Christ. Au cours de cette longue période, les Romains ont conquis un **immense empire** en Europe et autour du Bassin méditerranéen. Ils ont apporté leur langue et leur civilisation aux nations conquises et notamment à la **Gaule**.

Apprendre le latin permet donc de remonter aux sources du français, et d'apprendre ensuite plus facilement les autres **langues romanes**, c'est-à-dire issues du latin. C'est aussi faire connaissance avec une **civilisation antique**, différente de la nôtre mais à laquelle nous devons beaucoup. C'est enfin un entraînement à l'**attention** et à la **rigueur** car le latin a des structures grammaticales différentes des nôtres.

le latin, langue mère du français

1. C'est le **latin populaire**, introduit en Gaule et parlé par les soldats, les marchands romains, qui, en se déformant au cours des âges, a donné le français.

Le **vocabulaire français** est, pour 80 %, d'origine latine :

> *saeculum* a donné siècle
>
> *sperare* ⟶ espérer
>
> *clarum* ⟶ clair

Ce vocabulaire est tantôt de formation populaire, tantôt de formation savante. Par exemple, le nom *digitum* est devenu *doigt* par formation populaire et a servi de radical à *digital* par formation savante.

Parfois, un mot unique est devenu deux mots français différents :

$$\text{hospitalem} \left\{ \begin{array}{l} \text{hôtel} \\ \text{hôpital} \end{array} \right.$$

De nos jours encore, lorsqu'on a besoin d'un mot nouveau dans le domaine scientifique ou technique, on a souvent recours au latin :

ordinateur vient de : *ordinare,* mettre en ordre, classer.

nucléaire vient de : *nucleum,* noyau.

2. Connaître le latin permet ainsi de faire moins de fautes d'orthographe car on peut reconnaître dans un mot français compliqué un ou plusieurs mots latins familiers :

exhumer (= sortir de terre) vient de : *ex,* hors de, et de *humus,* la terre.

On peut aussi deviner le sens de certains mots, repérer les radicaux, grouper les mots de la même famille : on retrouve le sens de *belligérant* quand on connaît l'expression latine très courante *bellum gerere* (= faire la guerre) ; on peut alors rapprocher ce mot de *rebelle, belliqueux, belliciste.*

le latin et les langues romanes

Le latin dans d'autres pays européens a donné naissance à d'autres langues romanes : espagnol, portugais, italien, roumain. Il est beaucoup plus facile d'apprendre ces langues quand on connaît le latin car leur vocabulaire, leurs conjugaisons se ressemblent.

latin	français	espagnol	portugais	italien
sum	(je) suis	soy	sou	sono
est	(il) est	es	és	è
patrem	père	padre	pai	padre
bonum	bon	bueno	bom	buono
quattuor	quatre	cuatro	quatro	quattro

la civilisation latine

1. C'est une civilisation antique riche et passionnante à tous les égards :

— histoire (royauté suivie d'une république puis d'un empire) ;
— société (patriciens et plébéiens, maîtres et esclaves) ;
— politique (consuls, tribuns, sénat, etc.) ;
— religion (dieux multiples, rites sacrés) ;
— culture intellectuelle et artistique (philosophie, morale, droit) ;
— vie quotidienne (urbanisme, mesure du temps).

Apprendre le latin, c'est pouvoir comprendre les grands écrivains, César, Cicéron, Tite-Live, Virgile, qui nous racontent l'histoire de Rome et par lesquels nous connaissons cette civilisation directement.

2. Nous sommes les héritiers des Latins dans de nombreux domaines ; le **droit** français s'inspire du droit romain ; nos **monuments** sont souvent des copies des monuments romains : notre arc de triomphe de Paris est inspiré par les arcs du forum de Rome (voir photos) ; les **noms des mois** dans notre calendrier n'ont pas changé depuis les Romains, etc.

les structures grammaticales

Apprendre le latin, c'est enfin entraîner son esprit à l'analyse, à l'attention, à la rigueur.

1. Le latin est une langue à déclinaisons, c'est-à-dire que la fonction des mots dans la phrase n'est pas indiquée par leur place mais par leur terminaison variable. De plus le verbe est en général en dernière position.

> *Pater filium amat :* Un père aime son fils.
>
> *Patrem filius amat :* Un fils aime son père.

Pour traduire une phrase française en latin et inversement, il est indispensable d'analyser tous les mots : noms, adjectifs, verbes.

2. Le latin est une langue très concise qui n'exprime que les mots essentiels : il n'y a pas d'article devant les noms, ni de pronom personnel sujet devant les verbes.

> *pater :* un père, le père.
>
> *amat :* il aime, elle aime.

238

3. En plus des **genres masculin** et **féminin**, il existe un genre neutre.

> *bonus pater* : un bon père.
>
> *bona mater* : une bonne mère.
>
> *bonum vinum* : un bon vin.

prononciation du latin

La langue latine a été parlée par des millions d'hommes, pendant plus de dix siècles, dans des régions très étendues ; elle a donc évolué selon les époques et les lieux. Le latin que vous apprendrez est celui que l'on parlait à Rome aux Iᵉʳˢ siècles avant et après Jésus-Christ.

Le latin s'écrit avec l'alphabet que nous utilisons encore ; toutes les lettres se prononcent et toujours de la même façon.

A, B, C, D, E, F, G, H, I, J, K, L, M, N, O, P, Q, R, S, T, U, V, X, Y
      [k]   [e]   [g]   [j]   [s]   [u] [w] [y]

▶ *Lisez* **vivus** *(vivant),* **juvenis** *(homme jeune),* **cena** *(dîner),* **sagitta** *(la flèche),* **quattuor** *(quatre),* **amant** *(ils aiment).*

Exercices

★ **1.** Lisez les mots suivants.

Magister (le maître d'école) - discipulus (l'élève) - eques (le cavalier) - vulpes (le renard) - lectio (la lecture) - caecus (aveugle) - aurum (l'or) - aeger (malade) - deus (le dieu) - jacio (je jette) - asinus (âne) - semper (toujours) - populus (le peuple) - intellego (je comprends) - fessus (fatigué) - virtus (le courage).

★ **2.** Même exercice.

Jucundus (agréable) - quercus (le chêne) - ignosco (je pardonne) - ovis (le mouton) - templum (le temple) - schola (l'école) - quaerere (chercher) - quattuor (quatre) - vinco (je vaincs) - accepit (il accueillit).

★★ **3.** Lisez les proverbes ou dictons suivants.

1. Bis dat qui cito dat (Celui qui donne de suite, donne deux fois). — 2. Qualis pater, talis filius (Tel père, tel fils). — 3. Si vis pacem, para bellum (Si tu veux la paix, prépare la guerre). — 4. Aquila non captat muscas (L'aigle ne cherche pas à attraper les mouches). — 5. Pares cum paribus congregantur (Ceux qui se ressemblent, s'assemblent). — 6. Fabricando fit faber (C'est en forgeant qu'on devient forgeron). — 7. Verba volant, scripta manent (Les paroles s'envolent, les écrits restent). — 8. Vulnerant omnes, ultima necat (Toutes les heures blessent, la dernière tue : inscription sur un cadran solaire). — 9. Bonum vinum laetificat cor hominum (Le bon vin réjouit le cœur des hommes). — 10. Alea jacta est (Le dé a été jeté).

★ ★ 4. Entraînez-vous à lire le texte latin suivant : relevez toutes les formes que prend le nom propre Numitor ; dans la traduction française, quelle est la fonction du nom Numitor dans chacune des phrases où il apparaît ?

Les origines de Rome (d'après le *De Viris illustribus Urbis Romae*)

Proca, rex Albanorum, duos filios, Numitorem et Amulium habuit. Post regis mortem, Numitori regnum relictum erat. Amulius vero ipse regnare voluit : fratrem igitur e regno pepulit ac pro Numitore regnavit. Numitoris filiam, Rheam Silviam, Vestae sacerdotem fecit. Tamen ex illa duo filii, Romulus et Remus, nati sunt. Qua re vehementer commotus, Amulius ipsam Rheam Silviam in vincula conjecit ; miseros infantes, in alveo positos, in Tiberim super ripas effusum jaci jussit. Paulo post, fluminis aqua, minus alta, in ripa infantes reliquit.

Traduction

Proca, roi des Albains, avait deux fils, Numitor et Amulius. Après la mort du roi, le royaume avait été laissé à Numitor. Mais Amulius voulut régner lui-même : il chassa donc son frère du royaume et régna à la place de Numitor. Il fit de la fille de Numitor, Rhea Silvia, une prêtresse de Vesta. Cependant elle mit au monde deux fils, Romulus et Rémus. Vivement contrarié par ces naissances, Amulius fit jeter Rhea Silvia en prison ; il ordonna de jeter les malheureux enfants placés dans un baquet, dans le Tibre en crue. Peu de temps après les eaux du fleuve baissèrent et abandonnèrent les enfants sur la rive.

★ ★ 5. Lisez le texte latin suivant, puis sa traduction ; essayez de retrouver le sens des mots suivants: *lupa, pastor, quotidie, infantes.*

Les origines de Rome (suite)

Tradunt tum lupam alveum adiisse infantibusque ubera praebuisse. Ita Romulus et Remus salvi fuere, quod lupa quotidie ad eos veniebat. Paulo post, Faustulus, pastor regis, rem animadvertit et infantes, quos prope flumen invenerat, domum portavit et uxori dedit. Qui, inter pastores vitam agentes, vires suas in dies auxerunt. Tum Faustulus Romulo et Remo, jam adulescentibus, Amulii scelus aperuit. Romulus ira commotus Amulium regem interfecit regnumque avo suo Numitori reddidit.

Traduction

On raconte qu'une louve s'approcha alors du baquet, et offrit ses mammelles aux enfants. Ainsi Romulus et Rémus furent sauvés, parce que la louve venait à eux tous les jours. Peu après, Faustulus, berger du roi, remarqua ce manège, porta chez lui les deux enfants qu'il avait trouvés près du fleuve et les confia à son épouse. Et eux, vivant parmi les bergers, virent leurs forces s'accroître de jour en jour. Alors Faustulus dévoila à Romulus et Rémus qui étaient devenus des jeunes gens, le crime d'Amulius. Romulus, transporté de colère, tua le roi Amulius et rendit le royaume à son grand-père Numitor.

★ 6. Quels prénoms français ces mots latins ont-ils donnés ?

Silva (la forêt). — Regina (la reine). — Margarita (la perle). — Stella (l'étoile). — Leo (le lion). — Romanus (romain). — Maximus (le plus grand). — Octavus (le huitième). — Victor (le vainqueur). — Felix (heureux).

★ 7. Cherchez les mots français où l'on retrouve les mots latins suivants.

Ex. : *Piscis* (le poisson)
→ piscine, pisciculture.

Hortus (le jardin). — Aqua (l'eau). — Avis (l'oiseau). — Ager, agri (le champ). — Culpa (la faute). — Equus (le cheval). — Puer (l'enfant). — Verbum (la parole). — Frumentum (le blé). — Navis (le bateau).

★ 8. Même exercice.

Silva (la forêt). — Ambulare (se promener). — Domus (la maison). — Lapis, lapidis (la pierre). — Rectus (droit). — Oculi (les yeux). — Major (plus grand). — Minor (plus petit). — Hostis (l'ennemi). — Labor (le travail).

★ ★ 9. Cherchez dans un dictionnaire l'étymologie, c'est-à-dire l'origine latine, des mots suivants ; justifiez la particularité d'orthographe signalée par les italiques.

Lou*p* - fécon*d* - pai*x* - vin*gt* - *h*umble - sain*t* - sai*n* - com*p*ter - ad*h*érer - *sc*ience.

★ ★ **10.** Cherchez dans un dictionnaire l'étymologie des mots suivants ; quelle lettre latine disparue remplace l'accent circonflexe ?

Âtre - pâtre - château - vêtir - tempête - île - hôpital - côte - fût - goût.

★ **11.** Certains mots latins sont passés dans notre langue sous leur forme latine. Cherchez leur étymologie puis leur sens actuel.

Un album - un référendum - un lavabo - un alibi - le minimum - le maximum - un omnibus - un agenda - un aquarium - un terminus.

★ **12.** Même exercice.

Un critérium - un mémento - un postscriptum - le quorum - un rébus - un duplicata - le hic - un lapsus - un spécimen - idem.

★ ★ ★ **13.** Certaines expressions latines sont passées dans notre langue. Cherchez leur étymologie puis leur sens actuel.

Le nec plus ultra. — Nota bene. — Un quiproquo. — (Une condition) sine qua non. — Un alinéa. — Un a priori. — Ipso facto. — A fortiori.

★ ★ ★ **14.** La religion romaine : recherchez les attributions des principaux dieux. Jupiter, Junon, Vénus, Mars, Diane, Apollon, Minerve, Mercure, Cérès, Pluton, Vesta, Bacchus.

★ ★ **15.** La société romaine : maîtres et esclaves. *Maître* se dit *dominus, maîtresse domina ;* trouvez le plus de mots français issus de ces deux mots ; quelle est l'étymologie de *dimanche* ? *Esclave* se dit *servus* ; trouvez le plus de mots français issus de ce mot.

★ ★ **16.** La vie politique à Rome : définissez les mots suivants.

Les patriciens. — Les plébéiens. — Le forum. — Un consul. — Un tribun. — Le sénat.

★ **17.** La vie quotidienne à Rome : la mesure du temps.

L'année est divisée en douze mois dont voici les noms latins ; essayez de traduire :
Mars (consacré au dieu de la guerre) — Aprilis — Maius (consacré à Maia, mère de Mercure) — Junius (consacré à Junon) — Julius (consacré à Jules César) — Augustus (consacré à Auguste) — September (septem = sept) — October (octo = huit) — November (novem = neuf) — December (decem = dix) — Januarius (consacré au dieu Janus) — Februarius.
Jusqu'en 153 av. J.-C., l'année commençait le 1er mars ; à partir de ce renseignement, expliquez les noms des mois de septembre, octobre, novembre et décembre.

★ **18.** La vie quotidienne à Rome: la famille. Les membres de la famille portent les noms suivants. Trouvez des mots français issus de chacun de ces mots.

Pater (le père) - parentes (les parents) - mater (la mère) - filius (le fils) - filia (la fille) - frater (le frère) - soror (la sœur).

★ **19.** La vie quotidienne : les âges de la vie. Trouvez des mots français issus de chacun de ces noms (pensez aux adjectifs).

Infans (enfant ne parlant pas) → puer (enfant) → adulescens (jeune homme) → juvenis (homme jeune) → senex (homme âgé).

37
Initiation au latin (1)

la déclinaison latine

> ***Pater puerum*** *appellat. (1)*
> *Le **père** appelle l'**enfant**.*
> ***Puer patrem*** *appellat. (2)*
> *L'**enfant** appelle son **père**.*

▶ *Quelle est la fonction des noms* père *et* enfant *dans chacune des deux phrases françaises ?*

En français, c'est le plus souvent la **place** des mots qui nous renseigne sur leur fonction.

▶ *Comparez les formes des noms latins qui se correspondent dans la première et la deuxième phrase :* pater - patrem ; puerum - puer. *Que remarquez-vous ?*

En latin, un mot change de **terminaison** ou désinence selon sa fonction dans la phrase. La place des mots est, de ce fait, beaucoup plus souple qu'en français.
Si on avait voulu mettre en relief le COD dans la phrase (2), on aurait pu dire, en commençant par le COD :

> *Patrem puer appellat.*
> C'est son père que l'enfant appelle.

On constate, d'après les exemples ci-dessus, que l'article n'existe pas en latin (*puer* = l'enfant, ou un enfant) et qu'on ne traduit pas l'adjectif possessif lorsqu'il n'y a pas de doute sur le possesseur (*patrem appellat* = il appelle son père).
La désinence varie selon la fonction, le nombre et souvent le genre du mot.
Les variations de la désinence d'un nom portent le nom de déclinaison. Chaque déclinaison est constituée de six cas correspondant chacun à une ou plusieurs **fonctions**. Chacun de ces cas porte un nom.

Cas	Fonctions correspondant le plus souvent à chaque cas
Nominatif (Nom.)	Sujet, attribut du sujet *Puella laeta est.* **La jeune fille** est **joyeuse.**
Vocatif (Voc.)	Nom mis en apostrophe. Désigne l'être ou l'objet à qui on s'adresse. *Puella, laeta es.* **Jeune fille,** sois joyeuse.
Accusatif (Acc.)	COD, attribut du COD... *Puellam appello.* J'appelle **la jeune fille.**
Génitif (Gén.)	Complément de nom. *Puellae pater.* Le père **de la jeune fille.**
Datif (Dat.)	COI, COS, c. d'attribution. *Puellae rosam do.* Je donne une rose **à la jeune fille.**
Ablatif (Abl.)	C. circ. (moyen, manière, cause, etc.) *Cum puella ambulo.* Je me promène **avec la jeune fille.**

Il existe en latin **cinq types de déclinaisons** et chaque déclinaison existe au singulier et au pluriel.

la première déclinaison

La majorité des noms appartenant à la **première déclinaison** sont des noms de genre **féminin**.

Cas	Singulier	Pluriel
Nominatif	*silva*, la forêt	*silvae*, les forêts
Vocatif	*silva*	*silvae*
Accusatif	*silvam*	*silvas*
Génitif	*silvae*	*silvarum*
Datif	*silvae*	*silvis*
Ablatif	*silva*	*silvis*

▶ *Cherchez plusieurs phrases, en français, où le mot* forêt *pourra être traduit par le mot latin* silva, *à différents cas, au singulier ou au pluriel.*

Noms féminins

amicitia, l'amitié	**patria**, la patrie
ancilla, la servante	**pecunia**, l'argent
audacia, l'audace	**procella**, la tempête, l'ouragan
aqua, l'eau	**prudentia**, la prudence, la sagesse
capra, la chèvre	**puella**, la jeune fille
cena, le dîner	**pugna**, la bataille
dea, la déesse	**regina**, la reine
domina, la maîtresse de maison	**rosa**, la rose
epistula, la lettre, la missive	**sagitta**, la flèche
fabula, la légende	**schola**, l'école
fera, la bête sauvage	**stella**, l'étoile
filia, la fille (de ses parents)	**taberna**, la boutique
flamma, la flamme	**terra**, la terre
gloria, la gloire	**via**, la route
insula, l'île	**victoria**, la victoire
janua, la porte	**villa**, la ferme
lingua, la langue	**vita**, la vie
lorica, la cuirasse	**Graecia**, la Grèce
luna, la lune	**Italia**, l'Italie
lupa, la louve	**Roma**, Rome

Mots invariables

et, et	**non**, ne ... pas
nam, car, en effet	**sed**, mais

le verbe esse (être)

1. Conjugaison du verbe *esse*. Ce verbe est aussi irrégulier en latin qu'en français.

Présent de l'indicatif	
sum,	je suis
es,	tu es
est,	il est
sumus,	nous sommes
estis,	vous êtes
sunt,	ils sont

Le pronom personnel sujet ne se traduit pas en latin.

▶ *Quelles sont les formes communes au latin et au français ?*
▶ *Le verbe* esse *ne présente-t-il qu'une seule forme de radical, au présent de l'indicatif ?*

2. Deux emplois du verbe *esse*.

a) **Accompagné d'un attribut du sujet**

> Lupa   **fera**   est.
>   ↓   ↓
> sujet   attribut

> Une louve est une bête sauvage.

L'attribut du sujet précède généralement le verbe *esse*. Il est au nominatif comme le sujet auquel il se rapporte.

b) **Equivalent de *il y a***

> Sunt stellae.
>   ↓
>   nominatif pluriel

> Il y a des étoiles.

> Sunt rosae in villa.
> Il y a des roses dans la ferme.

> Mot à mot : Des roses sont dans la ferme.

Exercices

★ **1. Relevez les mots ou groupes de mots en italique. Indiquez leur fonction puis le cas et le nombre auxquels ils devront être mis en latin.**

Ex. : La fondation légendaire *de Rome.*
  → de Rome : c. de nom. Génitif singulier.

La fondation légendaire de Rome (1)

Romulus et Rémus décident de fonder *une ville* sur le Palatin, là où *la louve*, jadis, *les* avait allaités. Pour savoir qui serait *le roi* de cette cité, ils décident de prendre les auspices : cela consistait à observer le vol *des oiseaux* et à en tirer les présages. *Les dieux* favorisèrent Romulus *par le vol simultané* de douze vautours. Le royaume fut donc attribué *à Romulus.*

★ **2. Même exercice.**

La fondation légendaire de Rome (2)

Aussitôt, Romulus fixe les limites *de la nouvelle cité* en traçant un sillon *à l'aide d'une charrue.* Ce sillon serait *l'emplacement* des futurs remparts *de Rome. Rémus* est déçu et vexé parce qu'il n'a pas été désigné *roi* par les dieux. Il se moque de son frère et franchit *d'un bond* le rempart symbolique en s'écriant : « Vois, *Romulus*, n'importe qui pourra pénétrer dans cette ville. » Furieux, *Romulus* se jette sur lui et *le* tue.

★ **3. Même exercice.**

L'enlèvement des Sabines (1)

Afin de peupler sa ville, *Romulus* en fit une terre d'asile où affluèrent, des contrées voisines, *des hommes* sans foyer et *des esclaves.* Cependant ces hommes n'avaient pas *d'épouse*, et, sans femmes ni enfants, *Rome* ne pouvait devenir *une vraie ville.* Romulus, donc, envoya *aux peuples voisins* des ambassadeurs pour demander *des jeunes filles* à marier. Ils furent malheureusement accueillis *avec moquerie* ou *colère.* Les habitants *de Rome* décidèrent alors d'employer la violence.

245

★ **4. Même exercice.**

L'enlèvement des Sabines (2)

Romulus organisa à Rome *des jeux solennels* et invita les peuples voisins. *Les Sabins* vinrent *nombreux* avec leurs femmes et leurs enfants. Les Romains *leur* offrirent *leurs maisons* pendant la durée des jeux. A un moment donné, alors que l'attention *des Sabins* était totalement dirigée vers le spectacle, *en raison de la beauté* de celui-ci, *les Romains* se précipitèrent sur les jeunes filles et *les* enlevèrent.

★ **5. Traduisez en latin et déclinez au singulier et au pluriel, en indiquant chaque cas :**

La chèvre et la louve.
La servante et la maîtresse.

★ **6. Même exercice.**

La bataille et la victoire.
La ferme et l'école.

★ **7. Traduisez en latin les mots en italique. Respectez leur cas et leur nombre.**

1. *La servante* ouvrit *la porte de la ferme.* — 2. *La jeune fille* regarde *la lune et les étoiles* qui éclairent *la terre.* — 3. *La maîtresse* offre des bouquets *de roses à la déesse.* — 4. *[Grâce à leur] cuirasse, les flèches* ne les ont pas blessés. — 5. Ils sont félicités *[pour leur] sagesse.*

★ **8. Même exercice.**

1. *Les jeunes filles* envoient *une lettre [à] la reine.* — 2. *L'eau et les flammes* ont abîmé *les boutiques.* — 3. *Les légendes* racontent *la vie* des héros qui ont sauvé *[leur] patrie [grâce à leur] audace.* — 4. *Les servantes [de] la ferme* passent beaucoup de temps à la préparation *des dîners.* — 5. *Ô reine,* tu agis *[avec] sagesse.*

★ **9. Traduisez les mots en italique par les mots latins suivants. Indiquez la fonction, le cas et le nombre de ceux-ci :** *Graecia, insulam, vitae, sagittae, amicitia, procellae, feram, fabulas, lingua.*

1. *Les flèches* ont blessé *la bête sauvage.* — 2. *La Grèce* est un pays où l'on raconte de nombreuses *légendes.* — 3. La violence *de la tempête* a empêché les navigateurs d'atteindre *l'île.* — 4. La *langue* latine est moins difficile qu'on ne pense. — 5. Leur *amitié* leur a permis d'affronter les difficultés *de la vie.*

★ **10. Même exercice en utilisant les mots suivants :** *puellas, flammam, stellarum, deae, lunae, terram, scholae, rosarum, epistulam, janua, dominae, filia.*

1. La lumière *de la lune et des étoiles* éclaire *la terre.* — 2. Les épines *des roses* ont piqué *les jeunes filles.* — 3. Ma *fille,* tu porteras cette *lettre à la maîtresse.* — 4. *La porte de l'école* est fermée car ce sont les vacances. — 5. Les vestales entretenaient *une flamme* dans le temple *de la déesse.*

★★ **11.** Que peut être le mot *ferae* (quatre réponses) ? Trouvez quatre phrases en français correspondant à chacun de ces emplois.

★ **12.** Les noms latins suivants ont donné des mots français. Retrouvez ceux-ci à l'aide du dictionnaire et copiez la définition de ceux que vous ne connaissiez pas.

Ancilla - aqua - epistula - fabula - insula - lingua - pecunia - sagitta - stella.

★ **13.** En utilisant les verbes suivants employés à la troisième personne du singulier, traduisez les phrases ci-dessous.

Appellat = appelle — spectat = regarde — amat = aime — dat = donne — timet = craint.

1. Domina puellam appellat. — 2. Puella dominam appellat. — 3. Regina rosas amat. — 4. Ancilla lunam et stellas spectat. — 5. Puella patriae fabulas amat. — 6. Dominae filia non feras timet. — 7. Domina villae januam spectat. — 8. Puella rosam dominae dat.

★★ **14. Emplois du verbe** *esse.* Traduisez les phrases suivantes.

1. Silvas *timetis* (vous craignez) nam sunt ferae. — 2. Lupa fera est sed capra non fera est. — 3. Italiam *non amatis* (vous n'aimez pas), nam sunt pugnae. — 4. Italia non insula est. — 5. Ancillae puellae sunt.

246

38

Initiation au latin (2)

la deuxième déclinaison

1. Noms masculins

La plupart des noms appartenant à la **deuxième déclinaison** et dont le nominatif se termine par **-us** sont de genre **masculin**.

Cas	Singulier	Pluriel
Nominatif	*hortus*, le jardin	*horti*, les jardins
Vocatif	*horte*	*horti*
Accusatif	*hortum*	*hortos*
Génitif	*horti*	*hortorum*
Datif	*horto*	*hortis*
Ablatif	*horto*	*hortis*

2. Noms neutres

Tous les noms de la **deuxième déclinaison** dont le nominatif se termine par
-um sont de genre **neutre**.

Cas	Singulier	Pluriel
Nominatif	*verbum*, le mot	*verba*, les mots
Vocatif	*verbum*	*verba*
Accusatif	*verbum*	*verba*
Génitif	*verbi*	*verborum*
Datif	*verbo*	*verbis*
Ablatif	*verbo*	*verbis*

Vocabulaire

Noms masculins

amicus, l'ami
avus, le grand-père
deus, le dieu
dominus, le maître de maison
equus, le cheval
filius, le fils

lupus, le loup
medicus, le médecin
murus, le mur
oculus, l'œil
rivus, le ruisseau
servus, l'esclave

Noms neutres

bellum, la guerre
convivium, le repas
monumentum, le monument

periculum, le danger
saxum, le rocher, la pierre
templum, le temple

l'adjectif qualificatif

L'**adjectif qualificatif** s'accorde en **genre**, en **nombre** et en **cas** avec le **nom**
auquel il se rapporte.

L'adjectif épithète **précède** généralement le nom qu'il qualifie ; l'adjectif
attribut est le plus souvent placé **avant** le verbe *esse*.

> *Novum* murum video.

> Je vois le **nouveau** mur.

> *Novus* murus *altus* est.

> Le **nouveau** mur est **haut**.

▶ *Justifiez la terminaison et la place des adjectifs des deux phrases ci-dessus.*
▶ *Mettez ces phrases au pluriel.*

Vocabulaire

Adjectifs qualificatifs

masculin	féminin	neutre	traduction
altus	alta	altum	haut
antiquus	antiqua	antiquum	ancien
bonus	bona	bonum	bon
clarus	clara	clarum	célèbre
egregius	egregia	egregium	remarquable
jucundus	jucunda	jucundum	agréable
laetus	laeta	laetum	joyeux
latus	lata	latum	large
magnus	magna	magnum	grand
maximus	maxima	maximum	très grand
novus	nova	novum	nouveau
placidus	placida	placidum	paisible

Adverbes

saepe, souvent **semper**, toujours

le présent de l'indicatif

Outre le verbe *esse (être)*, la conjugaison latine comporte quatre types de conjugaisons. Nous nous en tiendrons cette année à l'étude du présent de l'indicatif des deux premières conjugaisons.

Comme les verbes français, les verbes latins sont composés d'un **radical** et d'une **désinence**. Pour obtenir le radical d'un verbe, on retranche la désinence **-re** de l'infinitif.

Le verbe se trouve habituellement en fin de phrase.

Première conjugaison		Deuxième conjugaison	
amare, aimer radical : **ama-**		**videre**, voir radical : **vide-**	
amo	(plus ancien : amao), j'aime	video,	je vois
amas,	tu aimes	vides,	tu vois
amat,	il aime	videt,	il voit
amamus,	nous aimons	videmus,	nous voyons
amatis,	vous aimez	videtis,	vous voyez
amant,	ils aiment	vident,	ils voient

La **première conjugaison** est caractérisée par la présence de la voyelle **-a-** à la fin du radical, la **deuxième conjugaison** par celle de la voyelle **-e-**.

▶ *Quelles sont les désinences du présent de l'indicatif ?*

Vocabulaire

Première conjugaison

aedifico, je construis
appello, j'appelle
ceno, je dîne
clamo, je crie
cogito, je pense, je réfléchis
curo, je soigne
do, je donne

erro, je me trompe
laudo, je félicite, je loue
paro, je prépare
propero, je me hâte
rogo, je demande
spero, j'espère
vitupero, je blâme

Deuxième conjugaison

debeo, je dois
deleo, je détruis
gaudeo, je me réjouis
jubeo, j'ordonne
pareo, j'obéis

respondeo, je réponds
rideo, je ris
taceo, je me tais
teneo, je tiens
timeo, je crains

▶ *Mettez chacun des verbes précédents à l'infinitif, puis trouvez son radical.*

Exercices

★ **1.** **Traduisez et déclinez au singulier et au pluriel :** la chèvre et le loup.

★ **2.** **Traduisez et déclinez au singulier et au pluriel :** le ruisseau et le rocher.

★ **3.** **Traduisez et déclinez au singulier et au pluriel :** l'esclave et la maîtresse.

★ **4.** **Traduisez et déclinez au singulier et au pluriel :** a) Bonus avus ; b) Clarum templum.

★ **5.** **Traduisez et déclinez au singulier et au pluriel :** le grand mur et la large porte.

★★ **6.** **Analysez les formes suivantes. Le chiffre entre parenthèses correspond au nombre de réponses à donner.**

Ex. : *rivis* (2)
→ datif ou ablatif pluriel de *rivus* (ruisseau).

Filia (3) - filio (2) - bellum (3) - parva (6) - medici (3) - amicitiae (3) - egregii (4) - novo (4).

★ **7.** **Traduisez et conjuguez.**

Je réfléchis et je me tais.
J'espère et je crains.

★ **8.** **Traduisez en français les formes verbales suivantes.**

Curamus - rogas - jubet - estis - sperant - timemus - deles - cogitatis - es - parant.

★ **9.** **Même exercice.**

Respondet - dant - properatis - sumus - aedificas - debes - sperat - laudare - cenamus - rogatis - parent.

★ **10.** **Même exercice.**

Pares - vituperant - amat - esse - tenemus - respondetis - dare - clamas - ridemus - appellant.

★ **11.** **Traduisez en latin les formes verbales suivantes.**

Il donne - tu te tais - je suis - obéir - nous construisons - elles doivent - vous voyez - tu dînes - se tromper - il crie.

★ 12. Même exercice.

Nous réfléchissons - tu te réjouis - elles sont - vous blâmez - se hâter - nous appelons - vous riez - tu ordonnes - il soigne - ils tiennent

★ 13. Traduisez en latin les formes suivantes, puis mettez-les à la personne correspondante du pluriel.

Tu dois - je me trompe - tu félicites - il donne - je suis - tu ris - il est.

★★ 14. Recopiez les phrases suivantes. Soulignez en rouge les noms au nominatif, en bleu les noms à l'accusatif. Traduisez en français.

1. Dominus equos amat. — 2. Servi parent et tacent. — 3. Stellas puellae vident. — 4. Regina rosam tenet. — 5. Flammae magnum templum delent.

★★ 15. Recopiez les phrases suivantes. Soulignez en rouge les noms au nominatif, en bleu les noms à l'accusatif, en vert les noms au génitif. Un nom au génitif précède généralement le nom dont il est complément. Traduisez en français.

1. Domini filius gaudet. — 2. Reginae ancillae properant. — 3. Belli pericula timetis. — 4. Puellarum vita placida est. — 5. Sagittas silvarum ferae timent.

★★ 16. Traduisez les phrases suivantes. Attention, chacune d'elles contient un COS au datif.

1. Epistulam medico do. — 2. Puellae reginae epistulas dant. — 3. Ancillae convivium domino et dominae parant. — 4. Reginae filia pecuniam ancillis dat. — 5. Equis aquam das.

★★ 17. Traduisez les phrases suivantes. Attention, chacune d'elles contient un complément circonstanciel à l'ablatif.

1. Dominus filium prudentia laudat. — 2. Flammis avus epistulas delet. — 3. Medicus dominum amicitia curat. — 4. Non sagittis silvae feras deletis.

★★ 18. Traduisez puis mettez au pluriel les phrases suivantes.

1. Hortus maximus est. — 2. Servus domino paret. — 3. Cena bona est. —
4. Templum egregium est. — 5. Villae janua lata est. — 6. Antiqua fabula jucunda est.

★★ 19. Analysez chaque mot, puis traduisez les phrases en latin.

1. Ami, je [te] félicite. — 2. Les flammes détruisent le grand temple. — 3. [Mon] grand-père est toujours joyeux. — 4. Le médecin donne un cheval au fils de [son] ami.

★★ 20. Traduisez en français.

1. Rivi aquam amamus : jucunda est. — 2. Antiquae Graeciae dei et deae clari sunt. — 3. Servi murum saxis aedificant. — 4. O dea, bona es. — 5. Domini oculos medicus curat.

★★ 21. Traduisez en latin.

1. Nous n'aimons pas les guerres et nous [les] craignons. — 2. Le temple est petit mais il est célèbre. — 3. La maîtresse félicite souvent les servantes et les esclaves. — 4. Le fils et la fille du médecin aiment [leur] grand-père. — 5. Vous vous taisez et vous ne riez pas car les dangers sont grands.

★★ 22. Traduisez en français.

1. Amicorum vita non jucunda est. — 2. Magna templa deis aedificant. — 3. Dominus filium laetis verbis appellat. — 4. Templorum muri alti saepe sunt. — 5. Sunt clara monumenta in (en) Italia.

★ 23. En vous aidant, si besoin est, du dictionnaire, trouvez des mots français formés à partir des noms latins suivants. Copiez la définition de ceux que vous ne connaissez pas.

Equus - hortus - oculus - aratrum - bellum - convivium - periculum.

★ 24. En vous aidant, si besoin est, du dictionnaire, trouvez des mots français formés à partir des verbes latins suivants. Copiez la définition de ceux que vous ne connaissiez pas.

Clamo - curo - erro - laudo - rogo - taceo - timeo - vitupero.

39
Initiation au grec

Acropole d'Athènes.

pourquoi apprendre le grec ?

Apprendre le grec, c'est acquérir une formation intellectuelle, donner à son esprit souplesse et finesse, s'imprégner d'une culture qui est à l'origine de notre civilisation. En effet, la mythologie et les sujets traités par les auteurs grecs ont été une source d'inspiration pour les écrivains et créateurs classiques et modernes. Quant à la pensée grecque, elle a fortement influencé notre philosophie.

Enfin, la connaissance de la langue grecque est un atout important lorsqu'on se lance dans des études scientifiques, en particulier médecine, pharmacie et biologie, car les termes techniques propres à ces domaines proviennent, pour la plupart, de radicaux grecs.

> Ex. : *Poliomyélite :* de ***polio,*** *gris* et de ***muelos,*** *moelle* → maladie de la moelle grise.
>
> *Isocèle :* de ***isos,*** *égal* et de ***scelos,*** *jambe* → qui a deux côtés égaux *(triangle isocèle).*

l'alphabet grec

L'**alphabet grec** se compose de **24 lettres**.

Lettre minuscule	Lettre majuscule	Nom	Prononciation	Transcription en français
α	A	alpha	[a] long ou bref	a
β, ϐ (1)	B	bêta	[b]	b
γ	Γ	gamma	[g]	g
δ	Δ	delta	[d]	d
ε	E	epsilon	[e] bref	é
ζ	Z	dzêta	[dz]	dz
η	H	êta	[ɛ] long	è, ê
θ	Θ	thêta	[t] accompagné d'une aspiration	th
ι (2)	I	iota	[i] long ou bref	i
κ	K	kappa	[k]	k
λ	Λ	lambda	[l]	l
μ	M	mu	[m]	m
ν	N	nu	[n]	n
ξ	Ξ	xi	[ks]	x
o	O	omicron	[o] bref	o
π	Π	pi	[p]	p
ρ	P	rhô	[ʀ]	r
σ, ς (3)	Σ	sigma	[s]	s
τ	T	tau	[t]	t
υ (4)	Υ	upsilon	[y] long ou bref	u
φ	Φ	phi	[f]	ph
χ	X	khi	[k] accompagné d'une aspiration	ch
ψ	Ψ	psi	[ps]	ps
ω	Ω	oméga	[ɔ]	ô

(1) β au commencement d'un mot ; ϐ ailleurs.

(2) On trouve parfois un *iota souscrit* au-dessous des voyelles longues. Il ne se prononce pas : ᾳ, ῃ, ῳ

(3) ς à la fin d'un mot ; σ ailleurs.

(4) Dans les mots français issus du grec, le y correspond au υ : φύσις (nature) → physique.

1. La prononciation du grec

Toutes les lettres se prononcent. Cependant les diphtongues αυ, ευ, ου se prononcent comme en français [o], [φ], [u]. Les diphtongues αι, ει, οι se prononcent [aj], [εj], [ɔj].

2. Les esprits

Tous les mots commençant par une **voyelle**, une **diphtongue** ou un ρ portent un signe appelé **esprit**. L'esprit peut être **doux** (') ou **rude** ('). L'esprit rude indique que les lettres ou diphtongues initiales qu'il surmonte sont accompagnées d'une **aspiration**.
L'esprit rude équivaut en français à un **h**.

ἵππος → radical *hippo-*.

3. Les accents

La plupart des mots grecs portent un **accent aigu** ('), **grave** (`) ou **circonflexe** (ˆ) qui marque une **élévation musicale** de la voix sur la syllabe accentuée. Il n'existe donc pas de correspondance entre les accents grecs et les accents français.

λόγος – καὶ – τιμῶ
parole - et - j'honore

du grec au français

1. Les préfixes

De nombreux préfixes français sont d'origine grecque.

ἐπί	(sur, après)	*épithète*
ἡμί	(à demi)	*hémisphère*
παρά	(à côté)	*paramédical*
περί	(autour de)	*périphérique*
τῆλε	(loin)	*téléphone*

▶ *Justifiez l'emploi du préfixe dans les mots français ci-dessus. Connaissez-vous d'autres mots français formés avec ces préfixes ?*

2. Les radicaux

Il existe un très grand nombre de mots grecs ayant donné des radicaux français. En voici quelques-uns.

ἀριθμός	(nombre)	*arithmétique*
καρδιά	(cœur)	*cardiaque*
δύναμις	(force)	*dynamique*
μετέωρος	(haut, élevé)	*météorite*
στερεός	(solide, en relief)	*stéréophonie*
τέχνη	(métier, art)	*technique*
σφαῖρα	(balle)	*sphère*

▶ *Connaissez-vous d'autres mots français formés à partir de ces mots grecs ?*

Exercices

★ **1.** Transcrivez en lettres grecques minuscules les mots suivants. Ne mettez pas d'accents mais n'oubliez pas les esprits.

dipsa (soif)
ideïn (voir)
thalassa (mer)
phageïn (manger)
hupnos (sommeil)

pur (feu)
dunamaï (pouvoir)
astu (ville)
skia (ombre)
xiphos (épée)

★ **2.** Même exercice.

eurus (large)
brachus (court)
païs (enfant)
mêtêr (mère)
pélékus (hache)

penté (cinq)
hôra (heure)
hudôr (eau)
euthus (droit)
xénos (étranger)

★ **3.** Transcrivez en lettres grecques majuscules les mots de l'exercice n° 1.

★ **4.** Transcrivez en lettres grecques majuscules les mots de l'exercice n° 2.

★★ **5.** Lisez à voix haute les mots suivants.

Politique
πόλις (cité)
στρατηγός (chef d'armée, stratège)
δῆμος (peuple)
ἄριστος (le meilleur)
κράτος (puissance, pouvoir)
δημοκρατία (démocratie)

ἀριστοκρατία (aristocratie)
μόνος (seul)
ὀλίγος (peu nombreux)
ἀρχή (commandement)
μοναρχία (monarchie)
ὀλιγαρχία (oligarchie)
δεσπότης (maître, despote)
τύραννος (maître, roi, tyran)

★★ **6.** Même exercice.

Sport
ἀθλητής (athlète)
Ὀλυμπιάς, génitif Ὀλυμπιάδος (fête Olympique, Olympiade)
δίσκος (disque)
ἁλτῆρες (haltères)
πέντε (cinq)
δέκα (dix)
ἆθλος (combat dans les jeux, concours)
πένταθλον (pentathlon)

★★ **7.** Même exercice.

Théâtre
θέατρον (théâtre)
σκηνή (tente, abri pour les acteurs, scène)
ὀρχήστρα (partie du théâtre réservée au chœur)
χορός (chœur)
πρόλογος (prologue, partie de la pièce qui précède l'entrée du chœur)
τραγῳδία (tragédie)
κωμῳδία (comédie)
ὑποκριτής (acteur)

★★ 8. Lisez les mots grecs suivants et trouvez les prénoms français qui en sont issus.

φιλῶ (j'aime), ἵππος (cheval)
στέφανος (couronne)
ἀνήρ , génitif ἀνδρός (homme)
σοφία (sagesse)
ἀγαθή (bonne)
εὐγενής (noble)
καθαρά (pure)
βασιλεύς (roi)
σεβαστός (vénéré, vénérable)
μέλαινα (noire)
ἄγγελος (messager, ange)
θεός (dieu), φιλῶ (j'aime)
ἀγνή (pure)

★ 9. Voici des noms de dieux et de déesses grecs. Lisez-les, traduisez-les et cherchez dans un dictionnaire leur équivalent dans la langue latine.

Ex. : Ζεύς : *Zeus, Jupiter.*

Ἄρτεμις	Ποσειδῶν
Διόνυσος	Ἡρακλῆς
Ἑρμῆς	Ἀφροδίτη
Ἀθηνᾶ	Ἥρα

★ 10. Écrivez en majuscules les noms de l'exercice précédent.

★★★ 11. De nombreux mots français sont composés de deux radicaux grecs. Trouvez-en quelques-uns en associant chaque mot d'une des deux séries suivantes à un ou plusieurs mots de l'autre série.
Ex. : *gastéropode.*

γαστήρ (estomac)
ἄνθρωπος (homme)
φωνή (son)
φῶς, génitif φωτός (lumière)
ἵππος (cheval)
μῦθος (fable)
λίθος (pierre)
ψυχή (âme, esprit)
ὄρνις, génitif ὄρνιθος (oiseau)
δάκτυλος (doigt)
δῆμος (peuple, pays)
βίος (vie)
θεός (dieu)
χρόνος (temps)
σοφία (sagesse)
θερμός (chaud)

★ 12. Lisez les mots grecs suivants et trouvez les radicaux ou mots français qui en sont issus.
N'oubliez pas que le υ a donné y.

φάρμακον — κύκλος — κίνημα — βιβλίον — θώραξ — πατήρ — κρύπτω — ὀφθαλμός — κόσμος.

★ 13. Μικρός **signifie** *petit* (ὀ μικρόν **: *petit o*) et** μέγας **signifie** *grand* (ῶ μέγα **: *grand o*). Trouvez le plus possible de mots français formés avec *micro*- et *méga*-.**

★★★ 14. Μόνος **signifie** *seul* **et** πολύς **signifie** *nombreux.*
a) Quels radicaux issus des mots grecs de l'exercice n° 11 pouvez-vous associer à *mono*- et *poly*- pour former des mots français? Donnez leur signification.
b) Trouvez d'autres mots français formés avec *mono*- et *poly*-.

★★ 15. Associez à chacun des noms de médecins spécialistes du groupe ⓐ deux ou plusieurs noms grecs du groupe ⓑ. Indiquez de quelle spécialité il s'agit.

ⓐ cardiologue - pneumologue - psychiatre - ophtalmologiste - gynécologue - phlébologue - gastro-entérologue - dermatologue - neurologue - pédiatre - oto-rhino-laryngologiste.

ⓑ ἰατρός (médecin), λόγος (science), νεῦρον (nerf), δέρμα , génitif δέρματος (peau), ὀφθαλμός (œil), καρδία (cœur), πνεύμων (poumon), οὖς, génitif ὠτός (oreille), γαστήρ, génitif γαστρός (estomac), παῖς, génitif παιδός (enfant), γυνή, génitif γυναικός (femme), ῥινός (nez), ψυχή (âme, esprit), λάρυγξ (larynx, gorge), ἔντερον (intestins), φλέψ, génitif φλεβός (veine).

πούς , génitif ποδός (pied)
κακός (mauvais)
γράφω (j'écris)
φίλος (ami)
μέτρον (mesure)
ποταμός (fleuve)
μῖσος (haine)
λόγος (parole, science)
δρόμος (course)

Tableaux des conjugaisons

AVOIR

INDICATIF			
Présent	**Passé composé**	**Futur simple**	**Futur antérieur**
j' ai	j' ai eu	j' aurai	j' aurai eu
tu as	tu as eu	tu auras	tu auras eu
il a	il a eu	il aura	il aura eu
nous avons	nous avons eu	nous aurons	nous aurons eu
vous avez	vous avez eu	vous aurez	vous aurez eu
ils ont	ils ont eu	ils auront	ils auront eu

Imparfait	**Plus-que-parfait**	**Conditionnel présent** ou **futur dans le passé**	**Conditionnel passé** ou **futur antérieur dans le passé**
j' avais	j' avais eu		
tu avais	tu avais eu		
il avait	il avait eu	j' aurais	j' aurais eu
nous avions	nous avions eu	tu aurais	tu aurais eu
vous aviez	vous aviez eu	il aurait	il aurait eu
ils avaient	ils avaient eu	nous aurions	nous aurions eu
		vous auriez	vous auriez eu
		ils auraient	ils auraient eu

Passé simple	**Passé antérieur**
j' eus	j' eus eu
tu eus	tu eus eu
il eut	il eut eu
nous eûmes	nous eûmes eu
vous eûtes	vous eûtes eu
ils eurent	ils eurent eu

IMPÉRATIF
Présent
aie
ayons
ayez

SUBJONCTIF	
Présent	**Passé**
que j' aie	que j' aie eu
que tu aies	que tu aies eu
qu'il ait	qu'il ait eu
que nous ayons	que nous ayons eu
que vous ayez	que vous ayez eu
qu'ils aient	qu'ils aient eu

INFINITIF	
Présent	**Passé**
avoir	avoir eu

Imparfait	**Plus-que-parfait**
que j' eusse	que j' eusse eu
que tu eusses	que tu eusses eu
qu'il eût	qu'il eût eu
que nous eussions	que nous eussions eu
que vous eussiez	que vous eussiez eu
qu'ils eussent	qu'ils eussent eu

PARTICIPE	
Présent	**Passé**
ayant	ayant eu

GÉRONDIF
en ayant

257

ÊTRE

INDICATIF			
Présent	**Passé composé**	**Futur simple**	**Futur antérieur**
je suis	j' ai été	je serai	j' aurai été
tu es	tu as été	tu seras	tu auras été
il est	il a été	il sera	il aura été
nous sommes	nous avons été	nous serons	nous aurons été
vous êtes	vous avez été	vous serez	vous aurez été
ils sont	ils ont été	ils seront	ils auront été

		Conditionnel	Conditionnel
Imparfait	**Plus-que-parfait**	**Conditionnel présent** ou **futur dans le passé**	**Conditionnel passé** ou **futur antérieur dans le passé**
j' étais	j' avais été		
tu étais	tu avais été	je serais	j' aurais été
il était	il avait été	tu serais	tu aurais été
nous étions	nous avions été	il serait	il aurait été
vous étiez	vous aviez été	nous serions	nous aurions été
ils étaient	ils avaient été	vous seriez	vous auriez été
		ils seraient	ils auraient été

Passé simple	**Passé antérieur**
je fus	j' eus été
tu fus	tu eus été
il fut	il eut été
nous fûmes	nous eûmes été
vous fûtes	vous eûtes été
ils furent	ils eurent été

IMPÉRATIF

Présent

sois
soyons
soyez

SUBJONCTIF

Présent	**Passé**
que je sois	que j' aie été
que tu sois	que tu aies été
qu'il soit	qu'il ait été
que nous soyons	que nous ayons été
que vous soyez	que vous ayez été
qu'ils soient	qu'ils aient été

INFINITIF

Présent	**Passé**
être	avoir été

PARTICIPE

Présent	**Passé**
étant	ayant été

Imparfait	**Plus-que-parfait**
que je fusse	que j' eusse été
que tu fusses	que tu eusses été
qu'il fût	qu'il eût été
que nous fussions	que nous eussions été
que vous fussiez	que vous eussiez été
qu'ils fussent	qu'ils eussent été

GÉRONDIF

en étant

CHANTER

INDICATIF				
Présent	**Passé composé**	**Futur simple**	**Futur antérieur**
je chante	j' ai chanté	je chanterai	j' aurai chanté
tu chantes	tu as chanté	tu chanteras	tu auras chanté
il chante	il a chanté	il chantera	il aura chanté
ns chantons	ns avons chanté	ns chanterons	ns aurons chanté
vs chantez	vs avez chanté	vs chanterez	vs aurez chanté
ils chantent	ils ont chanté	ils chanteront	ils auront chanté
Imparfait	**Plus-que-parfait**	**Conditionnel présent** ou **futur dans le passé**	**Conditionnel passé** ou **futur antérieur dans le passé**
je chantais	j' avais chanté		
tu chantais	tu avais chanté		
il chantait	il avait chanté	je chanterais	j' aurais chanté
ns chantions	ns avions chanté	tu chanterais	tu aurais chanté
vs chantiez	vs aviez chanté	il chanterait	il aurait chanté
ils chantaient	ils avaient chanté	ns chanterions	ns aurions chanté
		vs chanteriez	vs auriez chanté
Passé simple	**Passé antérieur**	ils chanteraient	ils auraient chanté
je chantai	j' eus chanté		
tu chantas	tu eus chanté	IMPÉRATIF	
il chanta	il eut chanté		
ns chantâmes	ns eûmes chanté	**Présent**	
vs chantâtes	vs eûtes chanté	chante	
ils chantèrent	ils eurent chanté	chantons	
		chantez	

SUBJONCTIF	
Présent	**Passé**
que je chante	que j' aie chanté
que tu chantes	que tu aies chanté
qu'il chante	qu'il ait chanté
que ns chantions	que ns ayons chanté
que vs chantiez	que vs ayez chanté
qu'ils chantent	qu'ils aient chanté

INFINITIF	
Présent	**Passé**
chanter	avoir chanté

PARTICIPE	
Présent	**Passé**
chantant	ayant chanté

Imparfait	**Plus-que-parfait**
que je chantasse	que j' eusse chanté
que tu chantasses	que tu eusses chanté
qu'il chantât	qu'il eût chanté
que ns chantassions	que ns eussions chanté
que vs chantassiez	que vs eussiez chanté
qu'ils chantassent	qu'ils eussent chanté

GÉRONDIF
en chantant

GRANDIR

INDICATIF			
Présent	**Passé composé**	**Futur simple**	**Futur antérieur**
je grandis	j' ai grandi	je grandirai	j' aurai grandi
tu grandis	tu as grandi	tu grandiras	tu auras grandi
il grandit	il a grandi	il grandira	il aura grandi
ns grandissons	ns avons grandi	ns grandirons	ns aurons grandi
vs grandissez	vs avez grandi	vs grandirez	vs aurez grandi
ils grandissent	ils ont grandi	ils grandiront	ils auront grandi

Imparfait	**Plus-que-parfait**	**Conditionnel présent** ou **futur dans le passé**	**Conditionnel passé** ou **futur antérieur dans le passé**
je grandissais	j' avais grandi		
tu grandissais	tu avais grandi		
il grandissait	il avait grandi	je grandirais	j' aurais grandi
ns grandissions	ns avions grandi	tu grandirais	tu aurais grandi
vs grandissiez	vs aviez grandi	il grandirait	il aurait grandi
ils grandissaient	ils avaient grandi	ns grandirions	ns aurions grandi
		vs grandiriez	vs auriez grandi
Passé simple	**Passé antérieur**	ils grandiraient	ils auraient grandi
je grandis	j' eus grandi		
tu grandis	tu eus grandi		

Passé simple	**Passé antérieur**
je grandis	j' eus grandi
tu grandis	tu eus grandi
il grandit	il eut grandi
ns grandîmes	ns eûmes grandi
vs grandîtes	vs eûtes grandi
ils grandirent	ils eurent grandi

IMPÉRATIF

Présent
grandis
grandissons
grandissez

SUBJONCTIF

Présent	**Passé**
que je grandisse	que j' aie grandi
que tu grandisses	que tu aies grandi
qu'il grandisse	qu'il ait grandi
que ns grandissions	que ns ayons grandi
que vs grandissiez	que vs ayez grandi
qu'ils grandissent	qu'ils aient grandi

Imparfait	**Plus-que-parfait**
que je grandisse	que j' eusse grandi
que tu grandisses	que tu eusses grandi
qu'il grandît	qu'il eût grandi
que ns grandissions	que ns eussions grandi
que vs grandissiez	que vs eussiez grandi
qu'ils grandissent	qu'ils eussent grandi

INFINITIF

Présent	**Passé**
grandir	avoir grandi

PARTICIPE

Présent	**Passé**
grandissant	ayant grandi

GÉRONDIF

en grandissant

PARTIR

INDICATIF			
Présent	**Passé composé**	**Futur simple**	**Futur antérieur**
je pars	je suis parti	je partirai	je serai parti
tu pars	tu es parti	tu partiras	tu seras parti
il part	il est parti	il partira	il sera parti
ns partons	ns sommes partis	ns partirons	ns serons partis
vs partez	vs êtes partis	vs partirez	vs serez partis
ils partent	ils sont partis	ils partiront	ils seront partis
Imparfait	**Plus-que-parfait**	**Conditionnel présent** ou **futur dans le passé**	**Conditionnel passé** ou **futur antérieur dans le passé**
je partais	j' étais parti		
tu partais	tu étais parti		
il partait	il était parti	je partirais	je serais parti
ns partions	ns étions partis	tu partirais	tu serais parti
vs partiez	vs étiez partis	il partirait	il serait parti
ils partaient	ils étaient partis	ns partirions	ns serions partis
		vs partiriez	vs seriez partis
Passé simple	**Passé antérieur**	ils partiraient	ils seraient partis
je partis	je fus parti		

IMPÉRATIF
Présent
pars
partons
partez

Passé simple	**Passé antérieur**
je partis	je fus parti
tu partis	tu fus parti
il partit	il fut parti
ns partîmes	ns fûmes partis
vs partîtes	vs fûtes partis
ils partirent	ils furent partis

SUBJONCTIF	
Présent	**Passé**
que je parte	que je sois parti
que tu partes	que tu sois parti
qu'il parte	qu'il soit parti
que ns partions	que ns soyons partis
que vs partiez	que vs soyez partis
qu'ils partent	qu'ils soient partis
Imparfait	**Plus-que-parfait**
que je partisse	que je fusse parti
que tu partisses	que tu fusses parti
qu'il partît	qu'il fût parti
que ns partissions	que ns fussions partis
que vs partissiez	que vs fussiez partis
qu'ils partissent	qu'ils fussent partis

INFINITIF	
Présent	**Passé**
partir	être parti

PARTICIPE	
Présent	**Passé**
partant	étant parti

GÉRONDIF
en partant

AIMER

INDICATIF

Présent	Passé composé	Futur simple	Futur antérieur
je suis aimé	j' ai été aimé	je serai aimé	j' aurai été aimé
tu es aimé	tu as été aimé	tu seras aimé	tu auras été aimé
il est aimé	il a été aimé	il sera aimé	il aura été aimé
ns sommes aimés	ns avons été aimés	ns serons aimés	ns aurons été aimés
vs êtes aimés	vs avez été aimés	vs serez aimés	vs aurez été aimés
ils sont aimés	ils ont été aimés	ils seront aimés	ils auront été aimés

Imparfait	Plus-que-parfait	Conditionnel présent ou **futur dans le passé**	Conditionnel passé ou **futur antérieur dans le passé**
j' étais aimé	j' avais été aimé		
tu étais aimé	tu avais été aimé		
il était aimé	il avait été aimé	je serais aimé	j' aurais été aimé
ns étions aimés	ns avions été aimés	tu serais aimé	tu aurais été aimé
vs étiez aimés	vs aviez été aimés	il serait aimé	il aurait été aimé
ils étaient aimés	ils avaient été aimés	ns serions aimés	ns aurions été aimés
		vs seriez aimés	vs auriez été aimés
		ils seraient aimés	ils auraient été aimés

Passé simple	Passé antérieur
je fus aimé	j' eus été aimé
tu fus aimé	tu eus été aimé
il fut aimé	il eut été aimé
ns fûmes aimés	ns eûmes été aimés
vs fûtes aimés	vs eûtes été aimés
ils furent aimés	ils eurent été aimés

IMPÉRATIF

Présent

sois aimé
soyons aimés
soyez aimés

SUBJONCTIF

Présent	Passé
que je sois aimé	que j' aie été aimé
que tu sois aimé	que tu aies été aimé
qu'il soit aimé	qu'il ait été aimé
q. ns soyons aimés	q. ns ayons été aimés
q. vs soyez aimés	q. vs ayez été aimés
qu'ils soient aimés	qu'ils aient été aimés

INFINITIF

Présent	Passé
être aimé	avoir été aimé

Imparfait	Plus-que-parfait
que je fusse aimé	que j' eusse été aimé
que tu fusses aimé	que tu eusses été aimé
qu'il fût aimé	qu'il eût été aimé
q. ns fussions aimés	q. ns eussions été aimés
q. vs fussiez aimés	q. vs eussiez été aimés
qu'ils fussent aimés	qu'ils eussent été aimés

PARTICIPE

Présent	Passé
étant aimé	ayant été aimé

GÉRONDIF

en étant aimé

SE LAVER

Tournure pronominale

INDICATIF			
Présent	**Passé composé**	**Futur simple**	**Futur antérieur**
je me lave	je me suis lavé	je me laverai	je me serai lavé
tu te laves	tu t'es lavé	tu te laveras	tu te seras lavé
il se lave	il s'est lavé	il se lavera	il se sera lavé
ns ns lavons	ns ns sommes lavés	ns ns laverons	ns ns serons lavés
vs vs lavez	vs vs êtes lavés	vs vs laverez	vs vs serez lavés
ils se lavent	ils se sont lavés	ils se laveront	ils se seront lavés

Imparfait	**Plus-que-parfait**	**Conditionnel présent** ou **futur dans le passé**	**Conditionnel passé** ou **futur antérieur dans le passé**
je me lavais	je m'étais lavé		
tu te lavais	tu t'étais lavé	je me laverais	je me serais lavé
il se lavait	il s'était lavé	tu te laverais	tu te serais lavé
ns ns lavions	ns ns étions lavés	il se laverait	il se serait lavé
vs vs laviez	vs vs étiez lavés	ns ns laverions	ns ns serions lavés
ils se lavaient	ils s'étaient lavés	vs vs laveriez	vs vs seriez lavés
		ils se laveraient	ils se seraient lavés

Passé simple	**Passé antérieur**
je me lavai	je me fus lavé
tu te lavas	tu te fus lavé
il se lava	il se fut lavé
ns ns lavâmes	ns ns fûmes lavés
vs vs lavâtes	vs vs fûtes lavés
ils se lavèrent	ils se furent lavés

IMPÉRATIF
Présent
lave-toi
lavons-nous
lavez-vous

SUBJONCTIF	
Présent	**Passé**
que je me lave	que je me sois lavé
que tu te laves	que tu te sois lavé
qu'il se lave	qu'il se soit lavé
que ns ns lavions	que ns ns soyons lavés
que vs vs laviez	que vs vs soyez lavés
qu'ils se lavent	qu'ils se soient lavés

INFINITIF	
Présent	**Passé**
se laver	s'être lavé

PARTICIPE	
Présent	**Passé**
se lavant	s'étant lavé

Imparfait	**Plus-que-parfait**
que je me lavasse	que je me fusse lavé
que tu te lavasses	que tu te fusses lavé
qu'il se lavât	qu'il se fût lavé
que ns ns lavassions	que ns ns fussions lavés
que vs vs lavassiez	que vs vs fussiez lavés
qu'ils se lavassent	qu'ils se fussent lavés

GÉRONDIF
en se lavant

Verbes irréguliers

les plus courants

INFINITIF	INDICATIF PRÉSENT	PASSÉ SIMPLE	FUTUR SIMPLE	SUBJONCTIF PRÉSENT	PARTICIPES
Acquérir et verbes en **-quérir**	j'acquiers ns acquérons ils acquièrent	j'acquis ns acquîmes	j'acquerrai ns acquerrons	q. j'acquière q. ns acquérions	acquérant acquis
Aller	je vais ns allons ils vont	j'allai ns allâmes	j'irai ns irons	q. j'aille q. ns allions	allant allé
Apercevoir et **recevoir**	j'aperçois ns apercevons Ils aperçoivent	j'aperçus ns aperçûmes	j'apercevrai ns apercevrons	q. j'aperçoive q. ns apercevions	apercevant aperçu
Appuyer et verbes en **-uyer**	j'appuie ns appuyons	j'appuyai ns appuyâmes	j'appuierai ns appuierons	q. j'appuie q. ns appuyions	appuyant appuyé
Asseoir	j'assieds ou j'assois ns asseyons ou ns assoyons	j'assis ns assîmes	j'assiérai ou j'assoirai ns assiérons ou ns assoirons	q. j'asseye ou q. j'assoie q. ns asseyions ou q. ns assoyions	asseyant ou assoyant assis
Atteindre et verbes en **-eindre**	j'atteins ns atteignons	j'atteignis ns atteignîmes	j'atteindrai ns atteindrons	q. j'atteigne q. ns atteignions	atteignant atteint
Battre	je bats ns battons	je battis ns battîmes	je battrai ns battrons	q. je batte q. ns battions	battant battu
Boire	je bois ns buvons ils boivent	je bus ns bûmes	je boirai ns boirons	q. je boive q. ns buvions	buvant bu
Bouillir	je bous ns bouillons	je bouillis ns bouillîmes	je bouillirai ns bouillirons	q. je bouille q. ns bouillions	bouillant bouilli
Conduire et verbes en **-uire**	je conduis ns conduisons	je conduisis ns conduisîmes	je conduirai ns conduirons	q. je conduise q. ns conduisions	conduisant conduit
Connaître et **paraître**	je connais il connaît ns connaissons	je connus ns connûmes	je connaîtrai ns connaîtrons	q. je connaisse q. ns connaissions	connaissant connu

INFINITIF	INDICATIF PRÉSENT	PASSÉ SIMPLE	FUTUR SIMPLE	SUBJONCTIF PRÉSENT	PARTICIPES
Coudre	je couds il coud ns cousons	je cousis ns cousîmes	je coudrai ns coudrons	q. je couse q. ns cousions	cousant cousu
Courir	je cours ns courons	je courus ns courûmes	je courrai ns courrons	q. je coure q. ns courions	courant couru
Craindre et verbes en **-aindre**	je crains ns craignons	je craignis ns craignîmes	je craindrai ns craindrons	q. je craigne q. ns craignions	craignant craint
Croire	je crois ns croyons ils croient	je crus ns crûmes	je croirai ns croirons	q. je croie q. ns croyions q. ils croient	croyant cru
Croître	je croîs tu croîs il croît ns croissons	je crûs ns crûmes	je croîtrai ns croîtrons	q. je croisse q. ns croissions	croissant crû
Cueillir	je cueille ns cueillons	je cueillis ns cueillîmes	je cueillerai ns cueillerons	q. je cueille q. ns cueillions	cueillant cueilli
Devoir	je dois ns devons ils doivent	je dus ns dûmes	je devrai ns devrons	q. je doive q. ns devions	devant dû, dus due, dues
Dire	je dis ns disons vs dites	je dis ns dîmes	je dirai ns dirons	q. je dise q. ns disions	disant dit
Dormir	je dors ns dormons	je dormis ns dormîmes	je dormirai ns dormirons	q. je dorme q. ns dormions	dormant dormi
Écrire	j'écris ns écrivons	j'écrivis ns écrivîmes	j'écrirai ns écrirons	q. j'écrive q. ns écrivions	écrivant écrit
Émouvoir	j'émeus ns émouvons ils émeuvent	j'émus ns émûmes	j'émouvrai ns émouvrons	q. j'émeuve q. ns émouvions	émouvant ému
Envoyer	j'envoie ns envoyons	j'envoyai ns envoyâmes	j'enverrai ns enverrons	q. j'envoie q. ns envoyions	envoyant envoyé
Essayer et verbes en **-ayer**	j'essaie ou j'essaye ns essayons	j'essayai ns essayâmes	j'essaierai ou j'essayerai ns essaierons ou ns essayerons	q. j'essaie ou q. j'essaye q. ns essayions	essayant essayé

INFINITIF	INDICATIF PRÉSENT	PASSÉ SIMPLE	FUTUR SIMPLE	SUBJONCTIF PRÉSENT	PARTICIPES
Faire	je fais ns faisons vs faites ils font	je fis ns fîmes	je ferai ns ferons	q. je fasse q. ns fassions	faisant fait
Falloir	il faut	il fallut	il faudra	q. il faille	fallu
Fuir	je fuis ns fuyons ils fuient	je fuis ns fuîmes	je fuirai ns fuirons	q. je fuie q. ns fuyions	fuyant fui
Joindre et verbes en **-oindre**	je joins ns joignons	je joignis ns joignîmes	je joindrai ns joindrons	q. je joigne q. ns joignions	joignant joint
Lire	je lis ns lisons	je lus ns lûmes	je lirai ns lirons	q. je lise q. ns lisions	lisant lu
Mentir et verbes en **-tir**	je mens ns mentons	je mentis ns mentîmes	je mentirai ns mentirons	q. je mente q. ns mentions	mentant menti
Mettre	je mets ns mettons	je mis ns mîmes	je mettrai ns mettrons	q. je mette q. ns mettions	mettant mis
Moudre	je mouds il moud ns moulons	je moulus ns moulûmes	je moudrai ns moudrons	q. je moule q. ns moulions	moulant moulu
Mourir	je meurs ns mourons ils meurent	je mourus ns mourûmes	je mourrai ns mourrons	q. je meure q. ns mourions	mourant mort
Naître	je nais il naît ns naissons	je naquis ns naquîmes	je naîtrai ns naîtrons	q. je naisse q. ns naissions	naissant né
Offrir et verbes en **-frir** et **-vrir**	j'offre ns offrons	j'offris ns offrîmes	j'offrirai ns offrirons	q. j'offre q. ns offrions	offrant offert
Perdre et verbes en **-endre** (sauf **prendre**), **-andre, -ondre,** **-ordre**	je perds il perd ns perdons	je perdis ns perdîmes	je perdrai ns perdrons	q. je perde q. ns perdions	perdant perdu

INFINITIF	INDICATIF PRÉSENT	PASSÉ SIMPLE	FUTUR SIMPLE	SUBJONCTIF PRÉSENT	PARTICIPES
Plaire	je plais il plaît ns plaisons	je plus ns plûmes	je plairai ns plairons	q. je plaise q. ns plaisions	plaisant plu
Pleuvoir	il pleut	il plut	il pleuvra	q. il pleuve	pleuvant plu
Pouvoir	je peux - je puis ns pouvons ils peuvent	je pus ns pûmes	je pourrai ns pourrons	q. je puisse q. ns puissions	pouvant pu
Prendre et **apprendre,** **comprendre,** **surprendre**	je prends il prend ns prenons ils prennent	je pris ns prîmes	je prendrai ns prendrons	q. je prenne q. ns prenions	prenant pris
Prévoir	je prévois ns prévoyons ils prévoient	je prévis ns prévîmes	je prévoirai ns prévoirons	q. je prévoie q. ns prévoyions q. ils prévoient	prévoyant prévu
Résoudre[1]	je résous ns résolvons	je résolus ns résolûmes	je résoudrai ns résoudrons	q. je résolve q. ns résolvions	résolvant résolu
Rire	je ris ns rions	je ris ns rîmes	je rirai ns rirons	q. je rie q. ns riions	riant ri
Rompre	je romps il rompt ns rompons	je rompis ns rompîmes	je romprai ns romprons	q. je rompe q. ns rompions	rompant rompu
Savoir	je sais ns savons	je sus ns sûmes	je saurai ns saurons	q. je sache q. ns sachions	sachant su
Servir	je sers ns servons	je servis ns servîmes	je servirai ns servirons	q. je serve q. ns servions	servant servi
Suffire	je suffis ns suffisons	je suffis ns suffîmes	je suffirai ns suffirons	q. je suffise q. ns suffisions	suffisant suffi
Suivre	je suis ns suivons	je suivis ns suivîmes	je suivrai ns suivrons	q. je suive q. ns suivions	suivant suivi
Taire	je tais ns taisons	je tus ns tûmes	je tairai ns tairons	q. je taise q. ns taisions	taisant tu
Tenir et **venir**	je tiens ns tenons ils tiennent	je tins ns tînmes	je tiendrai ns tiendrons	q. je tienne q. ns tenions	tenant tenu

1. *Absoudre* et *dissoudre* se conjuguent comme *résoudre* mais n'ont pas de passé simple.

INFINITIF	INDICATIF PRÉSENT	PASSÉ SIMPLE	FUTUR SIMPLE	SUBJONCTIF PRÉSENT	PARTICIPES
Tressaillir	je tressaille ns tressaillons	je tressaillis ns tressaillîmes	je tressaillirai ns tressaillirons	q. je tressaille q. ns tressaillions	tressaillant tressailli
Vaincre	je vaincs il vainc ns vainquons	je vainquis ns vainquîmes	je vaincrai ns vaincrons	q. je vainque q. ns vainquions	vainquant vaincu
Valoir	je vaux ns valons	je valus ns valûmes	je vaudrai ns vaudrons	q. je vaille q. ns valions q. ils vaillent	valant valu
Vivre	je vis ns vivons	je vécus ns vécûmes	je vivrai ns vivrons	q. je vive q. ns vivions	vivant vécu
Voir	je vois ns voyons ils voient	je vis ns vîmes	je verrai ns verrons	q. je voie q. ns voyions q. ils voient	voyant vu
Vouloir	je veux ns voulons ils veulent	je voulus ns voulûmes	je voudrai ns voudrons	q. je veuille q. ns voulions q. ils veuillent	voulant voulu

Les prépositions

Les **prépositions** introduisent des mots ou groupes de mots ayant une fonction dans la phrase : noms, pronoms, GN, infinitifs.

FONCTIONS	PRÉPOSITIONS
c. de nom	**à, de, pour, en, avec, sans...**
c. d'adjectif	**à, de, pour, en, avec, sans...**
c. d'agent	**par, de**
c. d'objet indirect	**à, de, pour**
c. d'objet second	**à, de, pour**
c. circ. lieu (où ? d'où ? par où ?)	**à, dans, en, de, sur, sous, par, avant, après, devant, derrière, chez, auprès de, près de, au-dessus de, au-delà de, à travers, le long de, à côté de, vers...**
c. circ. temps (quand ? combien de temps ?)	**à, en, avant, après, dès, jusqu'à, depuis, durant, pendant...**
c. circ. manière (de quelle manière ?)	**avec, par, à, sans**
c. circ. moyen (au moyen de quoi ?)	**avec, de, à, au moyen de, à l'aide de...**
c. circ. cause (à cause de quoi ?, de qui ?)	**à cause de, grâce à, en raison de, par, pour, sous prétexte de...**
c. circ. but (dans quel but ?)	**pour, en vue de, de peur de, dans le but de...**
c. circ. accompagnement (en compagnie de qui ?)	**avec, en compagnie de, sans**

La ponctuation

Dans la langue écrite, c'est la ponctuation qui est chargée de transcrire l'intonation et les pauses de la voix. Rappelons l'usage des principaux signes de ponctuation.

signe	rôle	into-na-tion	suivi ou non d'une majuscule
. point	pause marquée entre 2 phrases	↘	OUI : *Il rit. Elle se tut.*
, virgule	courte pause entre 2 groupes	→	NON : *Des pommes, des poires.*
; point-virgule	pause entre 2 ensembles dans une longue phrase	↘	NON : *...enfin il parla ; tout le monde se tut.*
: deux-points	introduit un exemple, une explication, une citation	↘	SELON LE CAS : 1) *Voici deux lettres : l'une pour vous, l'autre pour lui.* 2) *Il dit : « N'approchez pas ! »*
? point d'interrogation	phrase interrogative	↗	OUI : *Ris-tu ? Pleures-tu ?*
! point d'exclamation	phrase exclamative interjection	→ ou ↘	OUI en fin de phrase : *Venez ! Il est arrivé.* NON après interjection : *Oh ! le joli dessin !*
... points de suspension	phrase inachevée, longue pause	→ ou ↘	SELON LE CAS : *Je voudrais... tout faire.* *Il hésitait... Que faire ?*

Index alphabétique

RÉFÉRENCES DES PHOTOGRAPHIES

p. 91   Ph Jeanbor © Photeb
© 1985. Les Éditions Albert René/Goscinny-Uderzo.
p. 236   (gauche) Ph © Boudot-Lamotte - archives Photeb.
p. 236   (droite) Ph Jeanbor © Photeb.
p. 252   Ph © Serge de Sazo - Rapho - archives Photeb.

Composé par ParisPhotoComposition
Achevé d'imprimer sur les presses de
l'Imprimerie Moderne de l'Est
25110 Baume-les-Dames
Dépôt légal : juillet 1991
N° imprimeur : 7999
D.L. 1ʳᵉ éd. : Avril 1985